de Gruyter Lehrbuch

Einführung in die Rechtswissenschaft

Grundfragen, Grundlagen und Grundgedanken
des Rechts

von

Dr. Manfred Rehbinder
ord. Professor der Universität Zürich
Honorarprofessor der Universität Freiburg (Br.)

8., neubearbeitete Auflage
des von Prof. Dr. Bernhard Rehfeldt begründeten Lehrbuchs

W
DE
G

1995

Walter de Gruyter · Berlin · New York

∞ Gedruckt auf säurefreiem Papier,
das die US-ANSI-Norm über Haltbarkeit erfüllt.

Die Deutsche Bibliothek – CIP-Einheitsaufnahme

Rehbinder, Manfred:
Einführung in die Rechtswissenschaft : Grundfragen,
Grundlagen und Grundgedanken des Rechts / von Manfred
Rehbinder. – 8., neubearb. Aufl. des von Bernhard Rehfeldt
begr. Lehrbuchs. – Berlin ; New York : de Gruyter, 1995
  (De-Gruyter-Lehrbuch)
  ISBN 3-11-014706-8
NE: Rehfeldt, Bernhard [Begr.]

Inhaltsverzeichnis

Einleitung

I. Ein gewöhnlicher Irrtum des Anfängers ist der, das Recht bestehe aus Paragraphen und alle Rechtsfragen könnten aus dem Gesetz beantwortet, alle Entscheidungen aus ihm abgelesen werden. Kenne er also den Gesetzestext, so wisse er, was er zu wissen habe, und eben dies sei die *Rechtswissenschaft*. Der Jurist sei also ein Mensch, der viele Paragraphen kenne; je mehr von ihnen er kenne, um so besser sei er.

Am 1. April 1953 traten jedoch in der Bundesrepublik Deutschland gemäß Art. 117 I des Bonner Grundgesetzes (GG)[1] alle Paragraphen des Bürgerlichen Gesetzbuches (BGB) außer Kraft, die mit dem Prinzip der Gleichberechtigung von Mann und Frau nicht übereinstimmten. Das waren bedeutende Teile des Familienrechts, und da der Bundestag mit seiner Arbeit nicht fertig wurde, dauerte es bis zum 1. Juli 1958, ehe neue Paragraphen an ihre Stelle traten. In der Zwischenzeit ging indessen nicht nur das Familienleben weiter, auch die Tätigkeit der Richter in Familiensachen. Das Fehlen der Paragraphen hatte bloß die Rechtsfindung erschwert.

Als am 1. Januar 1900 das BGB in Kraft trat[2], hatte es in weiten Teilen Deutschlands auf dem Gebiete des allgemeinen Privatrechts überhaupt noch keine Paragraphen gegeben. Dort hatte man auf Grund eines Gesetzbuches (Corpus iuris) des byzantinischen Kaisers Justinian vom Jahre 534 entschieden, das nicht aus Paragraphen in unserem Sinne, vielmehr aus kurzgefaßten Fallentscheidungen mit juristischen Erläuterungen bestand und das auch kein Gesetzblatt eines deutschen Landes je als Gesetz verkündet hatte.

---

[1] Die allgemeinen Regeln über juristische Abkürzungen und sonstige technische Besonderheiten juristischer Texte sind im Anhang dargestellt.

[2] Österreich hingegen hatte sein ABGB bereits seit 1811; die Schweiz bekam ihr ZGB erst im Jahre 1912.

An die Stelle einer anderthalbtausendjährigen Rechtsquelle trat nun also eine nagelneue. Das Ereignis wurde von den Juristen gebührend gefeiert und diskutiert, die Presse berichtete darüber. Aber das Leben änderte sich nicht, die Tätigkeit der Gerichte mehr formal als inhaltlich. Es waren nicht allzu viele Sachen, die im Jahre 1900 praktisch anders zu entscheiden waren als im Jahr zuvor. Viel mehr Fälle sind es, die im Jahre 1990 anders entschieden worden sind, als man sie etwa 1910 entschieden haben würde, auch wo der Text des BGB (wie das in weiten Teilen der Fall ist) ganz unverändert geblieben ist. Wie aber war das möglich, wo das Gesetz dasselbe war? Muß man es da nicht 1910 – oder 1990 – falsch gelesen haben? Hätte denn dieselbe Entscheidung, die 1910 richtig war, im Jahre 1990, auf Grund desselben Gesetzes erlassen, falsch gewesen sein können?

In England und den USA gibt es überhaupt kein BGB. Die Gesetze (statutes) spielen dort eine untergeordnete Rolle, und auch von jenem byzantinischen Juristenkaiser hat man dort nichts wissen wollen. Die Richter entscheiden auf Grund der Entscheidungen ihrer Vorgänger. Diese Vorentscheidungen (Präjudizien, *precedents*) sind keine Gesetze; kein Paragraph erklärt sie für verbindlich, und dennoch gelten sie. Was heißt dann aber „gelten"? Und wie kann man es gar begreifen, daß jene angloamerikanischen Richter, ganz ohne BGB, gut 85 % der Fälle im Ergebnis nicht anders entscheiden als ihre deutschen Kollegen?

II. Wer aber, sein einheimisches Recht studierend, meinen sollte, die Römer oder Engländer und Amerikaner gingen ihn nichts an, wird gleichwohl in den *Übungen* genannten Lehrveranstaltungen, die die Lösung von Rechtsfällen einüben, verwundert merken, wie oft ihn das Gesetz im Stich läßt. Selten wird ihm dort ein Fall begegnen, der aus dem Gesetzestext *allein* zu lösen ist. Jeden Fall hat er nach dem Gesetz zu behandeln, dessen Text neben ihm liegt, und wird es gerade dann zu schätzen lernen, wenn er darin vergeblich weitersucht. So lernt er, das Gesetz zu beherrschen, um *durch* das Gesetz *über* das Gesetz hinauszukommen. Und nur auf diesem Wege lernt er es; Paragraphen zu memorieren nutzt ihm nichts.

In der Praxis wird er dann erleben, wie der Gesetzestext unter den Vorentscheidungen der Rechtsprechung, der Judikatur, verschwindet. Er schlage einen beliebigen größeren Kommentar, zumal zum BGB auf, und er kann es sehen. Auf Gebieten gar, auf denen der Gesetzgeber sich zurückgehalten und nur „General-klauseln" gegeben hat (im Recht des unlauteren Wettbewerbs z. B.), herrschen die Präjudizien praktisch auch bei uns nicht anders als in England oder in den USA.

III. Wonach entscheidet aber dann der Richter, wenn der Gesetzestext ihm unmittelbar nicht weiterhilft? – Vielleicht ergibt sich ein nicht unmittelbar zum Ausdruck gekommener Sinn des Gesetzes aus seinem Zweck (wie *Sinn* und *Zweck* zusammengehören und in dem englischen Worte *meaning* auch zusammenfließen)? Vielleicht ist der Grundgedanke des Gesetzes an anderer Stelle in einer *ähnlichen* Vorschrift ausgedrückt, die deshalb *analog* anwendbar ist? Oder folgt vielleicht, umgekehrt, gerade daraus, daß jener Gedanke, obwohl an anderer Stelle ausgesprochen, an dieser Stelle fehlt, daß er hier fehlen *soll* und also *nicht* anwendbar ist (Umkehrschluß, *argumentum e contrario*)? Das hängt wiederum vom Zweck des Gesetzes ab, nicht zuletzt aber auch davon, ob jener Gedanke zu den *Grundgedanken* des Rechts gehört oder ihnen doch nahesteht; denn dann durfte vom Gesetzgeber erwartet werden, daß er es *sagte*, nicht aber bloß schwieg, wenn er ihn im Einzelfall ausschließen wollte. Wo aber auch solche Auslegung nicht weiterhilft oder gar kein Gesetz vorhanden ist, da bleiben *nur* diese Grundgedanken übrig.

IV. Wie aber *erkennt* der Richter den Gesetzeszweck und wie die Grundgedanken? Welche sind es und welchen Rang haben sie untereinander und im Verhältnis zum Gesetz? Ergeben sie sich *aus* dem Gesetz, oder beruht es selbst auf ihnen? Worauf beruht dann aber ihre eigene Legitimation? Gelten sie an sich selbst und sind sie von Natur? Von kosmischer? Von menschlicher? Kann einem Gesetz die Eigenschaft abgehen, Recht zu sein, weil es einem von ihnen widerspricht? Und was ist Recht? Wenn aber die Existenz des Rechts nicht von Gesetzen abhängt: welche Zwecke können dann Gesetze haben? An wen wenden sie sich? Was können sie bewirken? – Die Grundgedanken des Rechts haben uns zu seinen *Grundfragen* geführt.

V. Hiermit nun haben wir die *Rechtswissenschaft* vor uns und haben gefunden, daß sie aus Gesetzeskunde, Methodologie und

Grundlagenforschung besteht. Erst die *Vereinigung* dieser drei Elemente macht sie zur *Wissenschaft: Gesetzeskunde* für sich allein (und wie der Anfänger sie sich zu denken pflegt) wäre sinn- und zwecklos, überdies auch Stumpfsinn. *Rechtsmethodologie* wäre ohne die Gesetze Form ohne Stoff; ohne ihn, den Rechtsstoff, wäre sie kaum begreiflich, allenfalls geistvoll, aber zwecklos, *l'art pour l'art*. Die *Rechtsgrundlagenforschung* endlich, nach Herkunft, Wesen und Voraussetzungen dieses Rechtsstoffes fragend, hat ihn ebenfalls zum Gegenstand. Wie die Methodologie seiner *Handhabung,* dient sie seiner *Erkenntnis.* Ohne Beziehung auf ihn wäre sie Geschichte, Soziologie und Philosophie. Erst ihre Beteiligung am Ganzen führt zur Rechtswissenschaft: Gesetze, methodisch angewendet, wären bloß Rechts*technik.* Bloße Rechtstechnik kann aber nicht bestehen: um *sinnvoll* arbeiten zu können, sieht sie sich zur Frage nach ihren eigenen Voraussetzungen genötigt. So wird sie zur Rechtswissenschaft.

VI. Im Rechtsunterricht erlebt der Student Rechtsstoff und Methodik von vornherein als Einheit: in den *Vorlesungen* werden ihm die Vorschriften systematisch und in ihren Zusammenhängen dargeboten, ihre Auslegung und ihre Ergänzung nach ihrem Sinn und Zweck. In den *Übungen* lernt er sie anzuwenden; auch hier erlernt er also Stoff und Methode zugleich. Daß letztere eine selbständige Materie ist, kommt ihm meist erst später zum Bewußtsein. Erst dann ist er reif, zu einer *Methodologie* zu greifen, und sollte das auch tun[3]. Einiges davon erfährt er indessen auch hier (besonders in § 12).

Die *Grundlagen* treten ihm in selbständigen Vorlesungen entgegen: als Rechtsgeschichte, Allgemeine Staatslehre, Rechtsphilosophie, Rechtssoziologie. Meist hört er sie pflichtgemäß, findet aber oft, der Ertrag für ihn sei nur gering. Der Zusammenhang dieser Gegenstände mit dem geltenden Recht, auf das es ihm ja ankom-

---

[3] Z. B. *W. Fikentscher:* Methoden des Rechts in vergleichender Darstellung, 5 Bde. 1975/77; *R. Zippelius:* Juristische Methodenlehre, 6. A. 1994; *K. Engisch:* Einführung in das juristische Denken, 8. A. 1983; *F. Bydlinski:* Juristische Methodenlehre und Rechtsbegriff, 2. A. 1991; *H. M. Riemer:* Die Einleitungsartikel des schweiz. Zivilgesetzbuches, 1987.

men muß, bleibt ihm zu oft verborgen. So wird ihm das Recht zur Technik; zu seinen Grundfragen ist er nie hinabgestiegen. Er gleicht dann dem „Elektriker", der von Physik nichts weiß: das Routinemäßige vermag er bieder zu erledigen, was darüber hinausgeht, wird ihn ratlos machen. Seiner Rechtskenntnis fehlt, was sie zur Wissenschaft erheben würde.

VII. Indem der Verfasser *Grundfragen, Grundlagen* und *Grundgedanken* des Rechts zum Gegenstand dieses Buches macht, glaubt er deshalb, am besten in die Rechtswissenschaft einführen zu können. Für die einzelnen Rechtsgebiete steht ohnehin eine reichhaltige Einführungsliteratur zur Verfügung. Hier soll es dagegen darum gehen, *Zusammenhänge* sichtbar zu machen und zu verbinden, was sonst getrennt behandelt wird. Dadurch soll dem Anfänger das Verständnis der Lehrgegenstände von Anbeginn erleichtert, dem Fortgeschrittenen die Augen für „Querverbindungen" geöffnet und seine Einsicht vertieft werden. Daß dabei die im Detail oft unübersichtlichen Dinge aus pädagogischen Gründen zuweilen nur „mit dem groben Pinsel" gezeichnet werden können, versteht sich von selbst.

Juristische Fachkenntnisse setzt die Lektüre des Buches nicht voraus. Dem Anfänger wird aber empfohlen, Textausgaben der wichtigsten Gesetze des einheimischen Rechts[4] dabei zur Hand zu haben und die zitierten Bestimmungen nachzuschlagen. *Nachschlagend* erlernt er sie! Diese Texte braucht er für sein Studium ohnehin. Sie sind das *Grundhandwerkszeug*, mit dessen Gebrauch er sich nicht früh genug vertraut machen kann. Wie kann er über das Handwerk hinauskommen, wenn er es nicht beherrschen lernt?

---

[4] In der Bundesrepublik: GG, BGB, HGB, StGB und ZPO; in Österreich: B-VG, ABGB, HGB, StGB, ZPO; in der Schweiz: BV, ZGB, OR, StGB und OG. In der Bundesrepublik empfiehlt sich auch die Anschaffung des „Schönfelder" (Deutsche Gesetze, Verlag Beck), eine weitverbreitete Gesetzessammlung mit auswechselbaren Blättern; in Österreich gibt es die entsprechende Sammlung von *Bydlinski* (Österreichische Gesetze – Zivil-, Handels-, Straf- und Verfahrensrecht), in der Schweiz diejenige von *Rehbinder/Zäch* (Schweizerische Gesetze).

Kapitel I

Das Recht als Sein

§ 1. Der Mensch und die Normen

I. Das Recht gehört dem Bereich der zwischenmenschlichen Beziehungen an. Es besteht aus Normen, die für das Verhalten von Menschen zueinander gelten.

Ohne Regeln, nach denen sie sich im allgemeinen richten, können Menschen nicht zusammenleben. Ohne sie wäre das Verhalten eines jeden für den anderen unvorhersehbar. Verhält sich jemand in bestimmten Situationen anders, als man sich in solchen Situationen zu verhalten pflegt, gemäß der von ihm übernommenen Aufgabe und der ihm eingeräumten Stellung, vor allem aber gemäß seinem gegebenen Wort, so ist er für die anderen „unberechenbar", unzuverlässig und damit für eine Zusammenarbeit ungeeignet. Der Unzuverlässige schließt sich von selber aus. Eine Menschengruppe, in der auf niemanden Verlaß wäre, in der es also keine Verhaltensregeln gäbe, auf deren Einhaltung man vertrauen dürfte, könnte nicht zusammenhalten.

Der Mensch ist aber auf das Zusammenleben mit seinesgleichen angewiesen. Nur in Gemeinschaft ist er lebensfähig, nur in Gemeinschaft Mensch.

II. Die Regeln für das Zusammenleben in seinen Gemeinschaften sind dem Menschen jedoch nicht fertig angeboren. Er muß sie selber bilden.

Eben dadurch unterscheidet er sich von den gesellig lebenden Tieren, insbesondere von den sogenannten *staatenbildenden Insekten*. Diesen, wie allen Tieren, sind bestimmte, wenig variable Verhaltensweisen mitgegeben. Vorwiegend genetisch fixierte und spezialisierte Instinkte[1] lenken das gesamte Verhalten jedes Tieres, zu seiner Umwelt wie zu seinesgleichen. Auf Grund angeborener spezialisierter Triebe baut die Biene ihre sechsseitigen Wabenzellen, millimetergenau und in drei Größenklassen – Königinnen, Drohnen, Arbeiterinnen gehen aus ihnen hervor –, füttert sie die Larven – mit Spezialnahrung je nach deren Geschlecht –, tötet sie die Drohnen nach der Schwarmzeit, füttert sie die Königin, sammelt sie den Winterhonig. Der Puppenhülle als Arbeiterin entschlüpft, kann sie dies alles und tut sie dies alles; sie kann nicht anders und nichts anderes. Drohnen und Königinnen können es nicht; sie können nur anderes und wiederum nicht anders. Die Biene kann ihren „Staat" also nicht ändern. Seine Struktur ist ihr mit der ihren, also *artspezifisch* vorgegeben.

Dem Menschen aber ist nur die Geselligkeit als solche angeboren, als Fähigkeit und Drang zur Gemeinschaftsbildung, eine bestimmte Gemeinschafts*form* dagegen nicht. Denn der Mensch ist instinktarm und wenig spezialisiert, „nicht festgestellt", dafür aber fast schrankenlos anpassungsfähig. In eine Umwelt versetzt, auf die sein System programmierter Abläufe (Instinktschema) nicht paßt, geht das Tier meist zugrunde. Der Mensch jedoch kann seine Umwelt umgestalten: Urwald, Sumpf und Wüste in Kulturland, Heide in Forst verwandeln. Ebenso kann er sein eigenes Verhalten ändern, auch gegenüber seinesgleichen. Geschieht das langfristig, so verändert er damit die Struktur der Gemeinschaften, in denen er lebt. Welcher Gestaltungen seines Daseins und seines Zusammenlebens der Mensch fähig gewesen ist, lehren Ethnologie und Geschichte. Welcher er noch fähig sein wird, kann nur die Zukunft lehren.

III. Indessen gibt die Unfixiertheit, die Variabilität seines Verhaltens dem Menschen doch nur deshalb einen solchen Vorsprung,

---

[1] „Das Instinktverhalten eines Tieres basiert auf der durch genetische Anweisungen gesteuerten, ontogenetischen Ausbildung seines Nervensystems und verwandter Strukturen." Es ist also genetisch ererbtes Verhalten, „dem sich Lernvorgänge überlagern" (*John C. Eccles:* Die Evolution des Gehirns – die Erschaffung des Selbst, 2. A. 1993, S. 280 f.). Neben physiologischen Vorgängen werden die Instinkte also auch in begrenztem Maße durch die Lebensgemeinschaften der tierischen und pflanzlichen Umwelt sowie andere Umwelteinflüsse bestimmt; das biologische Programm ist mithin (allerdings nur in sehr beschränktem Umfang) durch Umwelteinflüsse flexibel.

weil er in anderem Maße, vor allem aber in anderer Art zu *lernen* vermag[2].

Auch das Tier kann lernen: Wenige Pirschgänge genügen der Katze, um sich in einer neuen Örtlichkeit zurecht zu finden. Schnell lernt sie Futternapf und Essenszeit kennen. Bald hat sie „die Uhr im Kopf" und „weiß", daß man ihr die Tür öffnet, wenn sie sich davor setzt. Eine oder zwei gute oder böse Erfahrungen mit den Menschen ihrer Umgebung genügen ihr, um sich jedem gegenüber „richtig" zu verhalten. Und noch über Jahresfrist hat sie es nicht vergessen[3]. – Aber jede Katze muß ihre Erfahrungen selber machen. Sie sterben mit ihr, und ihre Jungen fangen wieder von vorne an. Nur das Individuum vermag beim Tier zu lernen, nicht die Gattung[4].

Der Mensch hingegen *tradiert* sein Wissen: In unseren heutigen Produktionsmethoden stecken alle technischen Erfahrungen, die unsere Vorfahren mit ihren Werkzeugen und Arbeitsweisen, von der Steinzeit her, gemacht haben, dazu solche von Babyloniern, Ägyptern, Griechen, Römern und Chinesen. Kulturgut ist kumulierbar, und der winzige Zufallsfortschritt, den ein einzelner erta-

---

[2] Lernen geschieht gehirnphysiologisch durch eine aufgrund Benutzung erfolgende Effektivitätssteigerung von Synapsen. Synapsen sind die zur Verfügung stehenden Kommunikationswege zwischen den Nervenzellen (Neuronen). Nicht genutzte Synapsen verkümmern. Das erklärt, warum ältere Lebewesen nur noch schwer Neues lernen (*Eccles* ebd. S. 244 ff.). Die biologische Evolution des Menschen von der Vorzeit bis zur heutigen postindustriellen Gesellschaft, die ihren genetischen Höhepunkt bereits erreicht hat (ebd. S. 359 f., 386), wird bei ihm durch eine rasche kulturelle Evolution ersetzt. An die Stelle der genetischen Vererbung tritt im Rahmen der genetisch vermittelten Anlagen eine Entwicklung durch die Kultur, die durch Unterrichtung und Lernen weitergegeben wird (ebd. S. 357).

[3] Diese Fähigkeit, sich individuell mit neuen Problemen in optimaler Weise auseinanderzusetzen und sie zu meistern, bezeichnet der Biologe als Intelligenz.

[4] Allerdings zeigt uns die Primatologie, daß Menschenaffen in einigen Bereichen durchaus als Gattung zu lernen, d. h. individuell Gelerntes zu tradieren imstande sind. Die Grenze zwischen Mensch und Tier ist also fließend. Man spricht hier von „subhuman culture". Schwerpunktmäßig ist es jedoch richtig, daß das Tier nur als Individuum, der Mensch hingegen auch als Gattung lernt. Näheres zu diesen Fragen in *M. Gruter / M. Rehbinder* (Hg.): Der Beitrag der Biologie zu Fragen von Recht und Ethik, 1983; *J. T. Bonner*: The Evolution of Culture in Animals, Princeton 1980.

stet hat, kann, auf Nachfahren tradiert, durch deren Weiterarbeit gewaltige Wirkungen erzeugen[5].

Aber nicht nur technische Erfahrungen werden tradiert, auch soziale: Vorstellungen, Anschauungen, Wertungen und Verhaltensweisen. Von der Wiege an beobachtet das Kind seine Pfleger und versucht, sie nachzuahmen. Früh beginnen sie, ihm deutlich zu machen, was es zu lassen und was es zu tun hat. Und immer mehr wächst dann der junge Mensch in seine erwachsene Umwelt hinein, übernimmt ihr Denken und Handeln und lernt, wie man sich in allen typischen Situationen zu verhalten pflegt. Damit übernimmt er ihre *Normen*. Das Verhalten des Tieres beruht wesentlich auf seinen angeborenen Instinkten und den individuellen Erfahrungen seines kurzen Lebens, das des Menschen auf der Erfahrung aller seiner Vorfahren, also auf Tradition.

Nur in diesem Sinne hat der Mensch „ererbte" Abneigungen und Zuneigungen, Wertungen, Vorstellungen und Verhaltensweisen gegenüber seinen Mitmenschen, und es ergibt sich, daß die Tradition beim Menschen in gewisser Weise den *Instinkt ersetzt*. Sie leitet ihn ähnlich, wie das Tier durch seine Instinkte getragen und geleitet wird. Sie stabilisiert sein Verhalten – zu seinem Nutzen, wenn die Verhältnisse stabil bleiben, zu seinem Schaden, wenn sie sich plötzlich ändern. Doch vermag der Mensch solchem Schaden leichter zu entgehen und sich schneller anzupassen. Denn er hat, zumal in der Jugend und in hervorragenden einzelnen, selbst gegenüber seinen stärksten Traditionen eine ihm eigentümliche *Freiheit*. Er kann auf Erstarrungen mit Revolutionen antworten und abwerfen, was Unsinn geworden ist; eine Fähigkeit, die dem Tier seinen Instinkten gegenüber in aller Regel fehlt, selbst wenn sie es zum Tode führen. Die Anpassung einer Tierart an Veränderungen ihrer Lebensbedingungen kann sich meist nur durch die Selektion von Mutationen ihrer Erbmasse vollziehen, deren das Individuum nicht Herr ist.

IV. Das wichtigste Medium des Tradierens aber ist die *Sprache*, und ihre Bedeutung für das Menschsein ist wohl kaum zu über-

---

[5] *Hans Jonas:* Werkzeug, Bild, Grab. Vom Transanimalischen im Menschen, in: Scheidewege 15 (1985/86), S. 47–58.

schätzen⁶. Angeboren ist dem Menschen dabei nur die Fähigkeit zu sprechen, Sprache zu bilden. Jede *konkrete* Sprache ist ganz Tradition.

Jeder Mensch erlernt in seinen ersten Lebensjahren jede beliebige Sprache, die seine Umgebung spricht: der kleine Suaheli Englisch, der kleine Deutsche Japanisch – wenn er in Japan aufwächst. Ohne sprechende Umgebung aber gäbe er nur Laute von sich, keine Sprache.

Der wißbegierige Kaiser Friedrich II. (1212–50) ließ in Sizilien Waisenkinder mit der besonderen Anweisung aufziehen, daß niemand mit ihnen sprechen dürfe, um herauszufinden, welche Sprache sich so von selbst bei ihnen einstellen werde und ob vielleicht Hebräisch die Ursprache der Menschheit sei. Doch alle diese Kinder starben. Und vielleicht war das kein Zufall:

Denn obwohl dem Menschen keine fertige Sprache angeboren ist, kann man doch fast⁷ sagen, daß sie es ist, die ihn recht eigentlich zum *Menschen* macht. Die Zeichensprache vermittelt dem Taubstummen mehr als nur ein Verständigungsmittel: sie lehrt ihn *denken*. Denn ohne Sprache gäbe es kein begriffliches Denken. Begriffliches Denken ist ein stummes Sprechen, und Begriffsbildung und Wortbildung gehen Hand in Hand. Ohne sie und ohne die Sprache also bliebe nur die *anschauliche* Erfassung von Sachverhalten übrig, womit das spezifisch Menschliche unserem Denken fehlen würde.

Ihrer Funktion nach ist die Sprache indes vor allem *Verständigungsmittel* und setzt damit Gemeinschaft voraus. Nur ein *gesellig* lebendes Wesen kann also Sprache haben, folglich aber auch begrifflich denken. Woraus sich wiederum ergibt, daß es den Menschen ohne Gemeinschaft und somit ohne Normen gar nicht geben könnte.

---

⁶ Zur entscheidenden Rolle der Sprache für die Entwicklung des menschlichen Bewußtseins siehe *Eccles* (Fn. 1), S. 161 ff., 268.

⁷ In den USA ist es gelungen, Menschenaffen die Taubstummensprache und die Benutzung einer Sprechmaschine beizubringen. Auch hier ist also die Grenze zwischen Mensch und Tier fließend.

V. Zusammenfassend müssen wir also feststellen, daß Menschentum und begriffliches Denken, begriffliches Denken und Sprache, Sprache und Gemeinschaft, Gemeinschaft und tradierte Verhaltensnormen einander wechselseitig bedingen. Fiele eines dieser Glieder aus, so fielen alle, und keines von ihnen kann ohne diese seine Bedingtheit durch alle anderen eigentlich verstanden werden. Folglich auch nicht das *Recht,* als ein Komplex tradierter Verhaltensnormen.

§ 2. Gewohnheit, Sitte, Recht und Gesetz

I. Sprichwörtlich gern gewöhnt der Mensch sich an bestimmte Verhaltensweisen: zu bestimmten Zeiten aufzustehen, Sport zu treiben, zu essen und sich schlafen zu legen, bestimmte Wege in bestimmtem Tempo zu gehen, in bestimmter Weise zu arbeiten. Das hat seinen guten Sinn, denn die Wiederholung übt, erleichtert und entlastet – bis zum Überdruß.

Zwar geht eine solche lediglich individuelle Gewöhnung (wie sie ja auch bei Tieren häufig ist) zunächst nur jeden selber an. Aber auch andere können dadurch berührt werden: Habe ich dem Kellner, der mich regelmäßig bedient, monatelang ein Extratrinkgeld gegeben, so wird er stutzen, wenn ich das eines Tages unterlasse. Er wird sich fragen, was er denn falsch gemacht habe, und mich, sollte ich ihm auch künftig „sein" Extrageld vorenthalten, nach einer vorübergehenden Verdoppelung seiner Aufmerksamkeit hinfort schlechter bedienen, als wenn ich es ihm nie gegeben hätte. Ich vermute, daß er seine enttäuschte Erwartung wie einen Treuebruch meinerseits empfinden wird. Die rein individuelle und als solche unverbindliche Gewöhnung kann also, wenn sie in anderen bestimmte Erwartungen erweckt hat, etwas wie ein Gefühl der Verpflichtung zu ihrer Beibehaltung erzeugen. Das um so leichter, je länger sie bestanden hat und besonders, je mehr auch andere ein Gleiches getan haben oder dabei gar selbst schon anderen gefolgt sind. So entstehen aus individuellen *Gewöhnungen* soziale *Gewohnheiten,* und es ist nicht schwer, sich vorzustellen, wie auf diesem Wege der Trinkgeldbrauch, aus ihm die

Trinkgeldsitte und aus ihr der Trinkgeldanspruch entstanden ist. Dabei bezeichnet man als *Brauch* eine soziale Gewohnheit, die mitzumachen freisteht, als *Sitte* eine solche, deren Nichtbefolgung als ungehörig, unanständig oder pflichtwidrig empfunden werden würde. Und das Beispiel zeigt, daß Brauch und Sitte noch heute zu Vorstufen von Rechtserscheinungen werden können. Geschichtlich sind sie *die* Vorstufen des Rechts gewesen.

II. Gewohnheiten bilden sich unter Menschen *schnell*: Gruß-, Besuchs- und Hilfeleistungsgepflogenheiten unter Nachbarn, Alters- und Berufsgenossen, in Behörden und Betrieben. Die Moden wechseln rapide, und obwohl alle Welt weiß, daß die überstürzte Folge ihrer Einfälle nur vom Gewinnstreben ihrer Produzenten diktiert wird, folgen Tausende auch ihren kurzwelligsten Wandlungen als für *sie* verbindlich: „*man* trägt heute...". Ihren *lang*welligen Wandlungen aber kann sich *niemand* entziehen: Ein Herr, der – außer zu Fastnacht – in einem noch so gepflegten Anzug des Jahres 1900 erscheinen wollte, würde sich hoffnungslos lächerlich machen. In der Hoftracht des ancien régime auftretend würde er sich gar auf schärfere „Re-aktionen" seiner heutigen Zeitgenossen gefaßt machen können. Auf solchen „Unfug" würden sie als auf eine Verletzung ihrer *Sitten* reagieren.

III. Ferner fügt sich der Mensch auch leicht in Sitten, weil sie ihm *Entscheidungen abnehmen* und ihn dadurch entlasten. Der Angehörige alter traditionsreicher Stände – des Adels, des Bauerntums, des bürgerlichen Patriziats – weiß in jeder Situation, wie *seine* Welt sie bietet, sofort, was sich gehört und was er zu tun hat. Es kostet ihn keine Überlegung, die Sitte hat es für ihn entschieden. Sie trägt ihn und macht ihn „instinktsicher" – soweit eben ihr Traditionsschatz reicht. In der Stadt wird der Bauer Fehler auf Fehler machen, und der Entwurzelte, der Abgewanderte, der aus niederem Stande Emporgekommene[1] muß, weil in der neuen Umwelt keine vertraute Sitte ihn mehr trägt, immer wieder selbst und neu entscheiden; was ihn belastet und gefährdet, den Starken aber auch stärken kann.

---

[1] Siehe *Molières* klassische Komödie: Der Bürger als Edelmann.

IV. Die Unvermeidlichkeit und Leichtigkeit, mit der sich unter Menschen Gewohnheiten und Sitten bilden, hat zur Folge, daß *völlig* chaotische Zustände unter ihnen stets nur als Zwischenzeiten möglich sind. Solange es Menschen gibt, haben sie Sitten gehabt und werden sie Sitten hervorbringen. Die Sitte ist der Urquell des Rechts gewesen und bestimmt seine Fortbildungen noch heute. In Gemeinschaften, die noch keine Rechtspflege kennen, herrscht *allein* die Sitte. Bewußt ist sie als Tradition, als das, was schon die Vorfahren getan haben und was seit alters her, ja was schon immer so gewesen war. Wollen wir jener Zeit schon „Recht" zugestehen, so ist es nichts als diese Sitte, und Recht und Sitte decken sich in ihr. Wir können diese Frühform des Rechts deshalb „*Sittenrecht"* nennen. Die *Sitte* war also zugleich das *Recht* der Frühzeit.

V. Später hörte die Sitte auf, *das* Recht, ja Recht überhaupt zu sein. Heute jedenfalls pflegen wir scharf zwischen Sitte und Recht zu unterscheiden, und wie immer wir beide Erscheinungen definieren mögen, steht für uns doch fest, daß *Sitte,* rein als solche, eben nicht „rechtsverbindlich" ist. Damit meinen wir, daß keine Behörde uns zwingen kann, Anzug oder Krawatte zu tragen, und wir niemanden darauf verklagen können, uns zu grüßen oder sich für ein Geschenk zu revanchieren. Jeder weiß, daß man wegen solcher Dinge nicht zum Gericht gehen kann.

In der Tat gehören *Recht* und *Gericht* auch entwicklungsgeschichtlich zusammen. Streitschlichtung oder Streitentscheidung durch Sippenhäupter, von den Parteien gewählte Schiedsmänner, Stammeshäuptlinge, Gefolgschaftsführer oder andere autoritative Persönlichkeiten, die von Fall zu Fall angerufen wurden, hat es seit je gegeben. Bildeten sich aber Gerichte als ständige Einrichtung heraus, trat das Volk regelmäßig zum Thing als zur Gerichtsversammlung zusammen, vor der nach einem bestimmten Ritus zu prozessieren war, so mußte derjenige Teil der Sitte, der hierzu in engere Beziehung trat, einen besonderen Charakter annehmen und, je länger um so mehr, eigene Tradition und Gestalt gewinnen. Es bildete sich *Gerichtsgebrauch.* Nur im Zusammenhang mit diesem konnte es aber auch zum Bedürfnis werden, Normen durch *Formulierung* klarzustellen, zu fixieren und, sobald die

Schrift in Gebrauch kam, *aufzuzeichnen*. Damit wurde der Teil der Sitte, der vor Gericht galt, in eine besondere Pflege genommen. Es war die *Rechtspflege*, die diesen Teil der Sitte als „Recht" abstempelte.

VI. Es ist also vor allem die Entstehung einer mit formulierten Texten arbeitenden Gerichtsbarkeit gewesen, die zur Aufspaltung des alten Sittenrechts in Recht und Sitte führen mußte. Und im Bereiche der germanischen Völker kam es, noch ehe eine Gesetzgebung sich durchsetzte oder aber im Zusammenhang mit deren ersten Anfängen, zu Formulierungen und Aufzeichnungen des geltenden Sittenrechts für den Gebrauch bei Gericht. Sie legten nieder, was dort immer schon gegolten hatte oder was doch wichtig genug erschien, um dort gelten zu sollen. Damit mußte zugleich aber, was sie *nicht* enthielten, im Gerichtsgebrauch zurückgedrängt werden; jedenfalls auf die Dauer und in dem Maße, wie der Gebrauch solcher Rechtsaufzeichnungen sich praktisch durchsetzte. Damit schied sich dann der Teil des Sittenrechts, auf den man sich vor Gericht berufen konnte – und im ganzen war das sicherlich der sozial wichtigere Teil – als *Recht* von dem, der nun als bloße *Sitte*, ungerichtet, zurückblieb. Jenes aber war hinfort die Richtschnur, nach der bei Gericht gerichtet wurde, das Gerade (lat. *directum*, ital. *diritto*, franz. *le droit*), das Rechte, das Recht.

VII. Das Gericht ist also recht eigentlich die Geburtsstätte des Rechts gewesen. Daher ist es nicht verwunderlich, daß „Recht" früher zugleich die Bezeichnung für „Gericht" gewesen ist, was heute noch nachklingt: „Rechtsgang" ist das Verfahren vor Gericht, die „rechtshängige" Sache „hängt" bei diesem[2], „rechtsbeständig" ist, was vor ihm Bestand hat, „rechtliches Gehör" ist Anhörung durch das Gericht, „Rechtsschutz" ist Gerichtsschutz, „Rechtsverweigerung" Verweigerung der gerichtlichen Entscheidung; wie ja auch in der römischen Rechtssprache *in iure* „vor Gericht" hieß.

Die Herkunft von der Gerichtsstätte hat aber auch dem *Rechtssatz*, ein für allemal, seine eigentliche Form gegeben, nämlich die

---

[2] Und zwar wortwörtlich. Die Akten mußten früher nämlich, um sie vor Mäusefraß zu sichern, unter der Decke aufgehängt werden!

des *hypothetischen Urteils.* Das Gerichtsurteil entscheidet einen konkreten Fall, der sich in der Vergangenheit zugetragen hat, in bestimmter Weise; der Rechtssatz entscheidet einen angenommenen Fall, sofern er sich in Zukunft ereignen sollte, in einer Weise, die er vorherbestimmt. „Wenn ein Bürger einen Bürger bezichtigt und Mord auf ihn geworfen hat, ihm aber nicht beweist, so wird, der ihn bezichtigt hat, getötet", beginnt eine der ältesten Kodifikationen der Weltgeschichte, das Gesetz des babylonischen Königs Hammurapi (vermutlich 1711–1669 v. Chr.). Dies ist die Grundform des Rechtssatzes: eine abstrakt vorweggetroffene Entscheidung. Auch sie unterscheidet das Recht von der Sitte, welche unmittelbar auf das abzielt, was man *tun* soll, nicht auf die Folgen, die eintreten sollen, wenn einer dies oder jenes getan *hat.* Rechtssätze sind also typischerweise *Entscheidungsnormen,* Normen für das Verhalten der Richtenden. Die Sitte hingegen – „man hilft", „man grüßt", „man trägt" usw. – spricht unmittelbar die Handelnden an, gibt also *Verhaltensnormen* für die Gesellschaftsmitglieder.

VIII. Die Formulierung und Aufzeichnung bereits bestehender Normen für den Gerichtsgebrauch brachte also eine Scheidung zwischen Recht und Sitte mit sich. Diese Neuerung mußte bald noch einen Schritt weiterführen: Gepflogenheiten rein registrierend in Normen zu fassen, ohne ihren Inhalt in der Formulierung zu verändern, ist eine schwere Kunst, und eine solche Kunst kann kaum am Anfang gestanden haben. Ferner hatte jeder Rechtsaufzeichner seine eigenen Auffassungen, Ideale und Interessen, und schon gar der Machthaber, in dessen Auftrag er etwa arbeitete. Rechtsaufzeichnung konnte daher ohne „Rechtsbesserung" kaum abgehen. Jedes *Rechtsbuch* – in dem das Recht steht, weil es gilt – war so zum Teil und zunehmend mehr *Gesetzbuch* – dessen Inhalt gilt, weil er darin steht.

Und doch war es die Formulierung und Fixierung der Normen, mit der man begann, das Recht in die Hand zu bekommen. Denn Formulierung macht Halbbewußtes bewußt, und nur Bewußtes kann zum Objekt des Willens werden. Der Mensch gewann damit Macht über den Stoff, und es wäre seltsam zugegangen, wenn er sie auf die Dauer nicht dazu verwendet hätte, um auch das Recht, wie alles andere, gemäß seinem Willen zu gestalten.

IX. War also das Recht als ungesetztes noch mit der Sitte eng verwandt, so hatte es als gesetztes eben schon damit einen neuen Zug gewonnen, daß es nun etwas *Formuliertes* war. Denn dadurch war es zu einer anderen Stufe des *Bewußtseins* aufgestiegen. Erst mit der Formulierung – die mit *Rechtssprichwörtern* begann – kam nämlich auch das *Rechtsbewußtsein* zu sich, wurden Normen aktuell bewußt. Daß Gesetzgebungsarbeit, auf tatsächlichem Verhalten und etwa schon vorgeformten Regeln aufbauend, diesen Prozeß der Bewußtwerdung des Rechts fördern mußte, leuchtet ein: Wurde es, weil formuliert, bewußter, so wurde es damit zugleich *begrifflicher* und folglich *greifbarer;* wurde es greifbarer, so wurde es gestaltbarer, gestaltet wiederum bewußter.

X. Wo aber Gesetzgebung sich durchsetzte (was sich in ihren Anfängen eben nicht von selbst verstand), leitete sie eine epochale Wandlung ein; denn das alte ungesetzte Recht, das hinfort als *Gewohnheitsrecht* von dem gesetzten unterschieden wurde, war *gewachsen*, Gesetze werden *gemacht*.

Doch ist das in diesem Zusammenhang übliche Bild vom „Wachstum" des Gewohnheitsrechts nicht allzu wörtlich zu nehmen. Denn in gewissem Sinne ist selbst die Sitte „gemacht". Freilich von vielen, ja von allen Mitgliedern der Gruppe, in der sie gilt. Ihr Aufkommen und ihr Bestand ist gleichsam das Ergebnis einer permanenten Volksabstimmung. Aber wie bei einer solchen der Antrag von wenigen ausgehen kann, kann auch bei der Entstehung einer Sitte sogar ein einzelner den Ton angegeben, die Sitte „gegeben" haben, so wie Cardin Mode „macht". Mit allzu frechen Extravaganzen würde zwar auch ein Cardin keinen Anklang finden. Doch gilt das fast ebenso auch für den Gesetzgeber – wie wir noch sehen werden; wodurch sich der Gegensatz weiter abschwächt. Im ganzen kann man aber eben doch sagen, daß *Sitten*, im Unterschied zu Gesetzen, typischerweise *anonym* entstehen (wie einst das echte Volkslied) und jedenfalls nicht planmäßig geschaffen werden.

Mit Hilfe der Gesetzgebung also konnte nun auch das zwischenmenschliche Verhalten zum Gegenstand planmäßiger Gestaltung gemacht, vom Menschen in seine eigene Hand genommen werden – ein Fortschritt, der an Bedeutung und Fragwürdigkeit die Entdeckung des Feuers wie des Schießpulvers übertroffen haben dürfte, so langsam auch sein Anlauf in der Geschichte gewesen ist.

§ 3. Herrschaftsordnung und Staat

I. Wir haben verfolgt, wie das frühe Sittenrecht unter der
Einwirkung der Rechtspflege in Sitte und Recht zerfiel und wie
dann zu dem aus dieser Aufspaltung hervorgegangenen Gewohnheitsrecht später Gesetzesrecht trat. Damit sind wir bereits in den
Wirkungsbereich von Rechtsprechung und Gesetzgebung getreten, die uns beide aus unserer heutigen Umwelt als Funktionen des
Staates geläufig sind. Wir müssen uns deshalb nunmehr mit ihm
und seiner Herkunft bekannt machen.

Einigkeit besteht darüber, daß der Staat eine bestimmte (später
näher zu definierende) Art von *Herrschaftsordnung* ist. Die
Erscheinung der Herrschaftsordnung aber ist – jedenfalls in ihrem
weitesten Sinne – älter als die Menschheit.

Den Tierpsychologen ist der Begriff der „Hackordnung" geläufig:
Unter den Hühnern eines Hofes ist immer klar, wer wem zu weichen hat.
Es besteht unter ihnen eine erprobte Rangordnung, in die auch jeder
nestfremde Neuankömmling mit einigen kurzen Zweikämpfen sehr
schnell eingestuft ist. Auch an Aquariumsfischen kann man ähnliche
Ausweichordnungen beobachten, und bei den Pavianhorden im Zoo
werden die in ihnen bestehenden Unterordnungsverhältnisse höchst dramatisch sichtbar.

Eine Menschengruppe bildet ebenfalls nie, oder doch immer nur
vorübergehend, einen ungeordneten Haufen, eine strukturlose
Masse. Ist sie auch nur kurze Zeit beisammen, so knüpfen sich
unter den einzelnen Beziehungen an. Nach etwas längerer Dauer
spielen sich unter ihnen Gewohnheiten ein, und bald weiß man,
wer wem aus dem Wege geht und wer „zu sagen" hat.

Ein frisch in ein neues Auffanglager eingewiesener, bunt zusam-
mengewürfelter Haufen von Asylanten, auf engstem Raum zusam-
mengepfercht und im wesentlichen sich selbst überlassen, hat sich
schon nach wenigen Tagen von selbst geordnet: Man weiß sehr
bald, wer den Wortführer gegenüber der Lagerleitung macht und
an wen man sich in welcher Angelegenheit halten kann. Es spielen
sich Arbeitsteilungen und Einrichtungen ein, und wenn dann nach
und nach Teile der alten Belegschaft das Lager verlassen und neue
Asylanten eingeliefert werden, so gliedern sie sich ganz von selbst

in die nun schon bestehende Ordnung ein. Dasselbe gilt für die Schüler eines Ferienlagers oder die Teilnehmer einer unplanmäßig gestrandeten Reisegruppe. Dabei geht es nicht immer ohne Befehl und Gehorsam ab: Denn wären die Menschen nicht beeinflußbar und für Weisungen empfänglich, so könnten sie auch nicht soziabel und nicht fähig sein, ihr Tun zu koordinieren, sich zu organisieren.

II. Dies aber findet überall statt. Es besagt freilich zunächst nur, daß eine *Herrschaftsordnung* sich zu bilden pflegt, wo immer Menschen miteinander leben. Ein *Staat* war jenes Asylantenlager nicht, denn nur ein unabhängiges Volk kann einen solchen haben.

Für einen Staat pflegt man, außer der Geordnetheit seiner Herrschaft, der *Staatsgewalt,* auch deren *Souveränität (suprema potestas:* höchste Gewalt nach innen, Unabhängigkeit von fremder Befehlsgewalt nach außen) zu fordern, ferner ein *Staatsvolk* (eine sich durch Fortpflanzung regenerierende Menschengruppe) und ein *Staatsgebiet.* Fehlt der Organisation einer Menschengruppe eines dieser Erfordernisse, so ist sie – wenigstens nach jener „klassischen", hier nur grob skizzierten und später (§ 18) näher zu analysierenden Lehre – eben kein Staat.

Ob Menschengruppen der *Vorzeit* Staaten in diesem Sinne waren, ist hiernach schon insoweit zweifelhaft, als ihnen *Staatsgebiete* fehlten. Zwar pflegen auch Sammler- und Jägervölker ihre Reviere eifersüchtig gegen fremde Eindringlinge zu hüten, aber sie wechseln ihren Lebensraum häufig und sind nie eigentlich seßhaft. Erst ein entwickelter Ackerbau (mit Pflug und Zugtieren) bindet den Menschen an eine Scholle, macht ihm „seinen" Boden wertvoll, den Sippen und Familien zum Eigentum, dem Volke zum „Gebiet". Nach diesem Maßstab, der wandernde Staaten ausschließt, könnte es somit frühestens seit dem Neolithikum Staaten gegeben haben. Aber gewiß gab es schon lange vorher Herrschaftsordnungen, Recht und eine gewisse Rechtsprechung.

III. Doch auch als es in Mitteleuropa schon seit langem Staaten gab, die unserer völkerrechtlichen Definition genügt haben würden, war dort *der Staat* gleichwohl noch nicht entdeckt. Mit seiner Entdeckung hat es ähnlich lange gedauert wie mit der, daß man Recht *machen* kann, und beide stehen in einem historischen Zusammenhang miteinander.

Die Entdeckung des Staates war denen, die ihn bildeten, so lange unmöglich, als für sie die persönlichen Bande, die sie miteinander verknüpften, im Vordergrund standen. Denn diese unmittelbaren persönlichen Beziehungen von Mann zu Mann waren es damals, die sie zum Ganzen einten.

So waren es Sippen-, Familien- und Gefolgschaftsbande, die jene germanischen Völkerschaften innerlich zusammenhielten, welche *Tacitus* als *civitates* beschrieben hat. Sie waren im übrigen so klein, daß mindestens die waffenfähigen Männer, die alljährlich zum Thing zusammentraten, einander alle persönlich gekannt haben dürften. Versammelt *vertraten* sie kein abstraktes Ganzes, sie *waren* das Ganze.

Der – aus dem Gefolgschaftswesen hervorgegangene – *Lehnsstaat* des hohen und späten Mittelalters bestand aus einem Geflecht von Subordinationsverträgen der einzelnen Lehnsherren mit ihren Lehnsleuten. Diese Lehnsverträge waren rein persönliche, nach dem Ableben eines jeden der Beteiligten – nach Herren- wie Mannfall – immer wieder zu erneuernde Bande, die alle von Mann zu Mann, nicht mit einer abstrakten Einheit geknüpft, die Vorstellung eines abstrakten Trägers von Rechten und Pflichten gar nicht aufkommen lassen konnten.

Deshalb hat auch die Herrschaftsordnung des deutschen Königs, trotz der ihr eigentümlichen Bezeichnung *Reich*, ja sogar trotz ihrer Identifizierung mit dem Imperium Romanum, so wenig einem *Staat* geähnelt: Wo der König mit einigen seiner Fürsten versammelt war, dort *war* das Reich. Starb er, so waren alle an ihn geknüpften Bindungen gelöst, das Reichsgut, dessen Umfang ohnehin nie feststand, praktisch herrenlos. War sein Nachfolger glücklich gewählt, so mußte er versuchen, es wieder zu sammeln und die Verträge zu erneuern, denn nur sein Vorgänger persönlich, nicht aber das Reich, war Kontrahent gewesen. Man versteht, wie wenig ein Reich als Staat in unserem Sinne erlebt werden konnte, das nach jedem Thronwechsel praktisch neu begründet werden mußte und so ein Anspruch blieb, den zu verwirklichen nur wenigen starken Kaisern glückte.

Erst dort, wo der Thron in fester Erbfolge vom Vater auf den ältesten Sohn überging (in Frankreich und England vor allem), starb der König nicht mehr und konnte deshalb „die Krone" zum ruhenden Pol einer bleibenden Verwaltungsorganisation werden.

Gegen Ende des Mittelalters jedoch veränderte sich das Bild vollständig, als nämlich auch die kleineren Fürsten in steigendem Maße dazu kamen, ständig tätige *Behörden* mit fester Residenz zu

etablieren. Diese arbeiteten weiter, auch wenn der Fürst starb oder
die Herrschaft anderweitig wechselte, und vermittelten so den
Eindruck einer hinter ihnen stehenden, vom Wechsel ihrer Herren
und Diener unabhängig beharrenden Macht. So kam denn im
15. Jahrhundert, von *status (rei publicae* oder *romanus)* abgeleitet,
im Italienischen das Wort *lo stato* auf, eine erst jetzt greifbar
gewordene Vorstellung bezeichnend: den auf einer festen Dauer-
organisation beruhenden und mit ihr vom Tode seiner Herren wie
seiner Untertanen unabhängig fortbestehenden, selbst aber
unsichtbar bleibenden Hoheitsträger *Staat.* Erst mit seiner Konkretisierung in einer stabilen Behördenorganisation war er den
erlebenden Menschen als etwas Eigenständiges *bewußt* geworden.

Obwohl also die Idee des Staates als polis, civitas, res publica in der
Antike bereits im wesentlichen vorhanden gewesen war und aus den
Quellen abgelesen werden konnte, mußte das Wissen davon für unsere
Welt eben doch so lange tot bleiben, bis ihre eigenen Herrschaftsordnun-
gen zu einer gewissen Strukturähnlichkeit mit den antiken Staatsgebilden
herangereift waren[1].

Im übrigen war die volle Entfaltung des unpersönlichen Staatsbegriffes
selbst mit dem 16. Jahrhundert noch keineswegs abgeschlossen. Zumal im
monarchischen Absolutismus der Folgezeit trat die Person des Königs so
stark hervor, daß 1665 das Wort *L'état c'est moi* im Munde Ludwigs XIV.
möglich (oder doch glaubhaft) war. Auch für Friedrich Wilhelm I.
scheinen noch Krone und Dynastie im Vordergrund gestanden zu haben.
Erst Friedrich der Große hat mit seinem Ausspruch, er sei der *erste
Diener* des Staates, den Staat eindeutig über die Dynastie gestellt und
damit zur entpersönlichten Idee, für die Zukunft freilich zugleich auch
zum abstrakten selbstherrlichen Souverän erhoben.

Damit war nun das Bewußtwerden des Staates als solchen
zeitlich – und auch nicht bloß zufällig – mit der Herausbildung des
modernen, nämlich des *gesetzgebenden* Staates zusammengefallen.
Mit der Ausbildung eines Behördenapparates war der Staat nicht
nur als eine Art Wesenheit wahrnehmbar geworden, sondern er

---

[1] Zur Entstehung des modernen Staates vgl. *Georg Jellinek,* Allgemeine Staatslehre
(3. A. 1913), Neudruck 1960, S. 129 ff. und 322, sowie *Jakob Burckhardt,* Die
Kultur der Renaissance in Italien, 1860, 1. Abschnitt.

wurde damit auch immer mehr zu einem Kunstwerk, dessen Organisation und Tätigkeit einer rationalen Ordnung, also der Gesetze bedurfte. Diese wurden, zumal seit dem 16. Jahrhundert, in immer umfangreicher werdenden Landesordnungen, Polizeiordnungen und Constitutionen erlassen, die *Juristen* entwarfen und ins Werk setzten. Letztere, die Träger der Rezeption (= Übernahme) des römischen Rechts, hatten sich im Laufe des 15. Jahrhunderts als ein neuer Stand von Rechtsspezialisten durchgesetzt und damit das Monopol der Rechtskunde erlangt. Ihre Kunst aber hatten sie an den Gesetzen des Kaisers Justinian erlernt, woher ihnen das Bild des gesetzgebenden, weil *über* dem Recht stehenden Fürsten – des *princeps legibus solutus* – geläufig war. So waren sie denn die Wegbereiter der absoluten Monarchie wie der staatlichen Gesetzgebung und zugleich die Werkmeister jenes Behördenapparates, der zum sichtbarsten Ausdruck des modernen unpersönlichen Staates wurde und der, einmal aufgebaut, später zusammen mit diesem samt seiner eingelernten Bedienungsmannschaft aus den Händen des Monarchen in andere übergehen konnte.

§ 4. Die Gesetzgebung

I. Das Aufkommen des Staates und staatlicher Gesetzgebung bedeutete eine tiefe Wandlung des menschlichen Denkens und Fühlens, die nur dadurch gemildert wurde, daß sie sich, wie wir schon sahen, nicht von einem Tag zum anderen vollzog. Langsam wuchsen sich die alten Herrschaftsordnungen zu Staaten aus, langsam begann das staatliche Gesetz die Gesetzgebung des mittelalterlichen Herrschers abzulösen und das Gewohnheitsrecht zu verdrängen. Langsam vollzog sich damit der Übergang vom Mittelalter in die Neuzeit.

Gewohnheitsrecht denkt retrospektiv. Man hat zu tun, was schon die Vorfahren getan haben. Je älter ein Rechtssatz war, um so ehrwürdiger, ja um so gültiger war er. Das „gute alte" Recht war Leitbild. Recht war, was seit eh und je so gewesen war, seit Constantin, Karl oder Barbarossa, die im Glanze der Sage verschwebten. Es war „gut", also *recht,* weil es alt war, und was „gut"

schien, war man geneigt für alt zu halten. Über dieses alte Recht
hinaus war eine Bindung durch fremden Willen gar nicht denkbar,
denn kein Mensch stand über dem Recht, auch der König nicht. Nur
einstimmig Beschlossenes konnte *alle* binden; wer betroffen sein
sollte, mußte zugestimmt haben. Deshalb geben sich auch einige der
ältesten Rechtsaufzeichnungen unserer Geschichte, die Leges Barbarorum (6. bis 8. Jahrhundert), als Verträge: Pactus legis Salicae,
Pactus pro tenore pacis, Pactus Alamannorum; nämlich als Vereinbarungen des Königs mit seinen (das Volk repräsentierenden)
Großen. Vollends waren die Landfrieden des hohen Mittelalters
(durch die der Fehde Einhalt geboten werden sollte) Strafgesetze in
Vertragsform: sie sollten nur *den* verpflichten – und freilich auch
schützen! –, der ihnen durch Eidschwur beigetreten war. Über das
alte Recht hinaus konnte niemand ohne seinen Willen gebunden
werden. Nur das Recht der Vorfahren galt schlechthin.

Indessen wußte man nicht, wieviel sich seit ihren Tagen schon
geändert hatte. War aber etwas anders geworden, so konnte das,
meinte man, nur auf Mißbrauch beruhen. Daher nannten sich denn
ein Teil der Gesetze um die Wende vom 15. zum 16. Jahrhundert
„Reformationen" (Nürnberger, Frankfurter usw. Reformation).
Besserung des Rechts wurde hier als Rückformung zu seinem alten
Zustand begründet – wie damals ja auch die Religion in derselben
Weise gebessert werden sollte. Noch die englische Bill of Rights
von 1689 trat als eine Bestätigung „alter Rechte und Freiheiten"
auf: „as their ancestors in like case have usually done for the
vindicating and asserting their ancient rights and liberties". Und
doch war es das Neue, das damit seinen Einzug hielt.

II. Auf diesem Hintergrund wird nun klar, wie anders unser
heutiges Rechtsdenken ist: „alt" ist uns „veraltet". Wir wissen, daß
noch unlängst alles anders war und daß es auch bald wieder anders
sein wird. Mißstände erscheinen uns als Folge überalterten Rechts,
ihre Beseitigung erwarten wir von neuem. Zeigt sich, daß irgendeine
Lebensbeziehung noch nicht geregelt ist, so verlangen wir vom Staat,
daß er die Lücke schließt. Wir verlangen von ihm, daß er sein Recht
immer wieder überholt, veränderten Verhältnissen und Interessen
anpaßt. Wir verlangen ein *Gesetz* – und *neue* Gesetze. Der Staat aber
erfüllt uns alle diese Wünsche, denn der Staat sind wir.

Doch damit hat sich eine Veränderung vollzogen, die nicht nur
Form und Menge des Rechtsstoffes betrifft: Das Gewohnheitsrecht seiner Gemeinschaft hatte jedermann gekannt. Es *war, weil*
man es kannte. Die Gesetze des 16. Jahrhunderts waren vielfach
noch von der Kanzel verlesen worden, damit das Volk sie kennen
lerne. Die Verfasser des preußischen Allgemeinen Landrechts von
1794 (pr. ALR) hatten alles Erdenkliche getan, um ihr Werk den
Staatsbürgern bekanntzumachen. Durch Veranstaltung von Preis-
ausschreiben hatten sie bei seiner Abfassung alle Bevölkerungs-
kreise zur Mitarbeit an vielerlei Materien mit herangezogen, hatten
ihre Entwürfe abschnittweise veröffentlicht und, wieder mit Preis-
ausschreiben, zur Kritik aufgefordert. Dem fertigen Gesetz hatten
sie, ein Jahr vor seinem Inkrafttreten, einen Auszug zum „Unter-
richt über die Gesetze für die Einwohner der preußischen Staaten"
vorausgeschickt[1]. Nie wieder hat ein Gesetzgeber sich solche
Mühe gegeben, sein Werk zu popularisieren. Sie ist schon damals
vergeblich gewesen und würde heute vollends sinnlos sein: Die
heutigen Gesetze *kann* man nicht mehr kennen. Nur mit Hilfe von
Loseblatt-Sammlungen ist ihre kurzlebige Produktion gerade noch
technisch zu bewältigen.

Damit hat das Recht aber eine neue Seinsweise angenommen:
Sittenrecht und Gewohnheitsrecht hatten in den handelnden Menschen selbst gelebt, die frühen Gesetze waren Appelle an alle
gewesen, *jedermann* hatten sie „kund und zu wissen" getan.
Anfangs war das auch Wirklichkeit, später wenigstens Möglichkeit
gewesen. Jetzt ist es Unmöglichkeit geworden. Der Hauptadressat
der Gesetze sind nicht mehr die Bürger, sondern die *Behörden*: die
Legislative spricht in ihnen befehlend zu Exekutive und Justiz. Sie
sind gleichsam ein Selbstgespräch des Staates. Der Bürger ver-
nimmt es nur noch selten unmittelbar, seine Wirkungen aber
treffen ihn gleichwohl, nämlich durch die Tätigkeit der Behörden.
Aus Verhaltensnormen für die Bürger, die sie der *Form* nach
ohnehin kaum je gewesen waren, sind die Gesetze auch sachlich

---

[1] Noch vom schweizerischen ZGB wurde nach Erlaß (1907) ein Gesetzestext an
jeden Haushalt kostenlos verteilt.

immer mehr zu Verhaltensnormen für die jeweils zuständigen Beamten geworden[2].

Trotzdem handeln die Bürger ganz überwiegend diesen ihnen meist unbekannten Gesetzen gemäß. In ruhigen Zeiten jedenfalls übertreten sie sie selten. Wie aber können sie Gebote befolgen, ohne sie zu kennen?

§ 5. Sitte, Sittlichkeit und Gesetz

I. Wir hatten gesehen, daß Sitte und Recht einst ein und dasselbe, Sittenrecht gewesen waren. Dann hatten Rechtsprechung und Rechtsaufzeichnung den Teil der Sitte, der vor den Gerichten Anerkennung fand, als „Recht" abgesondert. Schließlich hatten Herrscher und Staat diesem alten, einst aus der Sitte hervorgegangenen Recht ihre Gesetze hinzugefügt, so daß es nun als „Gewohnheitsrecht" neben dem Gesetzesrecht stand. Aber die Sitte steht weiterhin neben dem Recht und hat Beziehungen auch zum Gesetz. Denn teils entstammt auch das Gesetz dem Inhalt nach der Sitte – soweit nämlich der Gesetzgeber nur Sitten umgeformt oder Gewohnheitsrecht übernommen hat –, teils ist es Niederschlag derselben Grundanschauungen, die auch mit der Sitte in Wechselbeziehung stehen: der *Sittlichkeit*.

Sittlichkeit ist Kritik der Sitten als gut oder böse. Sie *fordert* die *gute* Sitte. Um Sitten kritisieren, d. h. über sie richten zu können, muß man sich von ihnen denkend zu distanzieren, sich über sie zu stellen vermögen. Erst die Hochreligionen – Buddhismus, Christentum, Islam – und die Philosophie – in China und Griechenland – haben die Menschen hierzu befähigt. Sie haben Sittenlehren (*Ethik*, von *éthos* = Sitte) entwickelt, die zwar die geübten Sitten

---

[2] *Harald Kindermann*, Studien zu einer Theorie der Gesetzgebung, 1982, S. 259 ff. mit Nachweisen. Wenn Meier-Hayoz (Berner Komm. I, 1966, ZGB 1 N. 147) in dieser Feststellung einen „bedenklichen Rückfall in absolutistische Gedankengänge" oder gar eine „Ansteckung durch den totalitären Zeitgeist" wittert, so kann man nur staunen, zu welcher Wirklichkeitsblindheit eine naive Demokratietheorie führen kann.

nicht völlig umgeprägt, aber doch weitgehend beeinflußt haben. Ohne die Prägung durch das Christentum sind Sittlichkeit und Sitten des Abendlandes nicht zu denken.

II. Wenn Sitte und Sittlichkeit die gesetzgebenden Bürger mit den übrigen zu einer Gesinnungsgemeinschaft verbinden, wird ihnen das Gesetz so leicht nicht widersprechen. Es werden die Gesetze dann gleichsam nur die Ausführungsbestimmungen zu den dem Volke und seinem Kulturkreis ohnehin geläufigen Sittenanschauungen sein. Stehen Sitte, Sittlichkeit und Gesetz in dieser Weise miteinander in *Harmonie,* so wird, wer Sitten und Sittlichkeit folgt, auch dem Gesetze nicht zuwiderhandeln – ohne es dazu gelesen haben zu müssen. Alle drei Normenkomplexe werden sich dann wechselseitig stützen und sichern. Und so ist es weitgehend auch wirklich.

1. Dazu trägt zunächst einmal der Umstand bei, daß der Gesetzgeber selbst, und zwar für sehr wesentliche Lebensgebiete, den Richter angewiesen hat, die Sitte zu berücksichtigen: so die „Verkehrssitte" im gesamten Bereich des Vertrags- und Schuldrechts (§§ 151, 157, 242 BGB)[1], im Handelsrecht im besonderen die „Handelssitte" („die im Handelsverkehre geltenden Gewohnheiten und Gebräuche", so § 346 HGB)[2] und in Einzelfällen den Ortsgebrauch (so § 919 II BGB, §§ 59, 94, 96, 99, 359, 361, 393 II, 396, 428 HGB)[3].

2. Auch stellt der Gesetzgeber praktisch das gesamte Privatrecht unter das Gebot von „Treu und Glauben" (§ 242 BGB)[4] und der „guten Sitten" (§§ 138, 826 BGB, § 1 UWG)[5]. Damit ist „das Rechtsgefühl aller billig und gerecht Denkenden" (BGHZ 52, 20) zum Beurteilungsmaßstab aller privatrechtlichen Beziehungen gemacht, ihre im Verkehr geübte Moral, die Ethik also, wie sie sich in der Sitte niedergeschlagen hat, die *geltende* Sittlichkeit.

Der Gesetzgeber nimmt somit selbst auf Sitten und Sittlichkeit Bezug, und die Ethik lehrt ihrerseits den Gehorsam gegenüber der

---

[1] A: ABGB 886, 914; CH: ZGB 5 II.
[2] A: HGB 346; CH: OR 212 III, 184 II, 104 III.
[3] A: ABGB 1100, HGB 94, 96, 99, 359, 361, 393 II, 396, 428; CH: ZGB 699 I.
[4] A: ABGB 914; CH: ZGB 2 I.
[5] A: ABGB 879 I, UWG 1; CH: OR 41 II, UWG 1.

Obrigkeit. So handelt denn der Bürger, indem er tut, was *man* zu
tun pflegt, und sich an die gemeingültigen Vorstellungen von
Anstand und Redlichkeit hält, im ganzen auch dem Gesetz gemäß,
ohne dessen Vorschriften im einzelnen kennen zu müssen. Er steht
sich damit sogar zuweilen besser als der Jurist, der die Abgründe
sieht, an denen sein Weg vorbeiführt.

3. Ferner ist im *Vertragsrecht,* das doch den größten Teil der
privaten Rechtsbeziehungen beherrscht, dem Bürger vom Gesetz
eine weitgehende Freiheit eingeräumt. Grundsätzlich können die
Bürger Verträge jeden beliebigen Inhalts miteinander schließen.
Durch § 305 BGB gewährt das Gesetz ihnen Rechtswirksamkeit,
sofern sie nicht gegen die guten Sitten verstoßen (§ 138 BGB)[6].
Zwar können auch der Verstoß gegen gesetzliche Verbote, die
Nichtbefolgung einer vom Gesetz etwa vorgeschriebenen Form
und einige andere Bestimmungen den Vertrag zunichte machen,
doch ist die Zahl derartiger Vorschriften (das *zwingende Recht*)
nur klein. Im übrigen aber setzt der Vertrag zwischen seinen
Partnern Recht, worauf immer sie sich auch geeinigt haben (Pri-
vatautonomie). Hier also gilt *ihr* Wille. Sie brauchen sich nicht
dem Gesetz anzupassen, das Gesetz paßt sich *ihnen* an: Es stellt
Bestimmungen auf, die nur dann gelten sollen, wenn die Vertragspartner nichts Abweichendes vereinbart haben *(dispositives Recht).*
Der Gesetzgeber stellt ihnen seine Regelungen also zur Verfügung: sie gelten, soweit der Vertrag keine Sonderregelung enthält.
Sonst aber gelten sie nicht. Sie dienen nur dazu, Lücken zu füllen,
die die Partner bei ihrer Abmachung etwa gelassen haben, und
ergänzen sie gemäß dem, was Vertragsparteien bei verkehrstypi-
schem Verhalten – also der Sitte gemäß – gewollt haben würden,
wenn sie alle Konsequenzen ihrer Abmachung zu Ende gedacht
hätten. Hatte ihre besondere Vereinbarung aber etwa *untypische*
Zwecke, so kann sie wiederum nur durch solche Regeln ergänzt
werden, die *diesen* Zwecken gemäß sind, nicht aber durch das
Gesetz. Der Richter hat dann die Gedanken der Parteien ihrem
besonderen Zwecke gemäß und ohne die Leitung von Gesetz und

---

[6] A: ABGB 879; CH: OR 19 II, 20 I.

Sitte zu Ende zu denken. Im weiten Bereiche des „nachgiebigen", unter dem Vorbehalt der Parteiautonomie geltenden Rechts gibt es also nichts, was der Bürger zu „befolgen" und deshalb zu „kennen" hätte.

4. Auch spricht das *Privatrecht* die Bürger nur selten unmittelbar befehlend an, sondern teilt ihnen wechselseitig Rechte und Pflichten zu, wie sie sich meist schon nach Sitte und Moral als notwendige Konsequenzen ihres eigenen Tuns oder Unterlassens ergeben würden. Nirgends wird z. B. dem Verkäufer *befohlen*, dem Käufer spezielle Eigenschaften der Kaufsache zuzusichern. *Hat* er es aber getan und fehlt ihr dann eine zugesicherte Eigenschaft, so soll er dem Käufer den etwaigen Schaden ersetzen (und nicht bloß die Sache zurücknehmen oder sich den Kaufpreis mindern lassen). Das steht zwar in § 463 BGB[7], aber er braucht es kaum aus dem Gesetz zu lernen, um sich richtig verhalten zu können; er wird auch ohnehin wissen, daß man für seine Zusicherungen einzustehen hat.

Der Kaufmann *braucht* sich nicht mit einem Mitarbeiter zu assoziieren. Tut er es aber, z. B. für zehn Jahre, und gerät er dann mit ihm in Streit, so kann er freilich nur unter sehr erschwerten Voraussetzungen wieder von ihm loskommen (§§ 131 ff. HGB)[8]. Aber er konnte sich das ohne Gesetzeskenntnis denken; denn daß man eine Verbindung, in die auch der Partner sein Vermögen und seine Arbeitskraft gesteckt und auf deren langfristigen Bestand er gebaut hat, nicht leichthin lösen kann, mußte ihm von vornherein klar sein.

Daß derjenige *besser disponieren* kann, der die ihm gegebenen Möglichkeiten und ihre eventuellen Folgen im einzelnen dem Gesetz entnimmt, ist zwar richtig, steht aber auf einem anderen Blatt. Denn da handelt es sich nicht darum, daß er an ihn gerichtete Befehle des Gesetzes *befolgt* (wie er es etwa tut, wenn er die Firma seiner neuen Gesellschaft zur Eintragung im Handelsregister anmeldet, § 106 HGB[9]), sondern daß er zwischen offenen Wegen *wählt*. Hier drohen ihm keine Ordnungsstrafen, wie etwa dann, wenn er den Eintragungsantrag unterläßt (§ 14 HGB)[10].

---

7 A: ABGB 932 I; CH: OR 197 I.
8 A: HGB 131 ff.; CH: OR 574 I, 545 f.
9 A: HGB 106; CH: OR 552 II.
10 A: HGB 14; CH: OR 943 I.

III. Deutlicher tritt das Gesetz dem Bürger in einem anderen
Bereich befehlend gegenüber, im *Strafrecht*. Der *Form* nach frei-
lich auch hier nicht unmittelbar: „Wer eine fremde bewegliche
Sache einem anderen in der Absicht wegnimmt, dieselbe sich
rechtswidrig zuzueignen, wird mit Freiheitsstrafe bis zu fünf
Jahren oder mit Geldstrafe bestraft" formuliert § 242 I StGB[11].
Aber indem das Gesetz diese Strafsanktion aufstellt, bedeutet es
dem Bürger unmißverständlich, das Stehlen zu unterlassen. Es
schließt sich damit den Normen von Sitte und Sittlichkeit an.
„Man stiehlt nicht", sagt die Sitte. „Du sollst nicht stehlen", sagt
die Sittlichkeit. Das Gesetz definiert nur noch genau, was als
„Diebstahl" gelten soll, und weist die Richter an, wie sie mit dem
zu verfahren haben, der solches dennoch tut. Es nimmt das Urteil
hypothetisch-allgemein vorweg: „wenn jemand...‚ so wird
er...", wie dies ja eben der typische Rechtssatz ist.

Seine Bezeichnung als „hypothetisches Urteil" zielt auf seinen Ursprung
aus dem konkreten Gerichtsurteil ab. Beide sind, als Sollsätze, Befehle: das
Urteil ein Befehl an die Prozeßparteien und Vollstreckungsorgane, der
Rechtssatz ein Befehl an die Richtenden und indirekt auch an die Bürger. Da
aber „hypothetisches Urteil" zugleich *Kants* Terminus für die niemandem
befehlende, nur einen technischen Effekt voraussagende Kunstregel ist,
weichen einige Juristen in die Bezeichnung „konditionaler Imperativ" aus[12].

Auch wenn es sich dieser Form bedient, so beruht das Strafrecht
doch dem Inhalt nach gänzlich auf Sitte und Sittlichkeit und damit
auf den Wertungen, die unsere Gemeinschaft beherrschen. Diese
Wertungen[13] dürfen aber bei jedermann vorausgesetzt werden,
weshalb niemand das Gesetz zu kennen braucht, um ihnen gemäß
zu handeln. Denn nicht das Gesetz, sondern die Sittlichkeit ist es,
die hier das „Du sollst nicht" aufstellt. Weshalb denn *hier* auch das
bekannte Sprichwort gilt, daß Unkenntnis des Gesetzes nicht vor
Strafe schützt (error iuris nocet).

---

[11] A: StGB 127; CH: StGB 137.
[12] So *Engisch*, Einführung in das juristische Denken, 8. A. 1983, S. 32.
[13] Man spricht hier im Gegensatz zur Gesetzeskenntnis von der „Parallelwertung
in der Laiensphäre" (vgl. *Jeschek:* Lehrbuch des Strafrechts, 4. A. 1988, S. 265;
A. Kaufmann: Die Parallelwertung in der Laiensphäre, 1982).

Der alte Satz setzt aber auch die alte Harmonie zwischen Gesetz und Sittlichkeit voraus. Er kann deshalb nur gelten, soweit sie reicht und damit das Strafgesetz als Niederschlag der allgemeinen Moralanschauung gelten darf. Jenseits dieser Grenze versagt er, sofern nicht etwa der Täter die von ihm übertretene Spezialbestimmung von Berufs wegen zu kennen verpflichtet war. Wollte also ein des Diebstahls Angeklagter sich damit verteidigen, er habe nicht gewußt, was Diebstahl sei oder daß er deswegen bestraft werden könne, so würde er damit nicht gehört werden. Der Übertreter einer Polizei- oder Wirtschaftsverordnung, einer Devisen- oder Steuerbestimmung jedoch kann nicht bestraft werden, wenn ihre Kenntnis von ihm seiner Lebensstellung oder den besonderen Umständen nach *nicht erwartet* werden konnte. Denn dann begründete seine Unkenntnis keinen Schuldvorwurf gegen ihn, und Strafe ohne Schuld ist für uns undenkbar.

IV. Seinen spezifischen Rechtszwang zeigt das Gesetz erst eigentlich, wenn es dazu verwendet wird, im Volke Normen durchzusetzen, die dessen Tradition zuwiderlaufen. Sobald es in seiner Wirkung dann nicht durch außerrechtliche Normen „entlastet" wird, ist sein Erfolg aber allemal unsicher. Selbst umfangreiche organisatorische Maßnahmen pflegen auf die Dauer nicht auszureichen, sofern es nicht zugleich gelingt, die Sitten- und Moralanschauungen zu ändern: leges sine moribus vanae[14] – eine der wenigen Lehren, die die Geschichte uns erteilen kann. Deshalb hat man in unseren Tagen dem Staat „*die* Partei" als Weltanschauungs- und Propagandaorganisation zur Seite gestellt. Damit wurde dann freilich die gewachsene Harmonie zwischen Sitte, Sittlichkeit und Gesetz in ein Spannungsverhältnis verwandelt.

§ 6. Von der Notwendigkeit der Gesetze und der Justiz

I. Wäre nun aber, umgekehrt, der Einklang zwischen Sitte, Sittlichkeit und Gesetz in einer Gesellschaft spannungslos wirk-

---

[14] Gesetze sind ohne Moral ein „eitel Ding". Vgl. dazu im Corpus iuris das sog. Gratianische Dekret: C.3 D.4. Die Formulierung stammt von *Horaz*: Oden, lib. III c. XXIV, 35 (quid leges sine moribus vanae proficiunt).

lich, so würde dort, könnte man meinen, das Gesetz funktionslo-
ser Ballast und folglich entbehrlich sein. Wozu noch Gesetz und
Staat, wenn die Menschen auch ohne sie das Rechte tun und
miteinander auskommen würden? Das ist die Grundfrage des
Anarchismus, auf die zu sagen ist:

1. Die Normen, die die Sittenlehre aufstellt, sind meist sehr
allgemein gehalten. Ohne nähere Ausgestaltung im einzelnen würden sie bloß ein *ius incertum* (unbestimmtes Recht) abgeben.
Ferner bedarf es einer Fülle von Regeln, die aus den ethischen
Obersätzen überhaupt nicht abzuleiten wären, weil sie sittlich
neutral sind. Diese müssen dann freilich zuweilen auch – wohl
oder übel – *erlernt* werden.

So z. B. in der Fahrschule: § 1 der Straßenverkehrsordnung[1] ist zwar
Ausdruck des allgemeinen Sittengebotes, niemanden zu verletzen; er
gehört zum Inhalt des allgemeinen Bewußtseins und würde auch ohne
seine Formulierung durch den Gesetzgeber gelten. Für die übrigen 49
Paragraphen des Gesetzes aber gilt das nicht. Viele von ihnen ergeben sich
zwar logisch aus dem Prinzip des Rechtsfahrens. Daß bei uns rechts, in
Japan links gefahren wird, mußte aber eben der *Gesetzgeber* entscheiden,
denn ethisch ist es indifferent. Allerdings hätte hier auch die *Sitte* die
Entscheidung treffen können; wie sie ja z. B. entschieden hat, auf welcher
Seite die Dame geht.

Die Sätze der Ethik bedürfen also praktisch der Ausfüllung
durch Sitte oder Gesetz.

2. Die Gemeinschaft hat es nicht nur mit rücksichtsvollen
Mitgliedern zu tun und bedarf deshalb zu ihrem Schutz des
Zwanges und seiner rationalen Regelung.

Auch die Sitte kann Zwang entwickeln und hat es seit je getan:
Blutrache, Ausstoßung des Täters und Bußensystem, die Vorstufen des Strafrechts, belegen dies für die Vorzeit. Die Ausschlie-
ßung des Unzuverlässigen, des Vertragsbrüchigen, des Asozialen
von Verkehr und Mitarbeit ist auch heute eine höchst wichtige und
wirksame Reaktion der Gesellschaft. Aber sie bedarf dringend der
Ergänzung durch eine rationale Regelung, die diese Reaktion
begrenzt und sich um Wiedereingliederung des Außenseiters

---

[1] A: keine entsprechende Vorschrift; CH: SVG 26 I.

bemüht. Der vorstaatliche Zustand war der eines permanent bedrohten Friedens, eines nur labilen Gleichgewichts. Gerade in dieser Hinsicht ist der Weg zu Staat und Gesetz ein unermeßlicher Fortschritt gewesen. Der Abstand unserer Lebenssicherung von der unserer Vorfahren noch im Mittelalter zeigt seine Größe. Anarchismus, wie er allenfalls in den Kleingruppengemeinschaften der Frühzeit zu finden war, wäre also ein Rückschritt und als solcher „lebensgefährlich".

II. Im ganzen gesehen würde es auch eine seltsame Anomalie bedeuten, wenn der Mensch, dessen ganzes Wesen auf die rationale Beherrschung und Verwandlung seiner Umwelt, auf bewußtes Planen angelegt ist, nicht auch die Beziehungen zu seinesgleichen in seine Planung mit einbeziehen würde. Es würde bedeuten, daß er herrschen wollte, ohne sich selbst zu beherrschen.

Je mehr die Menschheit zahlenmäßig wächst, je dichter die Erdoberfläche besiedelt wird, je enger die Menschen also werden zusammenrücken und zusammenwirken müssen, um so mehr planmäßige Regelungen werden nötig sein, um ihr Zusammenleben doch noch zu ermöglichen, und immer mehr Gesetze. Diese Vision erschreckt uns. Aber die Summe unserer Freiheitsbeschränkungen wird dabei kaum im selben Maße wachsen; denn wo nicht Gesetze herrschen, regieren Sitten, und wo Gesetze vordringen, verlieren Sitten (und auch Unsitten!) an Boden. Zwar läßt, wenn der Gesetze zu viele werden, ihre Wirkung nach. Doch werden sie um so nötiger, je mehr sich die Sitten lockern[2].

III. Ist aber das Gesetz notwendig, so auch seine organisierte Durchsetzung als *Gerichtsbarkeit*. Denn Konflikte erwachsen innerhalb der zwischenmenschlichen Beziehungen ganz unvermeidlich (zumal, je komplizierter diese werden), und kein Gesetz vermag sie auszuschließen. Somit bedarf die Gemeinschaft einer Organisation zu ihrer Schlichtung und Entscheidung. Deshalb waren, schon bevor sich echte staatliche Gerichtsbarkeit herausbildete, private *Schiedsgerichte* häufig. Auch heute spielen sie, die Tätigkeit der staatlichen Gerichte ergänzend und von diesen unter-

---

[2] Zur sog. Rechtsexplosion siehe näher *M. Rehbinder:* Rechtssoziologie, 3. A. 1993, S. 126 ff., 164 ff., 206, 258.

stützt (vgl. §§ 1025 ff. ZPO)[3], eine beträchtliche Rolle. Fehlt aber
eine wirksame Gerichtsbarkeit gänzlich und auf Dauer und versagen auch die Schiedsgerichte, so werden die Konflikte mit der
Waffe ausgetragen, wie die Geschichte des Mittelalters und das
Völkerrecht es lehren.

Im deutschen Mittelalter waren Fehde und Blutrache die unvermeidli-
che Folge des Fehlens einer wirksamen Gerichtsbarkeit. Die zahlreichen
Schiedsverträge des Adels („Austräge") allein hatten nicht genügt. –
Zwischen den Staaten kann ein *dauerhafter* Friedenszustand nur durch
die Errichtung einer wirksamen internationalen Gerichtsbarkeit herbeigeführt werden. Auch hier muß die Schiedsgerichtsbarkeit, die *cour permanente d'arbitrage*, die man anrufen *kann*, immer mehr durch die *cour
permanente de justice* abgelöst werden, die man anrufen *muß*. Ohne
obligatorische Gerichtsbarkeit und ohne ausführende Organe ist das
zwischenstaatliche Recht dem vorstaatlichen gleich: es ist Sittenrecht.
Nicht zu Unrecht wird daher von vielen die Rechtsqualität weiter Teile
des Völkerrechts geleugnet.

Gesetz und Rechtspflege schützen also den *Frieden* in der
Gemeinschaft. Die Bedeutung dieser ihrer Aufgabe ist so groß,
daß es keiner weiteren Rechtfertigung für ihr Vorhandensein
bedarf.

IV. Die Gerichtsbarkeit, die ihren romanischen Namen
„Justiz" von der Gerechtigkeit (iustitia) entlehnt hat, kann aber
auch nicht etwa durch die bloße „Staatskunst" (politia) der *Polizei*
ersetzt werden. Die Polizei kann nur mit äußerlichen Mitteln
gegen schon eingetretene Ordnungsstörungen einschreiten, nicht
aber die inneren Ursachen ihres Eintritts, die Konflikte, jedem das
Seine zuteilend (vgl. u. § 20), beheben. Ihre Maßnahmen treffen
deshalb regelmäßig auch nur den, der im Augenblick der (äußerliche) „Störer" ist. Sofern dieser aber gerade im Begriffe wäre, sich
etwas zu verschaffen, was er nach Sitte und Volksmeinung (die es
ja *jedenfalls* geben würde) verlangen und doch in jener justizlosen
Gesellschaft anders als durch Selbsthilfe nicht erlangen könnte,
würde es bei ihm und anderen tiefe Empörung auslösen, wenn
man ihn daran hindern wollte. Der Konflikt würde weiterschwe-

---

[3] A: ZPO 577 ff.; CH: z. B. ZH-ZPO 238 ff.

len und durch die äußerliche Niederhaltung nur noch schlimmer werden. Solche Fälle würden sich häufen, immer weitere Kreise ziehen, und keine Polizei der Welt könnte dann auf die *Dauer* den offenen Ausbruch von Gewalttätigkeiten unterdrücken.

§ 7. Von der Notwendigkeit staatlichen Strafens

I. Die Verhinderung von Gewalttätigkeiten und die Ersetzung privater Selbsthilfe durch rationale Ausübung staatlicher Herrschaftsgewalt liegt auch der Entwicklung und dem Sinnwandel des Strafrechts zugrunde.

1. Die vorstaatliche Zeit hat nur die Privatstrafe gekannt: Sippenfehde, Blutrache und Totschlagssühne. Nur die Ausrottung eines oder beider Streitteile („Sippenmord") konnte damals die sich fortzeugende Kettenrache enden, oder eben ein Vergleich, nach dessen Abschluß man einander „Urfehde" (Fehdebeendigung) schwor und Frieden gelobte. Der Friedensschluß, den meist eine autoritative Persönlichkeit als Schiedsrichter zustandegebracht hatte, pflegte zum Inhalt zu haben, daß die beiderseitigen Toten nach ihrer Zahl und Würde (gemäß dem Urteile des Schiedsrichters) gegeneinander aufgerechnet wurden, die Wunden der Überlebenden nach ihrer Schwere, ein Saldo aber in Sklaven, Vieh, Waffen, Tuchen oder Edelmetallen, in Armringen oder gemünztem Gelde, von einer Sippe an die andere zu begleichen war. Fast jede der großen isländischen Sagas erzählt von solchen Vergleichen. Die altnorwegischen Rechtsbücher machen ausführliche Angaben über die Wertverhältnisse der Naturalien, Leistungsmodalitäten und Verteilungsschlüssel: für die leistende wie für die empfangende Sippe. Nicht eines jeden Stolz vertrug sich freilich mit einem solchen Handel und der Abkaufung der Rache: „Ich mag meinen Bruder nicht im Beutel tragen" blieb der Wahlspruch manches Isländers. Diese Zahlung aber, diese *satisfactio* war die Urgestalt der *Buße*: „Besserung" (von *baz*, besser) und „Sühne" (*suôna*); „Wiedergutmachung" und „Versöhnung" könnten wir übersetzen, *compositio* nennen es unsere lateinisch geschriebenen Quellen.

Es liegt nahe, daß für bestimmte Verletzungen bestimmte Buß-
beträge üblich wurden. *Wergeld* (Manngeld) hieß, was für die
Tötung eines Freien zu entrichten war. 100 Rinder etwa in unserer
Vorzeit. Für die Tötung eines Adligen war ein Mehrfaches, für die
eines Halbfreien ein Bruchteil jenes Wergeldes zu zahlen. Wieder
andere Sätze wurden für Verwundungen, Beleidigungen und anderes üblich. Die gesetzliche Fixierung dieser und aller weiteren
Bußenbeträge war überall die dringlichste Aufgabe für das frühe
Königtum, wenn es bestrebt war, die Fehde zu bekämpfen und
einen Volksfrieden zu schaffen. Darum sind Bußtaxen der erste
Gegenstand aller Rechtsaufzeichnung, und unsere Volksrechte
(die Leges Barbarorum, angefangen von der Lex Salica Chlodwigs
um 500) bestehen weit überwiegend, einige geradezu gänzlich, aus
eben diesen. „Verbrechenspreislisten" hat sie *Andreas Heusler*
nicht unzutreffend genannt, denn der Sinn dieser Festsetzungen
war, daß der Verletzte (oder die Sippe des Getöteten) auf Fehde
und Rachenahme verzichten mußte, sofern die Gegenseite diesen
Bußbetrag aufzubringen bereit und in der Lage war.

2. Doch nicht selten werden jene Bußsätze ihren Zweck verfehlt haben, als unbefriedigend empfunden worden sein: Blut und
Gut blieben inkommensurabel. Diesem Dilemma entgingen viele
frühe Völker durch das Prinzip der *Talion* (von lat. *talis*, u. § 22
I 2), das haargenaue Gleichheit des vergeltenden mit dem erlittenen Leiden garantieren sollte. Soweit nicht der Einfluß des Alten
Testamentes[1] gereicht hat (wie besonders in der Lex Visigotho-
rum), ist dieses Prinzip den germanischen Völkern im Gegensatz
zu den Römern fremd geblieben. Der Orient aber kannte es seit je,
und seltsame Anwendungen hat es dort gefunden:

„Wenn ein Baumeister einem Bürger ein Haus gebaut, aber seine
Arbeit nicht fest ausgeführt hat, das Haus, das er gebaut hat, eingestürzt
ist und den Hauseigentümer ums Leben bringt, so wird dieser Baumeister
getötet; wenn es den Sohn des Hauseigentümers ums Leben bringt, so
tötet man den Sohn dieses Baumeisters" *(Hammurapi)*[2].

---

[1] Siehe § 22 Fn. 8.
[2] Codex Hammurapi, hg. von Eilers, §§ 229, 230.

3. Die Weiterentwicklung der Privatstrafe, deren Anfänge wir hiermit kennenlernten, verfolgen wir später. Neben sie trat aber, sobald sich eine die Sippen übergreifende Autorität, etwas wie „Obrigkeit" gebildet hatte, die *öffentliche* Strafe:

„Beim Thing ist es auch gestattet, anzuklagen und Todesstrafe zu fordern. Verräter und Überläufer hängt man an Bäumen auf, Feiglinge, Schwächlinge und Schändlinge versenkt man in Schmutz und Sumpf und wirft Gestrüpp darüber" *(Tacitus)*[3].

Hier haben wir die Urgestalt der öffentlichen Strafe vor uns. Da ist kein Einzelner und keine Sippe verletzt: die Gemeinschaft ist als Ganzes in Gefahr gewesen; in Kriegsnot hat der Angeklagte sie im Stich gelassen. Inquisition oder eine Staatsanwaltschaft gibt es noch nicht, auch keinen Scharfrichter; doch kann hier jeder im Volke als Ankläger auftreten (*Popular*klage; wenn es schon meist nur einer der *principes* getan haben wird), und alle gemeinsam vollstrecken das Urteil.

4. Nun lassen sich aber *delicta privata* und *delicta publica* nicht säuberlich voneinander getrennt halten. Meist finden wir einen (privaten) Verletzten und das Gemeinwesen *zugleich* betroffen. In einer Gesellschaft, in der die Blutrache noch Institution war, konnte z. B. die Menschentötung, rein als solche, kein Verbrechen sein: sie war Privatsache der beteiligten Sippen; ob Wergeld dafür zu zahlen war, hing (abgesehen von der Waffenstärke der Parteien) davon ab, ob sie Anerkennung als Rachetötung fand. Geschah das, so lag der Erschlagene „unvergolten bei seinem Werke". Ob aber Rachetötung oder nicht: verheimlichte der Täter seine Tat, genauer: machte er sie nicht im nächsten Hause (wenn aber in diesem Sippengenossen des Erschlagenen wohnten, dann im übernächsten, spätestens im dritten) kund, so war sie, mochte sie sonst noch so gerechtfertigt gewesen sein, ein *Mord,* und keine Buße konnte sie mehr sühnen. Denn eben durch den unbekannten Täter fühlte die Gemeinschaft sich bedroht; waren aber, mit der Kundmachung, die Parteiverhältnisse geklärt, so war die Tat ehrlich und ging nur noch die beteiligten Sippen an.

---

[3] Tacitus: Germania, c. 12.

5. Inzwischen ist das Privatstrafrecht bis auf einen Rest im öffentlichen Strafrecht aufgegangen. Übriggeblieben sind die unerlaubten Handlungen nach § 823 BGB, soweit sie nicht zugleich auch strafbar sind, und (gleichsam als Erinnerungsposten) die in § 374 StPO aufgezählten Vergehen, bei denen Privat- und Nebenklage zugelassen sind. Aber schon einfachen Diebstahl, Unterschlagung und Betrug, vollends Raub und Erpressung – delicta privata noch bei den Römern – betrachten wir als Sache der Gemeinschaft. Damit ist auch die Privatstrafe der öffentlichen Strafe gewichen, besonders ist aus der einstigen Buße die an den Staat zu zahlende *Geldstrafe* geworden, nachdem sich, bis an die Schwelle der Neuzeit, die verletzte Partei mit der Obrigkeit in sie geteilt hatte. Als dann im Mittelalter der Anteil der öffentlichen Hand allmählich immer größer wurde, blieben schließlich, als privatrechtlicher Rest, allein noch das Schmerzensgeld des § 847 BGB und die nach §§ 403 ff. StPO im Privatklageverfahren verfolgbaren Bußansprüche des Verletzten, beide nicht mehr Strafen, übrig[4]. So konnte es denn sogar dahinkommen, daß man die nach dem Ordnungswidrigkeitengesetz verwirkbaren meist kleineren Strafgelder, obwohl sie ganz an den Staat abzuführen und durchaus *Strafen* sind, „Geldbußen" genannt hat, um sie von den Geldstrafen, als weniger diskriminierend, unterscheiden zu können[5]. Und indem sich der Staat zum Inhaber des Strafanspruches machte und die Rolle des Anklägers übernahm, trat der Verletzte in den Hintergrund.

Eine Wiedergeburt der Privatstrafe, allerdings nicht vor den staatlichen Gerichten, sondern vor privaten „Gerichten", finden wir in jüngerer Zeit bei der sog. *Betriebsjustiz.* In größeren Unternehmungen werden oft Verstöße der Arbeitnehmer gegen die Betriebsordnung durch *betriebliche Ordnungsstrafen* geahndet. Als solche kommen Verwarnungen, Verweise und *Betriebsbußen* vor. Betriebsbußen, meist in Form wirtschaftlicher Nachteile, werden als Form der Vertragsstrafe *(Konventionalstrafe)* angese-

---

[4] A: ABGB 1325, StPO 46 ff.; CH: OR 47, ZH-StPO 286 ff., 46.

[5] In Österreich ist das Wort Buße nur noch für den immateriellen Schadensersatz (z.B. im UWG) üblich, in der Schweiz hingegen wird die staatliche Geldstrafe noch immer Buße genannt.

hen, jedoch treten sie häufig an die Stelle einer an sich verwirkten Kriminalstrafe, da die Betriebe in vielen Fällen auf Strafanzeigen verzichten. Die Arbeitsgerichte können Betriebsbußen auf ihre Angemessenheit überprüfen und ihre Verhängung aufheben, falls die mit Buße bedrohte Handlung nicht im vorhinein hinreichend beschrieben war oder das Verfahren vor den Betriebsgerichten nicht rechtsstaatlichen Anforderungen genügte[6].

II. Wenden wir unseren heutigen Begriff der Strafe, der nur die öffentliche Kriminalstrafe bezeichnet, auf die Frühzeit an, so können wir die Dinge sicher nicht erfassen.

1. Daß es die Sippe des Getöteten war, die das Wergeld für ihn einklagte und erhielt, braucht ja nicht auszuschließen, daß dieses Wergeld dennoch Strafe war. Gehen wir nämlich nicht von unseren Rechtsbegriffen, sondern vom Wirkungszusammenhang, d. h. von der *Funktion* der sozialen Erscheinungen in ihrer eigenen Zeit aus, so müssen wir nicht nur die Buße, sondern selbst die durch sie abgelöste *Rache* als Strafe ansehen. Die Rache nämlich war die Strafe auf der Stufe des Sittenrechtes, auf der „öffentliche Strafe" allenfalls als Ausstoßung aus der Sippe oder als Lynchjustiz des Stammes möglich war. Denn wie die Strafdrohung heute, so bewirkte einst Rachedrohung *Sicherheit*. Deshalb war die Rache damals, was die Strafe heute ist, und ebenso waren es Buße und Talion.

2. Wir erkennen also die Sicherheit als eine allen vier genannten Erscheinungen – Rache, Talion, Buße und Strafe – gemeinsame Funktion. Die hier gemeinte Sicherheit ist freilich nicht die gleiche, wie die von der Privatrechtsordnung ausgehende Sicherheit des Rechtsverkehrs. Sie ist nicht, wie diese, Verlaß der Menschen *auf*einander, sie schützt sie *vor*einander. Primär ist sie die Sicherheit von Leib und Leben, dann die der Rechtsgüter vor rechtswid-

---

[6] Näheres dazu: Günther Kaiser / G. Metzger-Pregizer (Hg.): Betriebsjustiz, 1976, insbesondere S. 311 ff. – Für A siehe Arbeitsverfassungsgesetz 96 I Z. 1, 102; für CH siehe Arbeitsgesetz 38 I.
Eine Wiedergeburt der Privatstrafe ist auch die zunehmende Berücksichtigung des Sühnegedankens bei der Berechnung des Umfanges der zivilrechtlichen Schadensersatzpflicht (punitive damages), dazu *Minoru Matsukawa:* Schadensersatz im Urheberrecht, 1993.

rigem Eingriff. Wir wollen diese elementarste Sicherheit, die uns
heute Polizei und Strafjustiz gewähren, als *Sekurität*[7] bezeichnen.
Diese Sekurität, die Sicherheit der Menschen vor einander also,
war in der Vorzeit gewiß nicht groß; ohne die Rache würde sie
noch geringer gewesen sein: die des einsamen Fremdlings reichte
nicht weiter als seine Speerspitze.

   „«Als ich mit meinen Leuten von Hunger geplagt wurde, erzählt ein
alter Beduine, da bescherte mir Gott einen Mann, der allein mit seinem
Weibe und seiner Kamelherde des Weges zog; ich schlug ihn tot und
nahm mir die Kamele und das Weib.» Er hält den Mord für durchaus
legitim und wundert sich nur, daß ein Fremder sich herausnimmt, ohne
sicheres Geleit allein mit Weib und Vieh durch das Land zu streichen"[8].

Der Mann hatte eben keiner Sippe angehört, deren Rache zu
fürchten gewesen wäre; also hatte er kein „Recht". Niemand hatte
es, dessen Sippe zu fern oder zu schwach war. Unusquisque
tantum iuris habet, quantum potentia valet, hatte *Spinoza* einst
formuliert[9]. Er hatte dabei an eben jenen Krieg aller gegen alle
(bellum omnium contra omnes) gedacht, als welchen *Hobbes*
damals den Naturzustand der Menschheit gekennzeichnet hatte[10];
doch war es historisch nur der Zustand der Sippenfehde, ein
bellum gentium contra gentes gewesen, und wirklich hatte in ihm
jeder nur so viel Sicherheit genossen, wie seine Sippe Furcht
einflößte.

Diese Furcht war aber von der zu erwartenden *Rache* ausgegangen und hatte auf ihrer Unverbrüchlichkeit beruht: der Angehörige einer machtvollen Sippe, von der man wußte, daß sie noch den
letzten der Ihren rächen werde, war aller Sekurität teilhaftig, die
damals möglich war. Dessen aber war man sich wohl bewußt, und
deshalb war damals Rache *Pflicht*. Noch das christliche Gulathingsbuch (c. 186) erklärt, daß niemand einen Bußanspruch öfter

---

[7] Der Ausdruck „Rechtssicherheit" pflegt zugleich auch für den Privatrechtsverkehr gebraucht zu werden, das Wort „Verkehrssicherheit" ist zweideutig: teils
   wird es auf den Privatrechtsverkehr, teils auf den Straßenverkehr angewendet.
   Die Sicherheit des letzteren fällt unter die Sekurität in unserem Sinne.
[8] So *J. Wellhausen:* Ein Gemeinwesen ohne Obrigkeit, 1900, S. 3.
[9] Ein jeder hat soviel Recht, wie er Macht besitzt (Tractatus Politicus, c. I, VIII).
[10] Vgl. u. § 18 V 3.

als dreimal habe, „wenn er sich nicht dazwischen rächt". Auch ist hier an Hamlet zu erinnern. Die Rachepflicht der Frühzeit entsprach der Anklagepflicht, dem Legalitätsprinzip von heute (§ 152 II StPO)[11]. Sie hatte dieselbe Funktion.

Freilich ist die Rache nicht als ein Mittel zur Schaffung von Sekurität *erdacht* worden. Sie war schon mit dem Menschen da. Fast kann man sagen, daß sie vor-menschlich sei: das Tier schon verteidigt sich selbst, seine Jungen, sein Nest und seine Beute. Es handelt dabei nicht plan- und zweckbewußt; doch wer es in diesen seinen „Gütern" angegriffen hat, der ist ihm mit der Erinnerung an Böses verknüpft. Begegnet es ihm wieder, so entsinnt es sich dessen und greift ihn, je nach den Umständen, selber an.

Der zugrunde liegende Vorgang kann hier an einem sehr einfachen Erlebnis erläutert werden: Der große lebhafte Schäferhund unseres Nachbarn war vom Tierarzt mit Injektionen gegen Staupe behandelt worden. Der Patient wurde geheilt, aber die Spritzen hatten ihn geschmerzt. Er reagierte fortan jedesmal mit wütendem Gebell, sobald er den Tierarzt sah, und erstreckte seine Feindseligkeit eine Zeitlang sogar auf alle Motorradfahrer, da der Arzt mit dem Motorrad zu kommen pflegte. Die Erinnerung an die erlittenen Schmerzen hatte sich ihm mit der Person des Arztes und dem Motorrad verbunden (assoziiert). Das war wohl alles. Wäre er nicht jeweils an der Leine gewesen, so hätte sein Verhalten ganz wie „Rache" (sogar wie Kollektivrache!) ausgesehen und *gewirkt*.

Denn wie dieser einfache Assoziationsmechanismus, so wirkt auch die überlegte Menschenrache als *präventive Verteidigung:* Wer mich einmal angegriffen hat, kann mich leicht wieder angreifen; es ist typischerweise sogar nicht unwahrscheinlich, daß er es tun wird, solange das Ziel lohnt. Vor allem der erfolgreiche und folgenlos gebliebene Übergriff reizt zur Wiederholung. Gegen solche Wiederholung gewährt heute die Privatrechtsordnung die vorbeugende Unterlassungsklage[12]. Die *Wiederholungsgefahr* ist ihre wesentliche Rechtsschutzvoraussetzung. Sie war es, gegen die einst Rache und Racheerwartung schützten.

---

[11] A: StPO 34 I; CH: ZH-StPO 38 f. (gemäßigtes Opportunitätsprinzip).

[12] § 1004 BGB, der von der Rechtsprechung in analoger Anwendung auf den Schutz aller Rechtsgüter ausgedehnt worden ist: deliktische oder quasinegatorische Unterlassungsklage.

Der erfolgreiche und folgenlos gebliebene Übergriff reizt aber auch zur *Nachahmung:* „Wenn das so leicht ging…" wird sich manch anderer sagen. Hiergegen soll uns heute die Strafjustiz schützen. Einst war dagegen nur geschützt, wer durch seine oder seiner Sippe Rache furchtbar war.

3. Ob aber als bedingter Reflex, ob als impulsive oder als wohlüberlegte Handlung auftretend, bewirkte also einst die Rache, was heute die Strafe leistet: *Spezialprävention,* d. h. Abschreckung oder Unschädlichmachung des Täters, und *Generalprävention,* d. h. Abschreckung anderer. Freilich war der Friede, den sie gewähren konnte, stets nur ein labiler: geringer Anlaß schon konnte Kettenrache auslösen und zum Sippenmord führen. Auch brauchte die Rache nicht notwendig den *Täter* zu treffen: war er ein geringer Mann, so wirkte es stärker (und brachte größeren Ruhm), wenn man statt seiner den Besten seiner Sippe fällte.

Auf diesem Hintergrund und weil Rache in sich selber keine Grenze hat, wirkte sogar die Talion der Orientalen als ein Fortschritt: sie gab Maß für Maß und schreckte ab, ohne Gegenrache herauszufordern. „In der Talio habt ihr das Leben" heißt es deshalb im Koran[13]. Auch die alte Buße wirkte präventiv, gleichgültig, wem sie zugute kam: die zu leistenden Werte waren sehr erheblich. Die Aufbringung eines Wergeldes konnte das Vermögen mehrerer Familien ruinieren. Die Leistung der Buße bedrohte somit u. U. die wirtschaftliche Existenz der Sippe, ihre Nichtleistung konnte den Täter das Leben kosten. Solche Buße hatte durchaus die Funktion der Strafe. Denn zwar trat die Sippe nach Vermögen extern für ihren Mann ein; wie sie ihn dann ihrerseits im eigenen Kreise behandelte, war aber eine Frage des (uns wenig bekannten) Sippenstrafrechts.

4. Rache, Talion und Buße stärkten also, spezial- wie generalpräventiv wirkend, die Sekurität des Einzelnen und der Gemeinschaft. Als Privatstrafen hatten sie damit die gleiche Funktion, die auch die öffentlichen Strafen, als Todesstrafe und Friedlosigkeit

---

[13] Sure II, 173, 175.

beginnend, von vornherein gehabt haben. In diesem Sinne sind sie zu ihrer Zeit wirkliche Strafen gewesen. Die Rache ist deren früheste Erscheinungsform und eine der beiden Wurzeln auch der heutigen Strafe.

Den assoziativ bedingten Angriffsreflex des Tieres können wir zwar kaum schon „Rache" nennen, doch ist er auch der menschlichen Affektstruktur nicht fremd. In das finale menschliche Handeln einbezogen, wird er indessen zu etwas anderem. Erst der Mensch, der diesem Affekte folgend den Beleidiger angreift, *um ihm den erlittenen Schmerz heimzuzahlen*, dieser erst nimmt *Rache*. Doch wäre er nicht Mensch, wenn er jenen Affekt – wie jeden seiner Triebe – nicht gestalten (kultivieren wie sublimieren) könnte. Die frühen Völker brauchten ihn, um Existenz und Sicherheit zu gewährleisten. Daher haben sie ihn kultiviert und in die Rache ihren Stolz gesetzt. Die späteren haben ihn im Rechte *aufgehoben*.

Das aber geschah durch die *Abschaffung der Selbsthilfe*, und freilich nicht von heute auf morgen. Die lange Geschichte der *Vollstreckung* ist die Geschichte dieses Vorganges gewesen. Schritt für Schritt mit der Entstehung des Staates nahm dieser sie in seine Hand. Ursprünglich war sie allein Sache des Anspruchsinhabers gewesen.

Dies galt auch für Zivil-, nicht bloß für Strafansprüche: Selbst nahm der Gläubiger sein Pfand beim Schuldner weg, legte er Hand an ihn und brachte er ihn als Knecht auf seinen Hof, ließ er ihn dort seine Schuld abarbeiten oder verkaufte ihn. Und was einst die XII Tafeln, das älteste Rechtsbuch Roms, den mehreren Gläubigern eines Zahlungsunfähigen gestattet hatten: seinen Leib unter sich zu teilen (in partes secare); was Shakespeare seinen Shylock hatte fordern lassen, das gestattete noch das Gulathingsbuch dem einzelnen Gläubiger:

„Nun trotzt ein Mann seinem Gläubiger und will nicht für ihn arbeiten. Der führe ihn zum Thing und fordere seine Verwandten auf, ihn aus der Schuld zu lösen. Nun wollen die Verwandten ihn nicht lösen. Da soll der Gläubiger das Recht haben, von ihm abzuhauen, von wo er will, von oben oder von unten"[14].

---

[14] C. 71 a. E. (Germanenrechte Bd. 6, S. 61).

So durfte einst selbst der zivile Gläubiger, persönlich handelnd, an seinem Schuldner so etwas wie Rache nehmen. Und eben wie diese Selbstvollstreckung des Gläubigers von der des Staates durch Gerichtsvollzieher und Vollstreckungsgericht abgelöst worden ist (nur §§ 229 ff. und 561 BGB[15] gestatten sie noch in engen Grenzen), so hat auch die vom Staate vollstreckte Strafe die Rache ersetzt. In keinem Falle kann heute noch ein Privater eine Kriminalstrafe vollstrecken. Eben damit aber ist die Rache abgeschafft, denn Rache ist etwas von einem Privaten in Selbsthilfe Genommenes.

Auch die Talion war also Rache, wenn auch schon Rache nach Maß: der Verletzte oder sein Gesippe waren es, die selbst dem Täter das entsprechende Glied gebrochen hatten. Die Buße dagegen war von Hause aus ein Recht des *Täters:* durch ihre Aufbringung konnte er sich vor der Rache schützen; wurde sie nicht geleistet, so nahm die Blutrache ihren Lauf. Erst später wurde sie zum primären Anspruch des Verletzten, der an die Stelle der Rache trat, und langsam nur schied so auch die subsidiäre Rache aus dem Ordnungsgefüge des Rechts aus.

III. Die Rache ist also ihrer Form nach Selbsthilfe, die öffentliche Strafe staatliche Vollstreckung. Doch hatte die Rache früher dieselbe Sekuritätsfunktion wie die Strafe und fügte, wie diese, dem Täter (oder doch dessen Sippengenossen) wegen eines von ihm begangenen Rechtsbruches ein Übel zu. Es fragt sich, ob auch ihr *Zweck* derselbe war.

1. Der Zweck einer Handlung ist die vom Handelnden mit ihr verfolgte Absicht. Er kann mit ihrer Funktion zusammenfallen, sofern sie dabei erfüllt wird und subjektiv eben dieser Erfolg bezweckt war. Den Nordleuten etwa war die Sekuritätsfunktion der Rache an sich generell bewußt, doch war sie kaum der Zweck der Bluträcher im Einzelfall. Ihr Zweck war wesentlich *Vergeltung:* dem Feinde heimzuzahlen, was man selbst von ihm erlitten hatte. Auch befriedigte man damit seinen Stolz, erhöhte den Glanz der Sippe und ehrte den Gerächten. Und eben diese Zwecke waren wohl auch meist mit Talion und Buße verknüpft. Dazu kam noch der Geldgewinn. Öffentliche Sekurität erstrebte der einzelne

---

[15] CH: OR 52 III, ZGB 926.

Rächer und Bußefordernde vermutlich genauso wenig, wie heute etwa der einzelne Fabrikant oder Händler den Volkswohlstand *bezweckt;* obwohl dieser sich im Ergebnis aus der Betätigung ihrer konkurrierenden Egoismen *ergibt.*

2. Mit der öffentlichen Strafe dürften demgegenüber von Haus aus andere Zwecke verbunden worden sein: der Kriegsverräter hatte die Gemeinschaft im Stich gelassen, gefährdet oder gar geschädigt. Damit war er ihr ein Feind geworden, den es zu vernichten galt. Daß seine Tat Empörung, Haß und Abscheu ausgelöst hatte, daß seine Vernichtung als Genugtuung empfunden wurde, stand hier in zweiter Linie; anders als bei der Privatstrafe, war hier Genugtuung nicht *bezweckt.*

Nur wenige Delikte aber waren *ausschließlich* gegen die Gemeinschaft gerichtet: schon beim Mord war es anders, und folglich mischten sich hier auch die Zwecke. Bei der Friedloslegung des Mörders können zwar die sie aussprechenden Thingmannen an die Sekurität, den Volksfrieden gedacht haben, die Sippe des Verletzten aber erstrebte damit Genugtuung durch Rache an dem von der Gemeinschaft Preiszugebenden, bezweckte somit Vergeltung.

Freilich ist diese Darstellung in Wahrheit rationalistisch-simplifizierend. Zumal die „Sekurität" erschien der Vorzeit in anderen Bildern als uns heute. Die Tat war *ungeheuer* gewesen. Sie hatte einen Gott erzürnt, der nun Krieg, Hunger und Pestilenz über das Volk kommen lassen würde; so mußte der Täter zu dessen Versöhnung, zur *Entsühnung* des Volkes also, getötet werden[16]. Noch in *Kants* Rechtslehre klingt dieser Strafzweck nach: „Selbst wenn sich die bürgerliche Gesellschaft mit aller Glieder Einstimmung auflösete (z. B. das eine Insel bewohnende Volk beschlösse aus einander zu gehen und sich in alle Welt zu zerstreuen), müßte der letzte im Gefängnis befindliche Mörder vorher hingerichtet werden, damit jedermann das widerfahre, was seine Taten wert sind, und die Blutschuld nicht auf dem Volke hafte, das auf diese Bestrafung nicht gedrungen hat: weil es als Teilnehmer an dieser öffentlichen Verletzung der Gerechtigkeit betrachtet werden kann"[17].

---

[16] Vgl. *Bernhard Rehfeldt,* Todesstrafen und Bekehrungsgeschichte, 1942, insbes. S. 11, 46 ff. und 118 ff.
[17] *Kant:* Rechtslehre, Allgemeine Anmerkung E I, nach § 459.

Magische und religiöse Zwecke hatten deshalb ursprünglich die Formen der Todesstrafen bestimmt. Schon bald kam jedoch im Mittelalter der bewußt verfolgte Zweck der Generalprävention, der Abschreckung also, hinzu und führte zu jenen schaurigen Bestialitäten der öffentlichen Hinrichtung, deren historische Wirklichkeit die Dichtung, aus der die Einzelheiten meist bekannt sind, kaum hat Übertreibungen hinzufügen können.

3. Indem nun aber die öffentliche Strafe immer mehr die Funktion der alten Privatstrafen übernahm, mußte sie auch deren Zwecke übernehmen; denn das Vergeltungsstreben des Verletzten und der Seinen konnte dem Gesetzgeber nicht gleichgültig sein. Die öffentliche Strafe mußte den Verletzten Genugtuung verschaffen, wenn sie dafür auf ihre Rache sollten verzichten müssen; sie wäre von ihnen sonst nicht als eine *gerechte Sühne* empfunden worden. Indem ferner die Strafe aus den Händen der verletzten Partei in die des Staates überging, *ethisierte* sie sich zugleich: die Verletzten hatten nur auf ihren Schaden gesehen und nach der Schuld des Täters wenig gefragt; *ihrem* Interesse entsprach eine *Erfolgshaftung* des Täters. Neutraleren Instanzen (König, Kirche und Staat) erschien nur strafwürdig, was dem Täter *vorgeworfen* werden konnte. So wurde die Strafe Sühne für *Schuld*. Nachdem aber über der Öffentlichkeit der Strafe die verletzte Partei den Blicken entschwunden war, verflüchtigte sich auch die Grundbedeutung des Ausdrucks *Sühne:* wer da *versöhnt* werden sollte (und vielleicht noch soll), wurde über dem neuen Pathos des Wortes vergessen.

4. So standen denn zu Beginn der Neuzeit als Zwecke der öffentlichen Strafe nebeneinander: sühnende Vergeltung, Abschreckung des Täters und anderer (Spezial- und Generalprävention) sowie Unschädlichmachung (Schutz der Allgemeinheit). Zu ihnen trat im Jahre 1595 mit der Begründung des Zuchthauses zu Amsterdam der Zweck der *Besserung* des Täters.

An die Stelle der mittelalterlichen Leibes- und Verstümmelungsstrafen und des Kerkers (der freilich in erster Linie der Untersuchungshaft hatte dienen sollen) war damit die moderne Freiheitsstrafe getreten: durch zwangsweise Erziehung zur *Arbeit* sollten die Insassen der neuen Anstalt (die schon in den nächsten

Jahrzehnten weithin Nachahmung fand) gebessert werden, um wieder in die Gesellschaft eingegliedert werden zu können.

„Damals ging den Zeitgenossen ein völlig neuer Horizont auf. Das öffentliche Strafrecht wurde hier auf die sittliche Natur des Menschen gegründet. Und es zeigte sich, daß diese neue Strafe ebenso sehr humaner als wirksamer war. Die Schaffung und vorzügliche Durchführung solcher Grundsätze zu einer Zeit, in der das bestehende Strafrecht unter dem Zeichen der Abschreckung und Unschädlichmachung stand, das ist die große Tat, die dem Amsterdamer Zuchthaus für alle Zeit eine hervorragende Stellung in der Geschichte des Strafensystems und der Strafzwecke sichert"[18].

5. Inzwischen sind die Freiheitsstrafe und mehr und mehr auch die Geldstrafe zu unseren Universalstrafmitteln geworden. Sie müssen nunmehr allen Strafzwecken zugleich dienen: der Besserung wie der Unschädlichmachung, der Sühne wie der Abschreckung.

Allerdings hat sich inzwischen auch herausgestellt, daß diese Zwecke kaum gemeinsam zu erreichen sind. So hat manch harmloser, aber labiler Verurteilter, der eine vielleicht nur kurze Freiheitsstrafe verbüßen mußte, das Gefängnis, in dessen Mauern er in die Gesellschaft echter Gauner gerät, verdorben statt gebessert verlassen (kriminelle Ansteckung). Zwar lassen sich Gefahren dieser Art durch eine sinnvollere Organisation des Strafvollzuges mindern, aber es sind auch *grundsätzliche* Antinomien der Strafzwecke zutage getreten: Strafzeiten, die der vergeltenden Sühne Genüge tun, genügen oft zur Erzielung einer Besserung des Täters nicht, eine zur Generalabschreckung (der „Statuierung eines Exempels") erforderliche Dauer wiederum bessert den Täter nicht, wohl aber verbittert sie ihn. Schließlich reichen bei gefährlichen Gewohnheitsverbrechern die gegebenen Strafrahmen oft nicht dazu aus, die Allgemeinheit vor ihren mit Sicherheit vorauszusehenden Rückfällen hinreichend zu schützen. Hier muß eine über die Strafzeit hinausreichende, notfalls lebenslängliche Einschließung möglich sein.

---

[18] *Robert v. Hippel:* Deutsches Strafrecht I, 1925, S. 246 f.

Im Hinblick darauf wurden bereits durch das Gesetz vom
24. XI. 1933 „gegen gefährliche Gewohnheitsverbrecher und über
Maßregeln der Sicherung und Besserung" die jetzigen §§ 61–72
dem Strafgesetzbuch eingefügt. Diese (in § 61 aufgezählten) *Maßregeln der Sicherung und Besserung*[19] sind nun aber keine *Strafen*
mehr. Sie sind nicht *für* seine Tat über den Täter verhängte Übel,
sondern *durch* seine Tat nur ausgelöste Maßnahmen, um seine
Gefährlichkeit für die Gemeinschaft zu beseitigen. In dieser Hinsicht sollen sie die Wirkung der vergeltenden Strafe ergänzen,
soweit der Schutz der Allgemeinheit es erfordert. Eine Schuld des
Täters setzen sie deshalb nicht voraus. Mit ihnen kann also auch
der schuldunfähige, insbesondere der geisteskranke Täter erfaßt
und die Gemeinschaft gegen ihn gesichert werden.

Diese „Zweispurigkeit" unseres Strafrechts, die in den letzten
Jahren noch weiter ausgebaut worden ist – insbesondere durch die
Möglichkeit, den Täter im Falle schwer gestörter Persönlichkeit in
eine „sozialtherapeutische Anstalt" einzuweisen –, soll die vergeltende Strafe von Aufgaben entlasten, denen sie als solche nicht
genügen kann. Denn nur soweit die Schuld des Täters reicht, darf
er und seine Tat sozialethisch mißbilligt werden. Was über diese
Schuldsühne hinaus mit ihm (oder dem ganz Schuldunfähigen) im
Interesse der öffentlichen Sicherheit geschieht, soll sittlich neutral,
nicht *Strafe* sein. Innerhalb des Rahmens der Schuldsühne sollen
freilich die bisherigen Strafzwecke, zumal der Besserungszweck,
weiterverfolgt werden, soweit das möglich ist. Strafe und Sicherungsmaßnahmen sollen im übrigen zusammenwirken und bei der
Vollstreckung einander vertreten („vikariieren") können. Auch ist
der Resozialisierung des Täters, d. h. seiner Wiedereingliederung
in die Gesellschaft nach Strafverbüßung, besondere Aufmerksamkeit zu widmen.

6. Die Zwecke der Strafe sind damit beschrieben. Ob und wieweit
sie *erreicht* werden, ist eine andere Frage. Die Abschreckungswir-
kung ist im einzelnen umstritten und schwer zu erfassen. Noch mehr
ist es die der Besserung. Der Enthusiasmus des 17. Jahrhunderts ist

---

[19] A: StGB 21 ff.; CH: StGB 42 ff.

einer tiefen Ernüchterung gewichen: „Wenn ein Jugendlicher oder auch ein Erwachsener ein Verbrechen begeht, und wir lassen ihn laufen, so ist die Wahrscheinlichkeit, daß er wieder ein Verbrechen begeht, geringer, als wenn wir ihn bestrafen", sagte *Franz v. Liszt* zu Anfang unseres Jahrhunderts. Das Jugendgerichtsgesetz (JGG) von 1923 (Neufassung 1953)[20] hat sich seitdem bemüht, die Dinge zu bessern. Aber die mit Wohlstand und Jugendfürsorge *steigende* Jugendkriminalität bereitet erneute Enttäuschung. Auch die Rückfallstatistiken erwachsener Straftäter sind erschreckend. Wer daher Leute der Praxis hört, der fühlt den Boden der gesamten Strafrechtspflege wanken. Er findet dort tiefste Skepsis und könnte daraus folgern, es bleibe uns nur übrig, die Strafe abzuschaffen und die (zudem reichlich Steuergelder verschlingenden) Strafanstalten („Kriminalpflegeanstalten") zu schließen.

Dieser Schluß wird aber dennoch von niemandem gezogen und kann auch nicht gezogen werden[21]. Statt dessen gilt es, nüchterne Bilanz zu ziehen:

a) Eine gewisse *Abschreckung* wird durch die Strafrechtspflege im ganzen bewirkt, auch wenn wir uns um solche Wirkung nicht bemühen, sie also nicht bezwecken. In Einzelfällen mag diese Wirkung zwar ins Gegenteil umschlagen, indem die Strafvollzugsanstalt dem Gewohnheitsverbrecher schließlich zu einer Heimstätte wird, in die er zurückstrebt: der *psychologische Zwang* jedoch, der von der Existenz der Strafe und ihren möglichen Folgen ausgeht, ist nicht zu unterschätzen; auch wenn wir nie werden ermitteln können, wieviele Verbrechen allein aus diesem Grunde unterblieben sind.

Vermutlich wird man *unterscheiden* müssen: Bei Delikten, deren Aufdeckung gesellschaftliche Ächtung folgt – die Ächtung des Mörders, des Diebes, des Betrügers –, ist schon diese eine furchtbare Drohung; auf wen sie nicht wirkt, den wird auch die Strafjustiz kaum noch beeindrucken.

---

[20] A: Jugendgerichtsgesetz von 1988; CH: StGB 82 ff.
[21] Dazu näher *Martin Killias:* Muß Strafe sein?, in M. Rehbinder: Schweizerische Beiträge zur Rechtssoziologie, 1984, S. 135–158; *Helge Peters* (Hg.): Muß Strafe sein?, 1993.

Bei Verkehrsdelikten bedeutet die Kriminalstrafe dagegen viel, bei Steuer-
vergehen fast alles.

   b) Mögen selbst alle auf *Besserung* abzielenden Bemühungen
letzten Endes illusorisch sein, mögen wir bloß Heuchelei erzeugt
haben, wo wir innere Wandlung zu sehen glauben (aber wer kann
das wirklich unterscheiden?), mag schon die Schwierigkeit, den
Verurteilten nach langer Haftzeit in die Gemeinschaft wieder
einzugliedern, ihn zu resozialisieren, alle in der Haft erzielten
Erfolge immer wieder zunichte machen: wir können mit dieser
Haftzeit gar nichts anderes tun, als den Versuch zu machen, ihn zu
bessern; sei es nur, um die schädlichen Wirkungen der Haft, so gut
es geht, zu kompensieren.

   c) Die Frage, ob *Sühne* erreicht wird, ist freilich hinfällig, wenn
man diese mit der Strafe (oder ihrer Vollstreckung) gleichsetzt.
Aber die Strafe *ist* nicht Sühne, sie soll Sühne *bewirken.* Das Leid
der Strafe soll den Täter wegen seiner Tat *versöhnen:* mit seiner
Gemeinschaft, mit dem Verletzten und, nicht zuletzt, auch mit
sich selbst. Ob das jedoch geschieht, ist fraglich.

   (1) Die Versöhnung des Täters mit der *Gemeinschaft* vollzieht
sich formal zwar schon durch die Rechtskraftwirkung des gegen
ihn ergangenen Urteils: wegen *dieser* Tat darf er nicht noch einmal
verfolgt werden (ne bis in idem); hat er die erkannte Strafe
abgebüßt (oder ist sie ihm, vielleicht nach Bewährung, erlassen
worden), so ist er mit dem Staate quitt und offiziell entsühnt. Wie
seine *Mitbürger* sich aber zu dem Vorbestraften stellen werden,
das liegt nicht in der Hand des Staates. Auch kann es vom Richter
durch die Strafbemessung kaum beeinflußt werden. War die Strafe
allzu milde, mögen Rachegefühle aufkommen, war sie allzu streng,
so könnte man Gefühle des Mitleids und der Sympathie erwarten.
Aber die Logik der Menschen ist oft anders: aus schwerer Strafe
schließen sie auf schwere Schuld.

   Daß bei der Resozialisierung des Vorbestraften immer wieder Schwierigkeiten entstehen, beruht freilich zur Hauptsache darauf, daß die Tat
gewöhnlich den *Charakter* des Täters offenbart, und den Charakter läßt
die Lebenserfahrung als konstant voraussetzen; an Besserung zu glauben,
fällt nicht so leicht. So übt die Vorsicht der Umwelt nicht Rache, aber
doch passiven Selbstschutz.

(2) Auch die Versöhnung mit dem *Verletzten* hat der Staat nur formal in seiner Hand. Soweit er den Verletzten überhaupt am Strafverfahren mitwirken läßt, sind dessen strafprozessuale Mittel mit der Rechtskraft des Urteils „verbraucht". Seine zivilrechtlichen Ansprüche sind es mit der Wiedergutmachung des Schadens oder mit der Rechtskraft eines hierüber ergangenen Zivilurteils. Ob er dem Täter aber je verzeiht, liegt nicht bei Staat und Richter.

(3) Und ob der *Täter* seinerseits sich mit der Gemeinschaft, mit dem Verletzten und mit sich selber aussöhnt, liegt gänzlich bei ihm selbst. Diese Sühne ist ein rein sittlicher Vorgang, und nur vor dem *forum internum* seines eigenen Gewissens kann sie vollzogen werden (vgl. u. § 19 I). Am allerwenigsten ist der Richter hierüber Herr. Zwar wird eine allzu milde Strafe die innere Wandlung nicht begünstigen (doch kann es auch Verurteilte geben, die gerade unerwartete Milde am stärksten ergreift!), und überstrenge Strafe kann Haß gegen die Gesellschaft zeugen. Es gibt aber kein Strafmaß, das hierbei sicher ins Schwarze trifft; fast ist es schon Anmaßung, dieses Ziel auch nur treffen zu *wollen*.

Ist aber der Verurteilte einer inneren Wandlung wirklich fähig, so wird ihr Eintritt kaum davon abhängen, ob sie der *Zweck* der Strafe war. Auch bessernde und sichernde Maßnahmen sind Leid. Der Sühne*suchende* wird auch sie als Sühnung seiner Tat empfinden. Daß sie ihm nicht *wegen* dieser Tat, sondern nur aus *Anlaß* derselben auferlegt wurden, wird *ihn* nicht berühren. Ja, *bessernde* Maßnahmen werden ihn eher versöhnlich stimmen als Leid, das als „vergeltende Sühne" beabsichtigt war. Erkennt er die ehrliche Absicht, ihn bessern zu wollen, so wird weniger leicht Trotz und Haß in ihm aufkommen. In dieser Hinsicht also macht es keinen Unterschied, ob man die Reaktion des Staates „Maßregel" oder „Strafe" nennt.

d) *Einen* Zweck nur können wir ziemlich zuverlässig erreichen: den Schutz der Gemeinschaft durch Einsperrung des Täters, gleichviel, was sonst mit ihm geschieht. Und einzig darüber, daß diese Möglichkeit – so oder so – bestehen muß, sind alle miteinander einig, die Befürworter der Strafe wie ihre Gegner. Die Bestre-

bungen, die Strafe abzuschaffen[22], betreffen ja nur die *vergeltende*
Strafe. Sichernde und bessernde Maßregeln sollen danach als *einzige* Antwort auf den Rechtsbruch übrigbleiben. Einige süd- und
mittelamerikanische Staaten haben diesen Weg zuerst beschritten,
die auf *Lombroso* zurückgehende italienische Schule der *défense
sociale* (Ferri, Garofalo, Gramatica) hat sich dort durchgesetzt;
Schweden hat inzwischen Ähnliches verwirklicht, starke Kräfte
befürworten es auch bei uns[23]. Schon um die Jahrhundertwende
hat *Franz v. Liszt* sich dafür eingesetzt, den Richtenden „die
schwarze Robe mit dem weißen Kittel eines Arztes vertauschen"
zu lassen, den Juristen durch den Psychologen abzulösen.

Die Bekämpfung der Rechtsbrecher würde sich in diesem Falle
wieder mit nur *einem*, dem bisherigen zweiten Gleis begnügen;
das erste würde stillgelegt. Könnte es aber anders sein, als daß
dann das zweite Gleis die Funktion des ersten mitübernehmen
müßte?

§ 8. Normenhunger und Rezeptionen

I. Die Herkunft der Rechtsnormen aus vorstaatlichen oder
außerstaatlichen Normen und Einrichtungen würde nicht vollständig beschrieben sein, wenn die *Entlehnungen* unerwähnt blieben, die von einer Rechtsordnung zur anderen nicht weniger
häufig stattfinden als zwischen verschiedenen Sprachen. Wie ist es
zu erklären, daß Rechtsstoff von einer Rechtsordnung in die
andere übernommen wird, ohne daß die übrige Sozialordnung der
beiden Gesellschaften miteinander vergleichbar ist, so daß es zu
Disharmonien von Recht, Sitte und Sittlichkeit kommt? Die Entlehnung des römischen Rechts ist nur *ein*, wenn auch der klassi-

---

[22] Siehe *Arno Plack:* Plädoyer für die Abschaffung des Strafrechts, 1974.
[23] Hauptvertreter: *Fritz Bauer,* Das Verbrechen und die Gesellschaft, 1957, und
Armand Mergen: Die Kriminologie, 2. A. 1978. International führend: *Filippo
Gramatica:* Grundlagen der Défense Sociale, 1965, und *Marc Ancel,* Die neue
Sozialverteidigung (Übersetzung M. Melzer), 1970. Zentrum: United Nations
Social Defense Research Institute (Rom).

sche Fall einer solchen Übernahme fremden Rechts gewesen und stets gemeint, wenn unter Juristen von „der Rezeption" gesprochen wird. Im Zusammenhang mit der Entwicklung des Staates sind wir ihr schon begegnet (§ 3 III a. E.), und noch bedeutsamer ist sie für die Entwicklung des Privatrechts geworden. Sie hat die Grundlagen der kontinentaleuropäischen Privatrechtsordnungen und dazu die aller Rechtswissenschaft überhaupt geliefert.

Diesen höchst komplexen Vorgang *ausführlich* zu beschreiben, ist hier nicht der Ort. Er steht im Mittelpunkt der Vorlesung über „Privatrechtsgeschichte der Neuzeit". Als historisches Geschehen beruht er auf der wissenschaftlichen Wiedererschließung des Urtextes der *Digesten*[1] durch *Irnerius* in Bologna (um 1080) im Zusammenhang mit der allgemeinen Wiedergeburt antiker Kunst und Wissenschaft, die in den nachfolgenden Jahrhunderten von Italien ausging. Durch diese „Renaissance" im weitesten Sinne wurde die Antike, neben Germanentum und Christentum ohnehin schon die wichtigste Komponente der mittelalterlichen Kultur, endgültig zur Dominante und zur höchsten Autorität. Die Autorität des nun in Bologna und an anderen italienischen Universitäten eifrig studierten römischen Rechts wurde für die Italiener dadurch noch weiter gehoben, daß sie sich immer mehr als die Nachfahren der alten Römer (nicht etwa der Longobarden!) zu fühlen begannen, und für die Deutschen, weil ihr König als legitimer Nachfolger der römischen Kaiser galt. Das römische Recht war demnach das Recht ihres Reiches. Daher wanderte bald die ehrgeizige Jugend von ganz Europa nach Italien und brachte die Kenntnis des römischen Rechts und seiner von den italienischen Gelehrten – den Glossatoren und Kommentatoren – entwickelten Wissenschaft als *ratio scripta* (geschriebene Vernunft) in ihre Heimat zurück. Mit der Reichskammergerichtsordnung von 1495, die das neu begründete Gericht des Reiches

---

[1] Die Digesten sind eine in engem Druck 873 Seiten Großoktav umfassende, nach Materien geordnete Sammlung von Textausschnitten aus den Schriften der römischen Juristen hauptsächlich des 2. und 3. Jahrhunderts, das Hauptstück der Kodifikation Kaiser Justinians, des Corpus iuris aus dem Jahre 534 (s. u. § 26 I).

zur Hälfte mit studierten Richtern besetzen ließ, hatte sich diese
Bewegung an sichtbarster Stelle durchgesetzt. Das *ius commune*
der italienischen Juristen war zu „des Reichs gemeinem Recht"
geworden.

In der Folge wirkte dieser Aufnahmeprozeß weiter. Der Humanismus des 16., die Aufklärung des 17. und 18. Jahrhunderts
brachten als Reaktion dagegen die Naturrechtsbewegung hervor,
der Historismus des 19. Jahrhunderts aber, Reaktion seinerseits
gegen das Naturrecht, trug die Rezeption erneut weiter. Die
deutschen Pandektisten (von „Pandekten", dem griechischen
Namen der Digesten) vollendeten sie. Das BGB von 1896[2] schloß
sie kodifikatorisch ab.

II. Diese unsere Rezeption war aber, wie gesagt, nur ein Fall
unter vielen, und – bei aller historischen Mannigfaltigkeit ihrer
Ursachen im übrigen – haben alle Rezeptionen *ein* soziologisches
Kernmotiv gemeinsam: den *Normenhunger,* der, zumal als ein
Bedürfnis nach Entscheidungsnormen, sehr verständlich ist.

Entscheiden ist schwer. Wer entscheiden soll, pflegt sich deshalb, wo immer möglich, danach umzusehen, wie andere Ähnliches entschieden haben. Das gilt eigentlich schon für jeden, der
sich im Leben vor eine für ihn neue Aufgabe gestellt sieht und sich
nun fragt, „wie das die anderen machen". Angesichts eines Falles,
der ihm noch nicht vorgekommen ist, pflegt der Beamte nach dem
„Simile" (von lat. *similis* = ähnlich), dem Präzedenzfall zu suchen.
Findet er einen solchen, so erleichtert ihm das nicht nur seine
Arbeit: folgt er dem gegebenen Beispiel, so verschafft es ihm
zugleich die Beruhigung, mit seiner Entscheidung nicht allein zu
stehen. Beide Vorteile sind für ihn so verlockend, daß sie einen
schwachen Beamten in die Gefahr bringen, Ähnlichkeiten zu
sehen, wo keine sind, vorhandene Unterschiede zwischen den
Fällen aber zu übersehen oder zu unterschätzen. Denn die Entscheidung, *ob* das Simile ähnlich, der frühere Fall dem jetzt
vorliegenden analog war, kann ihm nämlich niemand abnehmen.
Im ganzen und mit Maß geübt, kommt aber das Bestreben der
Entscheidenden, Beispielen zu folgen, zugleich dem Bedürfnis der

---

[2] Und in seiner Nachfolge das schweizerische ZGB von 1907.

Gemeinschaft nach Stetigkeit von Behördenpraxis und Rechtsprechung entgegen. Die Ordnungs- und Rechtsbildungsfunktion der Beispielbefolgung wirkt sich eben auf diesem Wege aus.

III. Ihre Vorbilder suchen sich die Entscheidenden zunächst bei den übergeordneten Behörden und Gerichten. Stehen ihnen solche aber nicht zur Verfügung oder gibt deren Praxis, etwa wegen der Neuartigkeit des Problems, nichts her, so werden sie sich u. U. nach Quellen umsehen, denen in ihrer Umwelt aus anderen Gründen *Autorität* zugeschrieben wird. So zitierten schwedische Gerichte, zumal vor 1918, des öfteren Entscheidungen des deutschen Reichsgerichts, berücksichtigen amerikanische die englische Rechtsprechung. Die nach römisch-holländischem Recht urteilenden Gerichte der südafrikanischen Burenrepubliken begannen im 19. Jahrhundert, die Lücken ihres langsam veraltenden, in mühsam lesbaren Werken des 17. und 18. Jahrhunderts niedergelegten Rechtssystems dadurch zu schließen, daß sie zunehmend englische Entscheidungssammlungen zu Rate zogen, wobei sie unterstellten, daß, was nach englischem Recht richtig entschieden sei, auch nach römisch-holländischem nicht falsch sein werde.

Folge des Normenhungers der Gerichte in Mittel-, Nord- und Ostdeutschland im 13. und 14. Jahrhundert war aber auch die unwahrscheinliche Verbreitung des Sachsenspiegels, der Privatarbeit Eike von Repgows, eines kleinen ostfälischen Schöffen. In seiner Heimat Autorität geworden, breitete sich diese Rechtsaufzeichnung selbst ins Baltikum, ja nach Böhmen, Polen und Ungarn aus – zu etwa derselben Zeit, als das römische Recht, von den Schülern Bolognas über die Alpen heimgebracht, seinen Siegeszug – zumal in Süd- und Westdeutschland – antrat. Als antik, kaiserlich und *ius commune* war dieses nicht nur eine die deutsche Rechtszersplitterung übergreifende Autorität. Es war auch geeignet, jeden Normenhunger auf lange hinaus zu stillen: ist doch das corpus iuris recht eigentlich eine gewaltige komprimierte Entscheidungssammlung, ein Schatz gleichsam für Jahrtausende vorgeleisteter Juristenarbeit.

IV. Auf diesem Hintergrund sind aber auch große planmäßige Rechtsentlehnungen kein Wunder: Als das römische Volk um

450 v. Chr. zehn Männer mit der ersten Rechtsaufzeichnung seiner Geschichte, den XII Tafeln, betraut hatte, begaben sich diese (so ist wohl die Überlieferung zu deuten) zuerst nach Unteritalien, um dort die griechischen Rechtseinrichtungen kennenzulernen. – Als sich seit dem 13. Jahrhundert deutsche Städtegründungen nach Norden und Osten hin ausbreiteten, entlehnten die neuen Städte des Baltikums ihr Recht zumeist von Lübeck, die des Ostens und Südostens von Magdeburg. Was bedeutete, daß sie von dem Stadtrecht Lübecks bzw. Magdeburgs feierlich Abschrift nahmen und, wenn später bei dessen Handhabung Schwierigkeiten auftraten, gutachtliche Entscheidung des Rates ihrer Mutterstadt einholten; der Rat der Tochterstadt ging dann bei seinem „Oberhof" „zu Haupte". Dieses System, Entscheidungsnormen zu gewinnen, hatte einen doppelten Vorteil: nicht nur erhielten die Stadtgerichte ihre Normen ohne eigene Anstrengung, die Normen kamen auch, da sie sich beim Oberhof ansammelten, zugleich den anderen Städten der Rechtsfamilie zugute.

Die Rezeption ganzer Werke der kontinentaleuropäischen Gesetzgebung (voran des französischen Code civil, des BGB und des Schweizerischen ZGB) in südamerikanischen und asiatischen Staaten schließlich ist einmal eine Wirkung der Weltgeltung Europas im 19. Jahrhundert und des Prestigebedürfnisses der rezipierenden Völker sowie die Folge des damaligen Imperialismus[3], nicht minder aber auch Ausdruck eines echten Normenhungers gewesen, der mit der zunehmenden Ablösung der überlieferten Lebensordnungen jener Völker durch die westliche Zivilisation naturgemäß eintreten mußte[4]. Selbst in stabilen Zuständen stets in gewissem Grade vorhanden, wie die kontinuierliche Rezeption des US-

---

[3] Durch die Rezeption wurde die sog. Konsulargerichtsbarkeit der Großmächte abgewendet, die ihre Kaufleute solange nicht der fremden Gerichtsbarkeit unterstellen wollten, als das fremde Recht nicht europäischen Vorstellungen entsprach, siehe z. B. Ernst E. Hirsch: Rezeption als sozialer Prozeß, 1981, ferner Richard T. Chang: The Justice of the Western Consular Courts in Nineteenth Century Japan, Westport (Conn.) 1984.

[4] Siehe näher *M. Rehbinder:* Die Rezeption fremden Rechts in soziologischer Sicht, in: Rehbinder/Sonn (Hg.), Zur Rezeption des deutschen Rechts in Korea, 1990.

amerikanischen Rechts im Europa der Gegenwart beweist[5], lassen ihn tiefgreifende Wandlungen der Lebens- und Sozialverhältnisse in gesteigertem Maße akut werden. Deshalb wurde nach der Implosion des Ostblocks in den ehemals sozialistischen Staaten der bisher weltweit größte Rezeptionsprozeß ausgelöst, den wir kennen. Dabei läßt sich das Ausmaß der durch die Wiedervereinigung Deutschlands in den neuen Bundesländern in Gang gesetzten Rezeption mit den Rezeptionen zu den Zeiten der Kolonialmächte durchaus vergleichen.

§ 9. Die Definition des Rechts

I. Alles Bisherige sollte im wesentlichen dazu dienen, Stellung und Funktion des Rechts in der menschlichen Gesellschaft darzulegen. Es war damit ein Versuch, diejenigen sozialen Erscheinungen zu beschreiben, die wir für verschiedene Zeiten und Bereiche jeweils als „Recht" zu bezeichnen pflegen. Dabei dürfte deutlich geworden sein, daß die Bezeichnung „Recht" für recht verschiedene Erscheinungen in Gebrauch ist, und es kann deshalb nicht verwundern, wenn das Beschriebene mit einer einheitlichen Definition kaum zu erfassen ist. Denn es gehört zum Wesen des historisch gewordenen und ständig werdenden Rechts, daß schon die Rechtsordnung ein und desselben Staates zu verschiedenen Zeitpunkten – genau betrachtet – nie gänzlich dieselbe ist. Sie ist es so wenig wie der Fluß, in den wir zum zweiten Male hinabsteigen, und wie dieser mit sich nur *kontinuitäts*identisch. Liegen beide Zeitpunkte sehr weit auseinander und ist der Staat etwa inzwischen aus einem nur rechtsprechenden zu einem gesetzgebenden geworden, so werden die Erscheinungen notwendig so stark voneinander abweichen, daß selbst die gröbsten Umrisse ihrer Bilder sich kaum noch miteinander decken. „Recht" und „Recht" sind dann nicht mehr derselben Art.

---

[5] *Wolfgang Wiegand:* Die Rezeption amerikanischen Rechts, in: Festgabe zum Schweizerischen Juristentag 1988, S. 229–262.

II. Indem wir also das Recht entwicklungsgeschichtlich zu überblicken suchten, erschien es uns zunächst als mit der Sitte identisch, dann von dieser durch den Gerichtsgebrauch und schließlich durch die Anerkennung seitens des Staates abgegrenzt, wobei zugleich dessen Gesetzgebung immer mehr in den Vordergrund trat. Es erschien damit

a) das *Sittenrecht,* das einer stetigen, zumal einer mit geschriebenen Rechtstexten arbeitenden Gerichtsbarkeit vorausgeht als

Inbegriff der Normen, die den in einer Menschengruppe als verpflichtend geübten Gewohnheiten entsprechen;

b) das *Gewohnheitsrecht,* das von der Sitte durch den Gerichtsgebrauch abgeschieden ist, als

Inbegriff der Normen, die den in einer Menschengruppe geübten Gewohnheiten entsprechen, soweit sie von den Gerichten als verpflichtend gehandhabt werden;

c) das *staatliche Recht,* das nach der vollen Ausbildung eines Gesetze gebenden Staates gilt, als

Inbegriff der von einem *Staate* in seinem Herrschaftsbereich als verpflichtend gehandhabten Normen.

Will man alle drei Entwicklungsstufen auf denselben Nenner bringen, so kann hierzu wohl nur das üblicherweise gebrauchte Merkmal der „Erzwingbarkeit" des Rechtes dienen[1]. Meist wird dem hinzugefügt, daß der Zwang ein organisierter sein müsse. Das Recht wäre demnach

der Inbegriff aller durch organisatorischen Zwang gesicherten Normen.

Das Recht der *staatlichen* Gesellschaft wird damit zwar nicht immer, wohl aber im *Typ* recht gut getroffen, das der *vorstaatli-*

---

[1] Vgl. *Kant,* Metaphysik der Sitten. Einleitung in die Rechtslehre, E: „Recht und Befugnis zu zwingen bedeuten einerlei". Ebenso *R. v. Jhering,* Der Zweck im Recht, 3. A. I (1893/98), S. 320 ff.; *Kelsen,* Reine Rechtslehre, 2. A. 1960 (Nachdruck 1992), S. 34 ff., 45 ff., 114 ff.; vgl. auch *M. Rehbinder,* Rechtssoziologie, 3. A. 1993, S. 59 ff.

chen weniger: der Zwang ist hier zumeist noch Selbsthilfe und beruht daher nicht eigentlich auf der Organisation der Gemeinschaft. Sind Gerichte etabliert, so entscheiden diese meist erst *nachträglich*, ob die vorgenommene Handlung (Rachetötung oder Pfandnahme) erlaubte Selbsthilfe gewesen ist oder ob sie den Handelnden seinerseits bußpflichtig gemacht hat. Die Organisation der Gemeinschaft, das Gericht, *kontrolliert* also zwar den von den Interessenten selbst geübten Zwang, vermittelt ihn aber nicht. Damit ist Recht, was die Gerichte anerkennen und was also mit ihrer *Billigung* erzwungen werden kann.

Ist aber die Gerichtsbarkeit noch nicht Institution, so kann von einem organisatorischen Zwang in keiner Weise gesprochen werden. Es bleibt dann nur der Druck der „öffentlichen Meinung" als Garant der Normen übrig. Im übrigen bestimmen bloß die Machtverhältnisse sowie die verwandtschaftlichen und persönlichen Beziehungen, was zu erzwingen ist. In gleicher Weise (durch gesellschaftliche Benachteiligung, Ablehnung, Ausstoßung und Boykott) ist aber – bis auf den heutigen Tag – auch die Wahrung der *Sitte* garantiert, weshalb das Kriterium des organisatorischen Zwanges versagt, wo Staat und Gerichte fehlen und deshalb Recht und Sitte, auch unter diesem Gesichtspunkt, nicht zu trennen sind. Allenfalls könnte man innerhalb des Sittenrechts jener Vorzeit diejenigen Normen als „Recht" im besonderen Sinne herausheben, deren Mißachtung unter Billigung der Gemeinschaft *Rache* auslösen konnte. Diese waren naturgemäß die wichtigsten, und mit ihnen hatten es dann auch in der Folge die Gerichte im wesentlichen zu tun.

III. Es versteht sich, daß die hiermit erörterten Definitionen alle davon absahen, den *Inhalt* der als „Recht" bestimmten Normen in irgendeiner Weise zu qualifizieren. Sie können nur dazu dienen, das, was auf den verschiedenen Stufen der gesellschaftlichen Entwicklung als Recht anzusprechen ist, nach der Art seiner *Geltung* und *Durchsetzbarkeit* von seinen Nachbarerscheinungen innerhalb der vorstaatlichen und staatlichen Gesellschaft äußerlich zu unterscheiden: der individuellen Gewöhnung, den von Gerichten und Staat nicht als unmittelbar verpflichtend behandelten Gewohnheiten und Sitten sowie der Sittlichkeit.

Es handelte sich also darum, *abzugrenzen,* denn eben das heißt „definieren" (lat. *finis* = die Grenze) und nur das *vermögen* Definitionen zu leisten, nicht aber, das Umgrenzte inhaltlich zu bestimmen. Je allgemeiner das Umgrenzte ist, desto weniger besagt die Grenze über seinen Inhalt. Nur einen *abstrakt*-allgemeinen Begriff vermag Definition zu liefern. Will man den *Inhalt* des Umgrenzten fassen, so verlieren sich die Grenzen: der „*konkret*-allgemeine" Begriff (Hegel) kann nicht zu Definitionen dienen.

Zum Inhalt des Rechts aber sind wir noch gar nicht vorgedrungen, weil dieser Inhalt *Sollen* ist. Bisher hatten wir nämlich die Worte „Norm" und „Verhaltensregel" synonym gebraucht. *Norm* ist aber eine Regel, nach der man sich nicht nur zu verhalten *pflegt,* sondern nach der man sich auch verhalten *soll.* In diesem Sinne versteht der Jurist die Rechtsnormen und ist die Rechtswissenschaft *normativ.* Das hatten wir aber bisher beiseite gelassen, indem wir vorerst dem *Sein* des Rechts, seiner historisch-sozialen Erscheinung nachgegangen sind.

Kapitel II
Das Recht als Sollen

§ 10. Sein und Sollen und das Problem der Willensfreiheit

I. Wäre das Recht nichts anderes als ein geschichtliches und gesellschaftliches Sein, so würde die Aufgabe der Rechtswissenschaft nur darin bestehen können, festzustellen, wie sich die Menschen in Rechtsdingen einst verhalten haben und heute zu verhalten pflegen. Die praktische Jurisprudenz insbesondere würde dann nur darauf hinauslaufen, vorauszusagen, wie ein konkretes Gericht einen konkreten Rechtsfall voraussichtlich entscheiden *wird*, und das aus dem bisherigen Verhalten dieses oder anderer Gerichte (aus der Judikatur also), ergänzt vielleicht durch Meinungsumfragen, abzuschätzen. Im übrigen könnte sie nur eine Organisationskunde und Kunst der Menschen- und Massenführung sein, mithin reine Soziotechnik. Berühmt im Sinne eines solchen *Legal Realism* wurde der Rechtsbegriff, den der amerikanische Richter *Oliver Wendell Holmes* um die Jahrhundertwende geprägt hat: *The prophecies of what the Courts will do in fact and nothing more pretentious are what I mean by the law*[1].

Mag Prophezeiung auch die Aufgabe eines Rechtsberaters sein, der seinen Klienten berät: dem *Richter* prophezeien zu wollen, wie er entscheiden „wird", bringt den Anwalt in eine seltsame Rolle. Die Anhörung solcher Weissagung könnte den Richter dazu reizen, es diesmal umgekehrt zu machen, und wer das dann „Willkür" schelten will, müßte die These, die Voraussage habe keinerlei Sollen bedeutet, fallen lassen. Auch wird der Anwalt oft Argu-

---

[1] *Holmes*, The Path of the Law, in Harvard Law Review 10 (1897), S. 457.

mente kennen, mit denen er die bisherige, vielleicht steril gewordene Rechtsprechung *umstoßen* könnte, Gründe, warum der Richter nunmehr anders zu entscheiden *habe*. Angesichts eines ganz neuartigen Falles schließlich, bei dem die Prognose für den Anwalt allerdings zu einer Frage der Soziologie und Psychologie werden kann, möchte doch der *Richter* wissen, wie er entscheiden *soll*. Nach Willkür kann er auch dann nicht entscheiden, wenn Gesetz und Präjudizien ihn im Stich lassen[2]. Das Urteil verweigern darf er ebensowenig: zu entscheiden ist seine Pflicht.

II. Das Recht läuft also unweigerlich auf ein Sollen, wo nicht des Bürgers, so jedenfalls des Richters hinaus. Auch Sitte und Sittlichkeit setzen Sollen. Die Schwierigkeit aber ist, daß Sollen nur wieder aus anderem Sollen abgeleitet werden kann. Aus einem Sein kann *logisch* nie ein Sollen folgen, wenn nicht ein Sollsatz da ist, der es daran knüpft.

Warum *soll* ein Kaufmann seine Firma zur Eintragung ins Handelsregister anmelden? Weil § 29 HGB[3] es ihm gebietet. Warum aber soll er dieses Gebot befolgen? Weil es ein Gebot des Staates ist. Warum soll er dem Staate gehorchen? Weil man der Obrigkeit untertan sein soll. Warum soll man dieses Gebot befolgen? – Aus einem Sein kann immer nur mittels eines Sollsatzes Sollen abgeleitet werden. Warum also soll man überhaupt sollen? Meine Antwort lautet: Weil der Mensch des Sollens bedarf, um sein zu können.

Wir haben ihn von Anbeginn als ein Wesen kennengelernt, das auf Zusammenwirken mit seinesgleichen angewiesen ist. Wir haben gesehen, daß Zusammenwirken Regeln für das Verhalten der Einzelnen voraussetzt, solche aber dem Menschen nicht angeboren sind, vielmehr von ihm gebildet und tradiert werden müssen. Dabei genügt es für ihre Funktion nun nicht, daß sie als statistisch-soziologische Regelmäßigkeiten auftreten; denn der

---

[2] Daß seine Lage hierbei freilich im System des kodifizierten Rechts, wenn vielleicht auch nur theoretisch, eine andere ist als in dem des Case Law, kann erst später dargelegt werden (vgl. unten § 26).

[3] A: HGB 29; CH: OR 934 I.

Einzelne kann von ihnen abweichen, weil sie als Verhaltensweisen anders als bei den Tieren nicht biologisch fixiert sind. Doch *darf* er nicht nach Willkür von ihnen abweichen, weil er damit die Gemeinschaft in Gefahr bringen würde, der Mensch aber ohne Gemeinschaft nicht sein kann. Eben darum muß das Erwartbare, das „Normale", typischerweise als *Norm*, als *Richtschnur* empfunden werden, und darum müssen die Normen Sollen setzen.

Wir sehen den Menschen somit als ein instinktfreies soziables Wesen an, das leben will. Will ein solches aber leben, so muß es Gemeinschaft wollen. Will es Gemeinschaft, so muß es Normen wollen. Will es Normen, so will es Sollen. Eben deshalb ist es nicht verwunderlich, daß der Mensch den Schluß, daß jeder tun soll, was *man* zu tun pflegt, so leicht vollzieht, obwohl er doch ein Schluß vom Sein aufs Sollen ist. Denn dieser Fehlschluß kann, weil normenbildend, dem Leben dienen; wie es *auch* dem Leben dienen kann, wenn neues Sollen seinerseits das Sein der Sitte verändert.

So gibt es logisch zwar vom Sein zum Sollen keine Brücke. Soziologisch aber führt Sein zu Sollen und Sollen zu Sein.

III. Jedoch haben wir bisher nur die soziale Nützlichkeit des Sollens dargetan. Damit ist noch nichts darüber ausgesagt, ob Sollen überhaupt möglich ist. Denn auch eine Illusion kann sozialnützlich sein. Ist nämlich der Mensch nicht frei, dann *ist* das Sollen eine Illusion, dann kann es in Wahrheit nur *Müssen* geben. Die Ablehnung der Freiheit hat die des Sollens zur Folge.

Angenommen, der Mensch sei der Notwendigkeit allen Naturgeschehens ohne Rest unterworfen: beauftrage ich einen Untergebenen mit einer statistischen Berechnung und berichte dann einem Dritten, daß dieser Untergebene die Berechnung ausführen „soll", so kann dies angesichts unserer Voraussetzung nichts anderes bedeuten, als wenn ich ihm berichten würde, daß ein *Computer* die Berechnung machen „soll": die Voraussage eines Erfolges, der meiner Veranlassung und Erwartung gemäß eintreten *wird;* wie ja im Englischen das Wort für „sollen" (shall) zugleich das Futurum anzeigt und dann hier eben *nur* noch dies bedeuten könnte. Denn ich könnte nun von meinem Untergebenen ebensowenig wie von der Maschine sagen, daß ich ihn „verpflichtet" hätte. Ich hätte ihn bloß auf jene Berechnung „eingestellt" – wie die Maschine.

Mit der Freiheit fiele also die Pflicht; mit der Pflicht aber auch
das Sollen, beim Verstoß gegen das Sollen die Schuld, mit der
Schuld die Strafe. Die Rechtsordnung würde sich zwar nicht
auflösen – weil der Mensch nicht aufhören würde, zoon politikon,
wie Aristoteles zu Beginn seiner Staatslehre[4] schrieb, d. h. ein
staatsbildendes Wesen zu sein –, aber Recht und Rechtswissenschaft würden ihr Erscheinungsbild verändern.

Das Problem hat deshalb keineswegs nur theoretische Bedeutung. Denn die Ablehnung der Willensfreiheit folgt geistesge-
schichtlich dem Siegeszug des naturwissenschaftlichen Denkens,
und ihre Konsequenz zeigt sich besonders deutlich im Strafrecht:
Die *soziologische Schule* fordert, wie wir sahen (vgl. o. § 7 a. E.),
seine Ersetzung durch eine *défense sociale*, d. h. die Ersetzung der
Strafe durch bloße Sicherungsmaßnahmen zum Schutze der
Gesellschaft[5].

IV. Nicht nur der Philosoph, auch der Jurist muß wissen, daß
man hier nichts weiß. Er muß der Möglichkeit ins Auge sehen, daß
in der uns umgebenden raumzeitlichen Sinnenwelt kein Blatt ohne
Notwendigkeit zu Boden fällt und die Kausalität ein jedes, selbst
das geringste Ereignis ohne Rest determiniert.

Daß die *Naturwissenschaft* keine Abweichung hiervon zu finden vermocht hat, ergibt sich freilich schon daraus, daß ihre Methode selbst das
Kausalitätsprinzip voraussetzt. Auch die Heisenbergsche Ungenauig-
keitsrelation (das atomare Geschehen betreffend) kann deshalb nur als
Ausdruck der Unzulänglichkeit unserer Beobachtungsmittel gelten. Und
auch im innersten Innern der Zelle und selbst unter dem Elektronenmi-
kroskop vermag der Biologe nicht Spontaneität und Freiheit, sondern
immer nur Kausalketten aufzufinden.

Klar ist, daß auch der Mensch in seiner physischen Erscheinung
– auch jeder für sich, indem er sich mit seinen Sinnen wahrnimmt –
zu dieser Sinnenwelt gehört. Selbst sein Charakter, wie er aus
seinen Handlungen durch Beobachtung erschlossen werden kann,

---

[4] Politeia Sp. 1253 a.
[5] Vgl. *Karl Olivecrona,* Das moralische Problem der Strafgesetzgebung, ZStW 69
(1957), S. 397 ff.

gehört dazu, und seine zukünftigen Taten müßten daraus gleich sicher wie Sonnen- und Mondfinsternisse vorausberechnet werden können, wenn man nur alle Daten je vollständig beisammen hätte. Ein derartig vorherberechenbares Wesen scheint aber keine Freiheit und damit keine ethische Verantwortlichkeit zu besitzen.

Immanuel Kant (1724–1804) hat die hier auftauchende Antinomie zwischen Freiheit und Naturbezogenheit dadurch gelöst, daß er beiden auf verschiedenen Ebenen volle Gültigkeit zuerkennt[6]. Im Reiche der Erscheinungen unterliegt auch der Mensch dem Kausalgesetz. Als intelligibles Wesen dagegen, das sich seine Ziele selbsttätig vorzustellen und zu wählen vermag, ist der Mensch frei. Freiheit läßt sich im Bereich der Natur nicht nachweisen; aber im Bereich der Ethik, einer von der Naturerkenntnis gänzlich losgelösten Schicht, vermag die Vernunft, sich selbst Gesetze zu geben und damit Freiheit zu zeigen. Die Willensfreiheit ist ein Postulat der praktischen Vernunft, d. h. eine denkerisch notwendige Annahme, um ethisches Handeln überhaupt möglich werden zu lassen. Sie widerspricht auch nicht dem Kausalgesetz, weil dieses nur für den Bereich der Natur gilt, während die Ethik sich in der Schicht des Intelligiblen vollzieht. Kausalgesetz und Willensfreiheit sind von zwei verschiedenen kategorialen Standpunkten aus ohne weiteres miteinander vereinbar. – Freilich läuft *Kants* Darlegung nicht darauf hinaus, die Freiheit zu *beweisen*[7]. Er hat nur den Widerspruch aufgelöst, der zwischen ihr und der gänzlichen Kausalbestimmtheit allen Geschehens in der Sinnenwelt zu bestehen scheint.

---

[6] Kritik der reinen Vernunft, 2. Abt., 2. Buch, 2. Hauptstück, 9. Abschnitt III. Wer diesen Fragen näher nachgehen will, lese *Ernst E. Hirsch*, Die Rechtswissenschaft u. das moderne Weltbild, in *ders.*, Das Recht im sozialen Ordnungsgefüge, 1966, S. 65–87.

[7] Eine experimentelle Überprüfung der These von der Willensfreiheit wäre auch gar nicht durchführbar; denn sie würde voraussetzen, daß man eine „Person als genau dieselbe Individualität wiederholt in die gleiche konkrete Situation versetzen und dann beobachten könnte, ob einmal ein anderes Handeln herausspringt" (K. Engisch: Die Lehre von der Willensfreiheit, 1963, S. 23). Schon das Gedächtnis als Störfaktor verhindert die Wiederholung unter völlig gleichen Bedingungen.

V. Im übrigen hat sich der Mensch, auch ohne *Kants* Hilfe, zu allen Zeiten für frei gehalten. Vor allem als Handelnder: Handelnd erlebt er sich als den Urheber seiner Tat und dessen, was aus ihr folgt. Damit erlebt er seinen Willen als frei. Erst wenn er über „seine" Tat nachdenkt, vor allem darüber, was ihn zu ihr veranlaßt hatte, und so das Geschehene reflektierend objektiviert, scheint es ihm zuweilen, als sei nur ein Bündel von Kausalketten durch ihn hindurchgelaufen; denn als ein Ereignis in der Sinnenwelt muß die Tat an deren Kausalstruktur teilhaben. Wie anders könnte sich der Mensch auch sonst in dieser Welt zurechtfinden, planen und vorausberechnen? Sogar die Taten der anderen vermag er so vorauszusagen: recht genau, soweit ihr Verhalten durch Recht und Sitte bestimmt ist, weniger genau im normenfreien Raum (soweit ihm nicht statistische Erhebungen zu Wahrscheinlichkeitsprognosen verhelfen). Auch die anderen sind für ihn Erscheinungen der Sinnenwelt – wie er für sie und jeder für den anderen. So gehen sie, wie sein eigener Körper, in das unendliche Kausalgeflecht ein. *Urteilt* er aber über ihre Taten, so setzt er sie wieder als frei voraus, da er sich selbst als frei erlebte, als er selbst handelte. – Wir *erfahren* uns also im Weltgeschehen als *frei*, und *Kants* Beweis war eben nur der, daß darin kein Widerspruch zu sehen ist.

VI. Demgemäß legt der Mensch aber auch Wert darauf, daß seine Taten – jedenfalls die von seiner Umwelt gebilligten – die seinen sind und ihm als solche zugerechnet werden, seine Taten und seine Leistungen, als Künstler vor allem sein Werk: er wünscht es als „originell" anerkannt zu sehen, weil es seinen Ursprung in ihm habe und damit Ausdruck seiner *Persönlichkeit* sei. Der Einsicht *Goethes* in das Wesen der Originalität[8] wird er oft wenig zugänglich sein. Er wird es nicht immer wahrhaben

---

[8] Ein Quidam sagt: „Ich bin von keiner Schule;
Kein Meister lebt, mit dem ich buhle;
Auch bin ich weit davon entfernt,
Daß ich von Toten was gelernt."
Das heißt, wenn ich ihn recht verstand:
Ich bin ein Narr auf eigne Hand
(Epigrammatisch 1812; Weimarer Ausg. II., S. 276).

wollen, daß Originalität, um ihrer selbst willen erstrebt, zum Verfall führt und daß unter den herrlichsten Schöpfungen der Menschheitsgeschichte die meisten wohl unsigniert sind.

Auf der Anklagebank freilich ändert sich die Lage. Der Angeklagte wünscht, nicht Täter dieser Tat gewesen zu sein. Und wenn er ihrer überführt ist, so legt sein Verteidiger sie gern als das notwendige Ergebnis einer Gruppe von Kausalketten dar; den Charakter seines Klienten insbesondere als das notwendige Produkt von Anlage und Umwelt: seiner erbbiologischen Beschaffenheit und alles dessen, was ihm in seinem bisherigen Leben widerfahren ist, seines Milieus also und seines Schicksals. Und je vollständiger das Material ist, um so überzeugender wirkt es. Daß aber ein anderer in gleicher Lage nicht diese Tat begangen haben würde, genügt uns zu dem Urteil, daß auch der Angeklagte sie hätte unterlassen können. Und selbst wenn wir sicher sein sollten, daß *dieser* Mensch in einer solchen Lage anders zu handeln gar nicht imstande gewesen ist, können wir ihn doch nicht einfach laufen lassen. Im Gegenteil: je sicherer eine solche Tat von ihm erwartet werden konnte, um so wahrscheinlicher ist es, daß er sie wiederholen wird, denn um so deutlicher ist sie Ausdruck seiner Persönlichkeit, für die wir ihn verantwortlich machen.

Eher sogar muß es den Richter stutzig machen, wenn diese Tat zu diesem Menschen nicht paßt und gerade bei ihm nicht zu begreifen ist, als *persönlichkeitsfremd* erscheint. Doch soll das schwere Problem der Schuldunfähigkeit wegen seelischer Störungen (§ 20 StGB)[9] hier unerörtert bleiben.

Indessen ist der Angeklagte, der seine Tat *erlebt* hat, meist selbst überzeugt, daß er auch anders hätte handeln können, und wundert sich nicht darüber, daß sie ihm deshalb vorgeworfen, als *Schuld* zugerechnet wird. Hatte er sich dabei nicht in einer Zwangslage befunden (Notwehr und Notstand gem. §§ 32–35 StGB[10]), so wird er sich mit der Determiniertheit seines Verhal-

---

[9] A: StGB 11, CH: StGB 10.
[10] A: StGB 3, 10; CH: StGB 33, 34.

tens durch seine Persönlichkeit nicht entschuldigt fühlen; vermutlich selbst als Gelehrter nicht[11].

Für den Ungelehrten jedoch ist das Kausalitätsgesetz nur soweit glaubhaft, als es empirisch verifizierbar ist: im physikalisch-technischen Bereich. Im biologisch-psychologischen hingegen erscheint ihm das Geflecht der Kausalketten als ein Hirngespinst, das durch jedes Handlungserlebnis, ja jeden Akt lebendiger Spontaneität, selbst eines Tieres, immer aufs neue zerrissen wird. Sich selbst, den Menschen gar, das instinktarme und ohne Normen so schwer zu berechnende Wesen, muß er unweigerlich als frei empfinden. Denn in der Tat ist die Nichtfestgestelltheit des Menschen, sein Freisein von arteigenen festen Verhaltensschemata, eine spezifisch menschliche Freiheit, die empirische Freiheit unserer Art, an der das Tier nur in seinen höchsten („gelehrigen") Gattungen einen geringen Anteil hat. Unser Lebensgefühl aber wird, auch heute noch, durch den Umgang mit uns selbst und anderen Menschen, nicht durch den Umgang mit Maschinen geformt. Darum sind uns Freiheit, Pflicht und Schuld erlebte Wirklichkeit, Determination und Kausalität aber, auf den *Menschen* angewendet, nur Blässe des Gedankens.

Wir sagen sogar, noch heute, der schadhafte Draht sei an dem Kurzschluß „schuld" gewesen. Kulturgeschichtlich dürften Schuld und Sühne das Begriffsmodell für Ursache und Wirkung gewesen sein, wie überhaupt das Rechtsgesetz Modell für die Konzeption des Naturgesetzes gewesen ist[12].

Würden wir also etwa, nach Abschaffung der Strafe und ihrer Ersetzung allein durch Sicherungsmaßnahmen, dem überführten Raubmörder eröffnen, zwar machten wir ihm aus seiner Tat

---

[11] „Wir wissen mit weit mehr Deutlichkeit, daß unser Wille frei ist, als daß alles, was geschieht, eine Ursache haben müsse. Könnte man also nicht einmal das Argument umkehren und sagen: Unsre Begriffe von Ursache und Wirkung müssen sehr unrichtig sein, weil unser Wille nicht frei sein könnte, wenn die Vorstellung richtig wäre?" (*Georg Chr. Lichtenberg*, 1742–1799: Sudelbücher, Heft J, Nr. 790.

[12] Vgl. *Ernst v. Hippel*, Rechtsgesetz und Naturgesetz, 2. A. 1949; *Hans Kelsen*: Allgemeine Theorie der Normen, 1979, S. 17–20, 237 f.

keinerlei Vorwurf, denn die Freiheit, in der er zu handeln geglaubt habe, sei eine Illusion gewesen; Schuld und Strafe gebe es deshalb nicht und bessern könnten wir ihn ebensowenig; nur müßten wir ihn leider für den Rest seines Lebens in Verwahrung nehmen, damit die Gesellschaft vor ihm sicher sei: so würde er dies befremdliche Gerede wahrscheinlich gar nicht ernst nehmen. Nähme er es aber ernst, so würde er *sich* nicht ernst genommen, vielmehr mit zynischer Grausamkeit verhöhnt fühlen. Er würde sich verzweifelt fragen, warum er denn leiden müsse, ohne etwas dafür zu können, daß er gefährlich sei. Denn ohne Freiheitsberaubung, und das heißt ohne Leidzufügung, ist auch die komfortabelste Sicherungsverwahrung nicht durchzuführen. Man darf ja auch kein Paradies aus ihr machen, wenn man nicht zum Verbrechen anlocken will. So wird man dem Internierten nicht einreden können, daß seine Verwahrung kein Leid und keine *Strafe* sei. Dann aber ist es sinnlos, ihm das Bewußtsein ausreden zu wollen, daß er durch seine Tat sich schuldig gemacht und deshalb sein Leid *verdient* habe. Sein Leiden wird dadurch sicher nicht geringer, wohl aber zerstört man dadurch die Chance, eine innere Wandlung des Täters herbeizuführen.

VII. So nötigen uns Philosophie und Denkgesetze nicht, die Willensfreiheit preiszugeben. Der praktische Zweck der Rechtswissenschaft steht dem eher entgegen. Das Recht hat es mit handelnden, nicht grübelnden Menschen zu tun und sollte sich deshalb vom common sense, wenn möglich, nicht allzu weit entfernen.

Damit ist weder die Freiheit *bewiesen* noch das Kausalitätsgesetz widerlegt. Als Denkgesetz ist es einer empirischen Widerlegung gar nicht zugänglich und eines empirischen Beweises weder fähig noch bedürftig. Widerlegt ist lediglich, daß es die Freiheit ausschließt. Darüber hinaus konnte nur dargetan werden, was ohnehin ein jeder weiß: daß nämlich die Freiheit im Sozialleben *gilt.* Denn von jedem geistig gesunden Erwachsenen erwarten wir die Fähigkeit, einzusehen, was er soll, und dieser Einsicht gemäß zu handeln. Nur unter dieser Voraussetzung können Menschen als Menschen miteinander leben. Darum machen wir es dem, der normwidrig gehandelt hat, unter bestimmten Voraussetzungen zum Vorwurf, auch wenn die Frage, ob *dieser* Mensch in *dieser* Lage wirklich anders hätte handeln können, für immer unbeantwortet bleibt.

§ 11. Das Gefüge der Rechtsnormen

I. Wir sahen in § 2, wie das Recht von der Sitte geschieden wurde und wie diese Scheidung mit seiner Formulierung in hypothetischen Urteilen für den Gerichtsgebrauch vor sich ging. In diesen konditionalen Imperativen lernten wir die Grundform des *Rechtssatzes* kennen. Der gesamte 2. Teil des Strafgesetzbuches (§§ 80–358)[1] z. B. besteht fast gänzlich aus solchen hypothetischen Urteilen: Entscheidungen angenommener Fälle, sofern sie sich in Zukunft ereignen sollten.

In anderen Rechtsbereichen sind ähnlich vollständige Rechtssätze aber seltener, im Privatrecht gar nicht aufzufinden. Eine Bestimmung, die etwa so formuliert wäre: „Wer etwas kauft, aber nicht bezahlt, wird, wenn der Verkäufer ihn verklagt, zur Bezahlung des vereinbarten Kaufpreises verurteilt", gibt es nicht. Es genügte hier zu sagen: „Der Käufer *ist verpflichtet*, den vereinbarten Kaufpreis zu zahlen…" (§ 433 II BGB)[2]. Denn daß, wer einer privatrechtlichen Verpflichtung nicht nachkommt, grundsätzlich auf deren Erfüllung verklagt und verurteilt werden und daß, wenn er verurteilt ist, auch gegen ihn vollstreckt werden kann, ergibt sich schon aus der Zweckbestimmung der Zivilgerichtsbarkeit, des näheren aus den Vorschriften des Gerichtsverfassungsgesetzes (GVG) und der Zivilprozeßordnung (ZPO). Statuiert das Privatrecht also eine Verpflichtung, so werden diese Möglichkeiten grundsätzlich jedesmal eröffnet. Dem vollständigen Rechtssatz am nächsten stehen deshalb hier die sogenannten *anspruchsbegründenden Normen*, das sind die, welche unmittelbar zur Grundlage einer Klage dienen können. Ihre Zahl, im BGB etwa, ist relativ

---

[1] A: StGB 75–321; CH: StGB 111–332.
[2] A: ABGB 1062; CH: OR 184 I.

klein. Typische Fälle sind z. B. die jeweils ersten Paragraphen der im Schuldrecht normierten Vertragsarten (Kauf, Miete, Pacht usw.), also §§ 433, 535, 581, 598, 607, 611, 631, 652, 662, 688, 701, 705, 765, 793[3]; aber auch §§ 812, 816, 823–826, 831–839[4] und noch manch andere. Die überwältigende Mehrzahl der Bestimmungen aber (so z. B. alle 240 Paragraphen des Allgemeinen Teils[5] mit Ausnahme nur der §§ 12, 31, 54 S. 2, 82, 122, 179) begründen selbst keine Ansprüche. Sie sind insofern nur unvollständige Rechtssätze, *Hilfsnormen,* durch die jene anspruchsbegründenden Normen näher bestimmt, ergänzt, beschränkt oder sonst modifiziert werden.

Ebenso ist es aber bei näherem Zusehen auch im Strafrecht: Die Normen des Besonderen Teils (§§ 80–358 StGB), von denen an sich jede einen Strafanspruch des Staates begründet, werden durch die des Allgemeinen Teils (§§ 1–79 StGB)[6] ergänzt und modifiziert. So kann, wer einen Totschlag begangen hat, gleichwohl nicht gemäß § 212 bestraft werden, wenn er dabei in Notwehr oder Notstand gehandelt hat (§§ 32–34), durch unwiderstehliche Gewalt oder Drohung dazu genötigt worden (§ 35) oder unzurechnungsfähig (§ 20) gewesen ist[7].

II. Aus der Kompliziertheit des modernen Normengefüges ergibt sich also, daß einschränkungslos gebrauchsfertige Rechtssätze in ihm nicht formuliert sind. Seine Einzelnormen sind vielmehr nur die Elemente, aus denen der Richter den *individuellen*

---

[3] A: ABGB 1053, 1090, 1151 usw.; CH: OR 184 I, 253, 275 usw.
  Daß man aus diesen und vielen anderen Vertragstypen auch dann würde klagen können, wenn das Gesetz sie nicht enthielte: weil man eben gemäß dem Prinzip der *Vertragsfreiheit* aus *allen* Verträgen klagen kann, sofern das Gesetz sie nicht verbietet, soll hier außer Betracht bleiben. Man kann aber sehr wohl sagen, daß hier § 305 BGB (ABGB 879, OR 19 I) die *eigentlich* anspruchsbegründende Norm sei und jene Einzelbestimmungen sie nur näher spezifizieren (vgl. o. § 5 II 3).

[4] A: ABGB 1431, 1295 I, 1315, 1320; CH: OR 62, 41, 55, 56.

[5] Das ABGB und das ZGB hingegen kennen keinen Allgemeinen Teil, siehe aber z. B. ABGB 18 und ZGB 11 I.

[6] A: StGB 1–74; CH: StGB 1–110.

[7] A: StGB 76; 3, 10, 11; CH: StGB 113; 33, 34; 10.

Rechtssatz (Individualsatz) jedesmal erst *kombinieren* muß, der auf den zu entscheidenden Fall paßt. Deshalb sind auch *alle* Vorschriften der Gesetze ausnahmslos Sollsätze, auch wenn ihr Prädikat *ist, gilt, muß, darf nicht* oder *kann nicht* lautet; selbst *darf* und *kann* bedeuten hier ein Sollen, nämlich für den anderen: wenn A etwas *darf* oder *kann, soll* B ihn daran nicht hindern. Gleichviel also, ob ausdrücklich befehlend oder nur definierend, erklärend, feststellend, immer handelt es sich um *Rechtsnormen*, die dazu bestimmt sind, Entscheidungen zu tragen. Wer immer sonst ihr Adressat auch sein mag, auf jeden Fall wenden sie sich alle an den Richter, nicht etwa nur die anspruchsbegründenden.

So sind z. B. die Normen des *Allgemeinen Teils des BGB,* unter denen sich ja, wie gesagt, kaum anspruchsbegründende befinden, dazu bestimmt, in *Verbindung* mit denen der anderen Teile angewendet zu werden.

Definiert also § 90 BGB: „Sachen im Sinne des Gesetzes sind nur körperliche Gegenstände", so bestimmt er damit z. B. den Anwendungsbereich der Anspruchsnormen aus Sachkauf, Besitz und Eigentum (§§ 459 ff., 861, 862, 985 ff.), weil diese *Sachen* als Objekte voraussetzen[8].

Erklärt § 1 BGB[9]: „Die Rechtsfähigkeit des Menschen beginnt mit der Vollendung der Geburt", so wird damit folgender wichtiger Fall entschieden: Ein Kind ist nach dem Tode seines Vaters (posthum) geboren worden und selbst bei der Geburt gestorben. § 1923 BGB[10] sagt, daß nur erben kann, wer zur Zeit des Erbfalles lebt. „Wer zur Zeit des Erbfalles noch nicht lebte, aber bereits erzeugt war, gilt als vor dem Erbfalle geboren." Die Mutter des Kindes klagt nun gegen die Eltern ihres verstorbenen Mannes auf die Herausgabe seiner vollen Erbschaft, weil sie auch das – nämlich von ihrem Kinde – ererbt habe, was ihr Kind zunächst von seinem Vater geerbt hatte (§ 2018 – Anspruchsnorm! – mit § 1924 I, 1925 I)[11]. Um als vor dem „Erbfalle geboren" gelten zu können, mußte

---

[8] Sache im Sinne des ABGB ist „alles, was von der Person unterschieden ist und zum Gebrauche der Menschen dient" (Art. 285). Dadurch wird der Anwendungsbereich des Sachenrechts bestimmt. Dasselbe geschieht durch ZGB 713.

[9] Ebenso ZGB 31 I, anders ABGB 22: Beginn der Rechtsfähigkeit schon mit der Empfängnis.

[10] A: ABGB 536, 538, 22; CH: ZGB 542, 544.

[11] A: ABGB 532, 823, 732, 735; CH: ZGB 560, 598 I, 457 I, 458 I.

das Kind aber einmal *rechtsfähig* gewesen sein, sonst hätte es niemals erben können. Deshalb ist nun für den Anspruch der Mutter gem. § 1 entscheidend, ob es vor oder erst nach „Vollendung der Geburt" gestorben war. *Ob* sie vollendet war, wird anatomisch ermittelt, meist durch Lungenprobe: Schwimmt die herausgenommene Lunge des toten Kindes, so hatte es geatmet, also außerhalb des Mutterleibes gelebt. Es hatte damit seinen Vater beerbt und seine Mutter zur Erbin gemacht.

Die lapidare *Feststellung* „Der Besitz geht auf den Erben über" (§ 857 BGB) ist zur Entscheidung des folgenden Falles bestimmt: Nach dem Tode E's wird sein Sohn S für dessen Erben gehalten. Tatsächlich ist es aber, auf Grund eines noch unbekannten Testamentes, sein Neffe N. S hat den Nachlaß in Besitz genommen und Kunstgegenstände daraus veräußert, ehe N von seinem Glück erfuhr. Diese Gegenstände kann nun N von den Erwerbern gem. § 985 (Anspruchsnorm!) als *sein* Eigentum herausverlangen. Zwar waren die Erwerber gutgläubig und hätten deshalb gem. § 932 das Eigentum auch von dem Nichteigentümer S erwerben können. N, der den Besitz an den Sachen bei ihrer Veräußerung *tatsächlich* gar nicht gehabt hatte, muß jedoch nach § 857 behandelt werden, *als ob* er ihn gehabt hätte[12]. Dann waren ihm die Sachen aber ohne seinen Willen aus seinem Besitz gekommen und konnten deshalb gem. § 935 nicht kraft guten Glaubens erworben werden[13].

Diese Beispiele mögen einen Eindruck davon vermitteln, in welcher Weise sich die verschiedenartigen Einzelnormen zur Entscheidung, dem Individualsatz, *zusammenfügen* und wie sie eben hierin ihre Bestimmung finden. – Ohne die angegebenen Vorschriften im Gesetzbuch nachzuschlagen, wird der Anfänger den Zusammenhang freilich nicht verstehen können.

III. Sollen die Rechtsnormen jedoch ein *sinnvolles* Gefüge ergeben, so dürfen sie einander nicht widersprechen. Ein und dasselbe Verhalten darf nicht zugleich *geboten* (oder doch gestattet) und *verboten* sein. Widerspricht sich der Gesetzgeber nicht in ein und demselben Gesetz, so gibt es zur Lösung von *Normenkonflikten* drei einleuchtende Rangregeln:

---

[12] Daß hier in Wahrheit noch etwas anderes vorliegt, kann erst in § 16 gezeigt werden.
[13] Für die Schweiz siehe ZGB 560 II, 641 II, 933, 934 I. Anders ist die Rechtslage in Österreich; denn nach ABGB 367 ist ein gutgläubiger Erwerb möglich.

1. *Lex superior derogat legi inferiori:* untergeordnetes Recht weicht übergeordnetem. Verfassungsbestimmungen gehen also einfachem Gesetz, Gesetz geht Verordnungsrecht vor, Recht des Bundesstaates dem seiner Gliedstaaten (soweit die Zuständigkeit des Bundes reicht): „Bundesrecht bricht Landesrecht" (Art. 31 GG)[14].

2. *Lex posterior derogat legi priori:* späteres Recht setzt früheres außer Kraft. Denn wer Gesetze erlassen hat, kann sie grundsätzlich auch aufheben. Erläßt also der Gesetzgeber Bestimmungen, die früherem Recht widersprechen, so *hat* er es insoweit aufgehoben.

3. *Lex specialis derogat legi generali:* Sonderbestimmungen gehen allgemeinen Regelungen vor. Denn wäre es etwa umgekehrt, so könnte sich der Gesetzgeber die Mühe spezieller Regelungen sparen.

Aber freilich sind diese Regeln leichter einzusehen als anzuwenden. Denn welchen Rang haben sie nun selbst untereinander? Den der soeben gewählten Reihenfolge? Geht aber eine *lex posterior generalis* in allen Fällen auch einer *lex specialis prior* vor? Nur der *Sinn* der jeweils miteinander in Konflikt stehenden Bestimmungen kann solche Fragen beantworten. Und sind es gar Bestimmungen desselben Gesetzes, so ist die Auslegung *allein* auf die Erforschung dieses Sinnes, der *meaning* des Gesetzes angewiesen. Sie darf dann nicht ruhen, ehe sie ihn nicht hinter dem vielleicht verfehlten Ausdruck aufgefunden, den vermeintlichen Widerspruch als bloßen Schein der Worte dargetan hat. Denn daß der Gesetzgeber sich selbst habe widersprechen *wollen*, kann nicht angenommen werden.

§ 12. Der Sinn des Gesetzes

I. Ist nun aber der Sinn des Gesetzes, seine *meaning*, mit dem Willen des Gesetzgebers gleichzusetzen?

---

[14] CH: BV Übergangsbestimmungen Art. 2. Dem österreichischen Verfassungsrecht ist diese Regelung nicht zu entnehmen. Man geht von einer Gleichrangigkeit von Bundesrecht und Landesrecht aus.

1. Denken wir uns den Gesetzgeber als einen absoluten König, der seine Gesetze nicht nur unterschreibt, sondern auch selber formt; unterstellen wir ihn zudem als einen guten Juristen und einen Meister seiner Sprache. So wird ein Gesetz, das er erläßt, der optimale Ausdruck seines Willens sein. Aber ein Meister der Sprache sprach aus, was nicht nur Dichter und Denker erfahren haben:

„Das eigentliche Leben eines Gedankens dauert nur, bis er an den Grenzpunkt der Worte angelangt ist: da petrificirt er, ist fortan todt, aber unverwüstlich, gleich den versteinerten Thieren und Pflanzen der Vorwelt. Auch dem des Krystalls, im Augenblick des Anschießens, kann man sein momentanes eigentliches Leben vergleichen.

Sobald nämlich unser Denken Worte gefunden hat, ist es schon nicht mehr innig, noch im tiefsten Grunde ernst. Wo es anfängt für Andere dazusein, hört es auf, in uns zu leben; wie das Kind sich von der Mutter ablöst, wann es ins eigene Dasein tritt. Sagt doch auch der Dichter:
,Ihr müßt mich nicht durch Widerspruch verwirren!
Sobald man spricht, beginnt man schon zu irren'."[1]

Was jener König wollte, im *Sinne* führte, hat sich in seinem Gesetz „niedergeschlagen". Doch ist es jetzt nicht mehr *sein* Sinn: es ist der des *Gesetzes.* Der (subjektive) Sinn jenes Königs und der (objektive) Sinn seines Gesetzes sind eben nicht dasselbe. Ein Ausdruck kann nicht nur mißlingen: kein Ausdruck ist völlig eindeutig; welche seiner möglichen Bedeutungen war gemeint? Ändern sich andere Teile der Rechtsordnung, so treten neue Bedeutungsmöglichkeiten auf; welche soll *jetzt* gemeint sein?

Lebt jener König noch, so kann man ihn befragen und kann er sein Gesetz „authentisch" interpretieren (wie Justinian und seine Räte es drei Jahrzehnte lang getan haben). Doch ist man sicher, daß eine spätere Auslegung, selbst die des Urhebers, noch immer seinen *früheren* Willen wiedergibt und nicht schon eine (rückwirkende) Gesetzesänderung enthält? Und wie gar, wenn er verstorben ist und seine *Nachfolger* ihn interpretieren? Je mehr Zeit

---

[1] *Schopenhauer,* Parerga und Paralipomena II § 275. Der Goethevers findet sich in Weimar. Ausgabe II, S. 279 (Epigrammatisch; Spruch, Widerspruch).

verstreicht, um so mehr ändern sich aber auch die Dinge,
wodurch wiederum neue Auslegungen möglich und *nötig*
werden.

Der *moderne* Gesetzgeber gar ist nur als Parlament greifbar, in
dem eine Mehrheit für einen Text gestimmt hat, den ein Ministe-
rium und (oder) eine Kommission, zuweilen auch ein Einzelner
redigiert hatte. Doch wenn es selbst ein einzelner Ministerialrat
war (der sogar einen Kommentar zu „seinem" Gesetz geschrieben
hat, wie es in Deutschland[2] nicht selten ist): wie haben die *Abge-
ordneten* den Text verstanden, als sie für ihn stimmten? Vielleicht
auch untereinander in verschiedenem Sinne? Und wessen Meinung soll nun die Absicht des *Gesetzgebers* sein? Hier gibt es
niemanden, der „authentisch" interpretieren könnte; Gesetzgeber
ist keiner der Beteiligten, sind auch nicht sie alle zusammen:
Gesetzgeber ist das Abstraktum *Staat*.

Trotzdem wird den Protokollen[3] der gesetzgebenden Körperschaften,
den Kommissionsberichten und Denkschriften der Ministerien[4] sowie
den „Referentenkommentaren" in der Praxis zu Recht erhebliche Bedeutung beigemessen. Verbindlich aber sind sie nicht: Willensäußerung des
Gesetzgebers bleibt der Gesetzestext allein.

2. So hat juristische Textauslegung einen anderen Sinn, als ihn
philologische und historische hat. Der Historiker hat zu ermitteln, was der Verfasser oder seine Zeitgenossen bei jenem Text
gedacht haben; für ihn ist *das* der Sinn, in dem er zu verstehen
ist. Wie er ihn selbst verstehen würde, ist für den *Historiker*
belanglos.

Anders dagegen, wenn der Nachfahre eine Dichtung weiterdichtet
(indem er sie etwa in eine neue Form gießt) oder an einem philosophischen Gebäude denkend weiterbaut: hier kann er zu dem Ergebnis
kommen, daß er das Werk des Meisters „besser verstehe" als dieser
selbst. Und wenn das auch, historisch gesehen, kaum möglich ist, so

---

[2] Auch in Österreich ist der sog. Referentenkommentar verbreitet, in der Schweiz
hingegen ist er eher selten.

[3] A: Stenographische Protokolle; CH: Stenographisches Bulletin (StenBull.).

[4] A: Regierungsvorlagen (RV); CH: Bundesratsbotschaften zu den jeweiligen
Gesetzentwürfen.

kann es doch sehr wohl ein „fruchtbares Mißverständnis" sein. Wären sie nicht immer wieder neu gedeutet worden, so lebten Platon und Aristoteles nicht mehr.

Dieser Art aber ist auch *juristische* Auslegungskunst. Was die „Verfasser" des Gesetzes und ihre Mitarbeiter persönlich dachten, ist für den Juristen nur Erkenntnis*mittel*, nicht Erkenntnis*zweck*. Erkenntnismittel, weil in den Gesetzgebungsmaterialien (z. B. den „Motiven" und „Protokollen" zum BGB[5]) immer wieder wertvolle Gesichtspunkte zu finden sind; Argumente und Gegenargumente, die noch heute (oder auch *erst* heute!) überzeugen. Verbindlich aber sind diese Motive nicht. Sie „gelten" für uns nicht anders, als etwa das *Corpus iuris* in Frankreich gegolten hatte: *imperio rationis, non ratione Imperii*[6]. Verbindlich ist nur das Gesetz, und zwar so, wie es sich den Angehörigen der jeweiligen Rechtsgemeinschaft darstellt.

Diese Auslegungsmethode nennt der *Jurist* die *objektive;* ihm gilt als „subjektiv", was der historische Gesetzgeber im Sinne hatte (weshalb er eine hierauf abstellende Auslegung als *subjektiv* bezeichnet). Die subjektive Auslegung wendet er nur dann an, wenn es sich nicht um Willensäußerungen in Form generell-abstrakter Rechtssätze, sondern allein um Willensäußerungen in Form individuell-konkreter Rechtsgeschäfte handelt. Einseitige Rechtsgeschäfte wie Testamente oder zweiseitige Rechtsgeschäfte, d. h. Verträge werden subjektiv ausgelegt, weil es hier nur auf die individuellen Intentionen derjenigen ankommt, die die Willenserklärung abgegeben haben (s. § 133 BGB[7]). Mag bei objektiver Beurteilung unter einer bestimmten Vertragsklausel auch etwas anderes zu verstehen sein: haben beide Vertragsparteien damit

---

[5] Siehe *B. Mugdan*, Die gesamten Materialien zum Bürgerlichen Gesetzbuch, 5 Bde., 1899; A: Julius Ofner: Der Urentwurf und die Beratungsprotokolle des ABGB, 1889; CH: Protokolle der Expertenkommissionen zum ZGB und OR.
[6] Gemäß der Herrschaft der Vernunft, nicht wegen der Vernünftigkeit der Herrschaft.
[7] A: ABGB 914; CH: OR 18 I. Dazu RGZ 99, 147: Haakjöringsköd heißt auf norwegisch: Haifischfleisch. Beide Parteien eines Handelskaufs verstanden darunter aber Walfischfleisch.

einen bestimmten Sinn verbunden, so gilt ihr übereinstimmender
Wille, nicht der Wortlaut der Klausel. Nur wenn der Wille der
Kontrahenten differiert oder wenn bei einer empfangsbedürftigen
Willenserklärung wie z. B. einer Kündigung der Empfänger diese
anders verstanden hat, dann gilt mit Rücksicht auf die Verkehrssicherheit das Vertrauensprinzip (§ 157 BGB[8]). Derjenige Sinn der
Erklärung ist maßgeblich, den der Empfänger damit verbinden
durfte, sollte ihm der abweichende subjektive Sinn nicht aus
anderen Umständen bekannt sein. Gleiches gilt, wenn die Erklärung lückenhaft ist oder die Beteiligten sich über ihren Sinn keine
klare Vorstellung gemacht haben.

3. Beim Gesetz ist demgegenüber stets vom objektiven Sinn
auszugehen. Doch auf welchen Zeitpunkt soll dabei abgestellt
werden: auf den Zeitpunkt seines Erlasses oder auf den Zeitpunkt
seiner Auslegung?

Beide Methoden haben ihre Nachteile. Stellt man auf den
objektiv-entstehungszeitlichen Sinn ab und damit auf das Verständnis der Rechtsgemeinschaft zum Zeitpunkt der Gesetzgebung, dann verhindert man die Fortentwicklung des Rechts im
Sinne seiner Anpassung an zwischenzeitlich veränderte soziale
Verhältnisse oder Wertungen. Stellt man hingegen auf den *objek-
tiv-geltungszeitlichen* Sinn ab und damit auf das Verständnis der
Gegenwart, dann erreicht man zwar zeitgerechte Entscheidungen,
aber möglicherweise nur unter Preisgabe der Rechtssicherheit.
Denn Recht hat wesentlich die Aufgabe, die Stabilität des Sozialle-
bens zu gewährleisten, ist also von Hause aus konservativ. Drasti-
sche Änderungen jedenfalls sind Sache einer Reformgesetzgebung
und nicht Aufgabe der Auslegung des geltenden Rechts, will man
der Gefahr der Rechtsunsicherheit begegnen und an einer Funk-
tionenteilung von Gesetzgebung und Rechtsprechung im Hinblick
auf deren demokratische Legitimierung festhalten.

Beide Prinzipien müssen daher zum Ausgleich gebracht werden. Dies kann geschehen, indem man vom historischen Normzweck ausgeht, also vom Regelungsplan, wie er dem Gesetz zur

---

[8] A: ABGB 914; CH: ZGB 2 I.

Zeit seines Erlasses zugrunde lag. Dieser Regelungsplan kann dann auf veränderte oder neue Sachverhalte angewandt werden. Auch die Wertvorstellungen der damaligen Zeit können weiter entwickelt werden, wie eine Dichtung weitergedichtet, ein philosophisches Lehrgebäude weitergedacht werden kann. Doch stets muß am Regelungsplan in seinem Kernbereich, am Normzweck, festgehalten werden[9]. Platon darf nicht so gelesen werden, als enthielte er schon Hegel. Das BGB darf nicht so gelesen werden, als sei die beabsichtigte grundlegende Reform des Schuldrechts bereits erfolgt.

II. Eine Auslegung, die nicht in Wahrheit Gesetzgebung ist, muß also den Normzweck ermitteln und darf den Regelungsplan des historischen Gesetzgebers nur in seinen Randbereichen fortbilden. Dazu stehen nach herkömmlicher Auffassung vier Methoden zur Verfügung: die grammatische, die systematische, die historische und die teleologische.

1. Die *grammatische Interpretation* ist eine Auslegung nach dem Wortsinn. Jeder Begriff enthält einen eindeutigen, unzweifelhaften Inhalt, den Begriffskern. So ist z. B. der von Menschen gehaltene Hund ohne Zweifel ein Haustier im Sinne von § 833 Satz 2 BGB. Auch ermöglicht uns der Begriff (Definition = Begrenzung, vgl. o. § 9 III), einen bestimmten Bereich dem Wortsinn nach auszuschließen. So sind z. B. frei umherfliegende Vögel, auch wenn man sie zu füttern pflegt, ohne Zweifel keine Haustiere. Fast jeder Begriff, außer Name und Zahl, hat jedoch auch einen Begriffshof, in dem die Reichweite zweifelhaft ist. Ist z. B. die Biene ein Haustier?[10] In solchen Zweifelsfällen sind dann weitere Auslegungsmethoden heranzuziehen. Doch selbst wenn der Wortlaut sprachlich eindeutig ist: stets dient die grammatische Interpre-

---

[9] Man hat hier die Unterscheidung zwischen Strategie (an der festzuhalten ist) und Taktik (die verändert werden kann) herangezogen (*A. Meier-Hayoz*, Strategische und taktische Aspekte der Fortbildung des Rechts, JZ 1981, S. 417–423), näher dazu § 25 VI.

[10] Dazu RGZ 158, 388. Das im folgenden behandelte Beispiel der Haftung für einen Bienenschwarm ist dem sehr nützlichen Buch von *Dieter Schmalz:* Methodenlehre für das juristische Studium, 3. A. 1992, S. 121–123, entnommen.

tation nur einer ersten Orientierung und zeigt nur die möglichen Auslegungsergebnisse auf. Denn „höher als der Wortlaut des Gesetzes steht sein Sinn und Zweck" (BGHZ 17, 275). Unter „eigen*händigem*" Testament ist also auch das „eigen*füßige*" zu verstehen[11].

2. Eine Möglichkeit, den Begriffshof zu klären, ist die Erschließung des Wortsinnes aus dem Kontext. Damit geht die grammatische Interpretation in die *systematische Interpretation* über. Diese ist eine Auslegung nach dem Bedeutungszusammenhang der gesamten Rechtsordnung. Hier ist das Gebiet der sog. juristischen Logik. Sie geht zunächst von der Annahme aus, daß die Rechtsordnung in sich widerspruchslos sein muß. Wenn z. B. nach § 133 BGB bei der Auslegung von Willenserklärungen auf den „wirklichen Willen" abgestellt werden soll, so kann hier nicht der innere, gar nicht nach außen zum Ausdruck gebrachte, sondern nur der erklärte Wille gemeint sein. Andernfalls wäre § 119 Abs. 2 BGB überflüssig, der bei einer Abweichung des inneren vom erklärten Willen die Anfechtung wegen Irrtums zuläßt. Bleiben jedoch durch derartige Auslegung nicht zu beseitigende Widersprüche bestehen, so werden sie nach den drei Rangregeln aufgelöst, die wir in § 11 III kennengelernt haben, nämlich (1) untergeordnetes Recht weicht übergeordnetem Recht, (2) früheres Recht weicht späterem Recht und (3) Sonderbestimmungen gehen allgemeinen Bestimmungen vor. Ein besonderer Anwendungsfall des Satzes vom Primat übergeordneten Rechts ist die *verfassungskonforme Auslegung*. Im Zweifel ist diejenige Bedeutung einer Norm zu wählen, die der Verfassung am besten entspricht; aber auch bei Eindeutigkeit ist die Norm auf den Sinn zu reduzieren, der mit der Verfassung vereinbar ist, so daß man nicht zur Annahme der Verfassungswidrigkeit der gesamten Norm genötigt ist.

Zur juristischen Logik gehören aber insbesondere die „juristischen Schlußfiguren", nämlich der Größenschluß und der Umkehrschluß. Der *Größenschluß* arbeitet mit dem *argumentum a*

---

[11] Siehe *B. Schnyder:* Entgegen dem Wortlaut, in: 100 Jahre Schweizerisches Bundesgericht, Basel 1975, S. 29–38 (31).

maiore ad minus (Schluß vom Größeren auf das Kleinere) und dem *argumentum a minore ad maius* (Schluß vom Kleineren auf das Größere). In einer umfassenden Berechtigung sind „erst recht" auch enger gefaßte Rechte mit enthalten, und sind schon kleinere Beeinträchtigungen verboten, so „erst recht" auch größere. Der *Umkehrschluß (argumentum e contrario)* liest in die gesetzliche Regelung ein „nur" hinein und behauptet, aus der Tatsache, daß der Gesetzgeber eine bestimmte Rechtsfolge nur an einen bestimmten Tatbestand geknüpft habe, müsse geschlossen werden, daß er einen anderen Tatbestand auf diese Weise eben nicht habe regeln wollen („beredtes Schweigen des Gesetzes"). Er richtet sich mithin gegen die gegenteilige Behauptung, daß nämlich der gesetzlich nicht aufgeführte Tatbestand entsprechend zu behandeln sei, weil der Gesetzgeber ihn ebenfalls so behandelt haben würde, hätte er an ihn gedacht (entsprechende Anwendung oder *Analogie*, vgl. u. III 1). Beide Schlußfolgerungen sind nicht als solche überzeugend, sondern bedürfen erst noch näherer Begründung, die den übrigen Auslegungselementen entnommen werden muß. So sagt die Tatsache, daß in § 961 BGB die Biene wie ein wildes Tier behandelt wird (§ 960 Abs. 2 BGB), für die Tierhalterhaftung nach § 833 S. 2 BGB noch nichts aus; denn dies betrifft unmittelbar nur die Frage des Herrenloswerdens eines Bienenschwarmes. Man könnte zwar daraus schließen, daß das BGB Bienen als wilde Tiere und nicht als Haustiere behandelt wissen will. Doch wäre es logisch ebenso überzeugend, § 961 als Sonderregelung anzusehen, die gerade deshalb notwendig wurde, weil das BGB Bienen gerade nicht als gefangene wilde Tiere im Sinne des § 960 Abs. 2 betrachtet.

3. Die *historische Interpretation* ermittelt den Regelungszweck, den der konkrete Gesetzgeber mit der betreffenden Norm verbunden hat, d. h. den Sinn der Norm aufgrund ihrer geschichtlichen Entwicklung und Entstehung. So ist z. B. festzustellen, daß bei den Beratungen des Reichstages zu § 833 S. 2 BGB ein Antrag, den Bienen Haustiereigenschaft zuzusprechen, ausdrücklich abgelehnt wurde (RGZ 141, 407). Je älter ein Gesetz ist, desto weniger Bedeutung wird die historische Auslegung haben. Doch bedarf es überzeugender Argumente, um über einen festgestellten konkre-

ten Willen des Gesetzgebers hinwegzugehen. Und ist die Regelung
erst jüngeren Datums, so ist das nur in den Fällen verfassungskon-
former Auslegung möglich, da die Rechtsprechung gemäß Verfassung Gesetz und Recht unterworfen ist (Art. 20 Abs. 3 GG).

4. Entscheidend ist hingegen jeweils die *teleologische Interpretation* (von *gr.* telos = Ziel, Zweck), d. h. die Auslegung nach Sinn
und Zweck der Rechtsnorm. Denn die Feststellung des Wortsinnes führt meist erst auf die Problematik hin und bringt in Zweifelsfällen keine Lösung. Die systematische Interpretation ergibt häufig
keine Anhaltspunkte, auch bedarf die sog. juristische Logik erst
noch einer Begründung. Die Entstehungsgeschichte ist häufig
unklar und muß auf die Notwendigkeit einer Rechtsfortbildung
hin überprüft werden. Daher muß in aller Regel eine Normzweckprüfung erfolgen.

Diese geht zunächst historisch vor: welche geschichtlich fest-
stellbare Interessenlage liegt der Norm zugrunde und welchem
Interesse hat der Gesetzgeber den Vorrang eingeräumt (Interes-
senforschung)? Warum hat der Gesetzgeber diese Bewertung so
vorgenommen (Zweckforschung)? Trafen die Annahmen des damaligen Gesetzgebers über die Interessenlage zu und haben sich
seine Erwartungen, die er mit der gesetzlichen Regelung verband,
erfüllt (Wirkungsforschung: das „soziologische Element" der
Auslegung)? Dann wird bei etwas älteren Gesetzen gegenwartsbe-
zogen gefragt: ist die Interessenlage heute noch die gleiche? Hat
die Anwendung des Gesetzes gemäß dem alten Regelungsplan
heute noch die damit bezweckten Auswirkungen? Müssen angesichts veränderter Umstände die Mittel der Zweckerreichung oder
die Zweckvorstellung selbst verändert werden?

Indessen lassen sich diese Gedankenstufen nur theoretisch auf-
gliedern. Im praktischen Fall geht vieles ineinander über oder sind
manche Untersuchungsstufen überflüssig. Verbietet z. B. ein
arbeitsrechtliches Gesetz die Beschäftigung von Minderjährigen in
Nachtschicht, so würde es gegen den Schutzzweck verstoßen,
wenn man einen verbotswidrig abgeschlossenen Schichtarbeitsver-
trag für völlig unwirksam ansehen würde, wie dies der Wortlaut

des § 139 BGB[12] nahelegt. Vielmehr muß der Vertrag aufrechterhalten und die Schichtarbeit durch Tagschicht ersetzt werden. § 139 BGB ist deshalb entgegen seinem Wortlaut einschränkend dahin auszulegen, daß bei Gesetzesverstößen die völlige Nichtigkeit entgegenstehender Verträge nur dann eintritt, wenn dies dem Schutzzweck der Verbotsnorm entspricht. Diesen Vorgang der einschränkenden Auslegung des eindeutigen Wortlauts einer Norm im Hinblick auf ihren Sinn und Zweck nennt man *teleologische Reduktion*[13].

Häufig wird man bei systematischer Auslegung zum Ergebnis kommen, daß eine bestimmte Vorschrift die *Ausnahmeregelung* einer anderweitigen, allgemeinen Regelung darstellt. Dann findet man bei angesehenen Autoren und in höchstrichterlichen Entscheidungen gelegentlich die Argumentation: die fragliche Norm ist eine Ausnahmevorschrift und *daher* einschränkend auszulegen. Dieser Satz ist beklagenswert falsch. Wie jeder formallogische Satz bedarf er erst der Begründung. Kommt man nämlich bei der Auslegung einer Ausnahmevorschrift nach ihrem Zweck zum Ergebnis, daß der erkennbare Zweck der Ausnahme weiterreicht, als der eindeutige Wortlaut der Vorschrift, dann ist diese Vorschrift selbstverständlich weit auszulegen[14]. Das gilt auch für das öffentliche Recht (einschließlich des Strafrechts)[15]. Ebenso falsch daher der vielgebrauchte Satz: In dubio pro libertate[16].

Lösen wir nunmehr den Bienen-Fall[17], so wird man feststellen, daß § 833 S. 2 BGB eine Ausnahme von § 833 S. 1 darstellt. Nach S. 1 wird in der Frage der Ersatzpflicht den Interessen des Geschädigten der Vorrang vor den Interessen des Tierhalters eingeräumt.

---

[12] A: ABGB 879; CH: etwas anders OR 20 II.

[13] In der Schweiz verweist man hierzu auf ZGB 2 II.

[14] Dazu RGZ 162, 244 ff. Siehe aus jüngerer Zeit BGHZ 99, 162: Ausdehnung der Zitierfreiheit in UrhG 51 Nr. 2 auf Filme.

[15] Zum öffentlichen Recht im Gegensatz zum Privatrecht siehe § 13 IV, V 2.

[16] Im Zweifel für die Freiheit (von Staatseingriffen, also: im Zweifel für den „rechtsfreien Raum“).

[17] In Österreich und der Schweiz ist die Haftung für einen Bienenschwarm eindeutiger geregelt, siehe ABGB 384; ZGB 700 II; 719 III, 56; 725 II.

Dahinter steckt als Regelungsplan, daß derjenige, der durch Tierhaltung für andere eine Gefahrenlage schafft, aus der er Nutzen
zieht, für die dadurch eintretenden Schäden haften soll. Bei S. 2 ist
die Interessenlage insoweit abweichend, als für die Tierhaltung
zum Zwecke des Berufs oder Erwerbs eine Notwendigkeit besteht
und der Tierhalter, weil er das Tier braucht, auf dieses besonders
gut aufpassen wird. Deshalb stellt das Gesetz hier den Tierhalter
von der Haftung frei, falls er die erforderliche Sorgfalt beobachtet
hat. Fragt man nun, ob dieser Ausnahmezweck auch für den Fall
des Imkers zutrifft, so stellt man fest, daß zwar für den Berufs-
imker die Notwendigkeit besteht, Bienen zu halten, daß er aber
andererseits keine Möglichkeit hat, auf das Verhalten seiner Bienen
Einfluß zu nehmen. Wollte man den Imker in den Schutzbereich
des § 833 S. 2 einbeziehen, so könnte sich dieser in aller Regel
exkulpieren, weil Bienen praktisch nicht überwacht zu werden
brauchen. Damit würde die auch für Bienen in § 833 Abs. 1
angeordnete Tierhalterhaftung praktisch außer Kraft gesetzt (Ergebnisbeurteilung)[18]. Das aber wäre mit dem Normzweck der
Regelung über die Tierhalterhaftung nicht vereinbar. Obwohl
Bienen also dem Wortsinn nach noch als Haustiere bezeichnet
werden können, spricht die Entstehungsgeschichte und der Normzweck des § 833 BGB dagegen, sie als Haustiere im Sinne von S. 2
anzusehen. Ein Imker muß daher stets für den Schaden aufkommen, den seine Bienen verursachen.

III. Nicht immer wird die Auslegung des geltenden Rechts
zum Erfolg führen. Das Gesetz kann bewußt oder unbewußt
Lücken gelassen haben, indem der zu entscheidende Fall von
keiner Norm ihrem Regelungsplan nach erfaßt wird (Lücken
praeter legem). Das Gesetz kann aber auch innerhalb seiner Regelungen auf konkrete Anordnungen verzichtet haben und mit
Generalklauseln arbeiten (Lücken intra legem, „Gummipara-
graph").

---

[18] Zur Ergebnisbeurteilung als Auslegungsprinzip siehe *Christina Coles:* Folgen-
orientierung im richterlichen Entscheidungsprozeß, 1991; *Hans-Joachim Koch /
Helmut Rüßmann:* Juristische Begründungslehre, 1982, S. 227–236.

1. *Lücken innerhalb gesetzlicher Regelungen* treten in den vielen Fällen auf, wo das Gesetz auf außerrechtliche Sozialordnungen verweist wie auf die Verkehrssitte (§§ 157, 242 BGB, 346 HGB)[19] oder die guten Sitten (§§ 138, 826 BGB, 1 UWG)[20] oder wenn es mit unbestimmten Rechtsbegriffen[21] arbeitet, z. B. wenn es vom Schutz der „Würde des Menschen" (Art. 1 GG) oder vom „wichtigen Grund" für eine außerordentliche Kündigung spricht (§ 626 BGB). Hier ist einer der Anwendungsbereiche für eine soziologische Jurisprudenz, die von einer Bestandsaufnahme der in der Rechtsgemeinschaft herrschenden sozialen Gewohnheiten und Überzeugungen ausgehen muß und nur in Sonderfällen von den herrschenden Wertvorstellungen abweichen darf, insbesondere wenn die Wertungen mit anerkannten Prinzipien der übrigen Rechtsordnung in Widerspruch stehen[22].

2. *Lücken neben dem Gesetz* sind nur gegeben, wenn das Gesetz eine *planwidrige Unvollständigkeit* aufweist, mit den Worten des schweizerischen Bundesgerichts: wenn der Gesetzestext „nach den dem Gesetze zugrunde liegenden Wertungen und Zielsetzungen als unvollständig und daher ergänzungsbedürftig erachtet werden muß" (BGE 102 I b 225). Das ist nicht der Fall, wenn der Gesetzgeber ein Rechtsinstitut oder eine Rechtsfolge nicht erwähnt, weil er sie nicht zulassen will („beredtes" oder *qualifiziertes Schweigen*, sog. unechte Lücke). Echte Lücken können bewußt oder unbewußt entstehen. Oft findet sich in den Materialien bestimmter Gesetze der Hinweis, man wolle eine bestimmte Frage ausklammern und sie Rechtsprechung und Wissenschaft überlassen. Oft scheut man auch aus politischen Gründen, bestimmte Probleme anzupacken. Beispiel dafür ist die fehlende Regelung des Arbeitskampfrechts, das völlig der Rechtsprechung überlassen blieb. Unbewußte Lücken entstehen dadurch, daß der

---

[19] A: HGB 346; CH: OR 73 I, 81 II, 158 II (Übung, Ortsgebrauch).

[20] A: ABGB 879 I, 1295 II, UWG 1; CH: OR 20 I, 41 II, 230.

[21] A: ABGB 16 f. (angeborene natürliche Rechte), 1162 (wichtiger Grund), StGB 42 Ziff. 2 (unbedeutende Folgen der Tat); CH: ZGB 28 I (persönliche Verhältnisse), OR 337 (wichtiger Grund), StGB 20 (zureichende Gründe).

[22] Vgl. dazu des näheren *M. Rehbinder:* Rechtssoziologie, 3. A. 1993, S. 12–32.

Gesetzgeber bestimmte Fallgestaltungen übersehen hat oder daß nachträglich durch veränderte Umstände Regelungslücken des Gesetzes zu Tage treten. Beispiel für letzteres wäre die Regelung des Rechts auf ein menschenwürdiges Sterben, die erst mit dem Fortschritt der medizinischen Technik dringlich wurde.

Gegen Ausgang des vorigen Jahrhunderts hat man angesichts der neuen großen Kodifikationen Lücken neben dem Gesetz formallogisch dadurch schließen wollen, daß man die gesetzliche Regelung für abschließend erklärte, so daß Ansprüche, die im Gesetz keine Grundlage finden, eben nicht zuzuerkennen seien (Dogma von der Lückenlosigkeit der Rechtsordnung)[23]. Diese Auffassung wurde jedoch sehr bald mit Hilfe der Freirechtslehre überwunden, die im Falle echter, d. h. nicht durch Auslegung zu überwindender Lücken[24], dem Richter die Aufgabe der Rechtsfortbildung zusprach. Im Jahre 1907 wurde diese Lehre im schweizerischen Zivilgesetzbuch sogar gesetzlich anerkannt (Art. 1 Abs. 2 ZGB)[25].

Das wichtigste Mittel, eine echte Lücke neben dem Gesetz zu schließen, ist die *Analogie,* d. h. die entsprechende Anwendung von Rechtsgedanken, die für einen ähnlich liegenden Fall im Gesetz zu finden sind. Voraussetzung ist, daß der Gesetzgeber den zu lösenden Fall nicht absichtlich deshalb ungeregelt ließ, weil er eben keine entsprechende Regelung wünschte. Dann nämlich wäre der Umkehrschluß gerechtfertigt. Es muß also von einem Regelungsbedürfnis gesprochen werden können. Die Zulässigkeit oder Unzulässigkeit der Analogie ergibt sich dann aus der Tragweite des in der Rechtsordnung aufgefundenen Prinzips. Es ist daher eine Normzweckprüfung der herangezogenen Vorschrift erforderlich, und die Interessenlage des ungeregelten Falles muß ähnlich sein. Auch kann die historische Auslegung ergeben, daß die gesetzliche Regelung nach dem Sinne des Gesetzgebers eigentlich

---

[23] *Karl Bergbohm:* Jurisprudenz und Rechtsphilosophie, 1892.
[24] Dazu näher *Claus Wilhelm Canaris:* Die Feststellung von Lücken im Gesetz, 2. A. 1983.
[25] Siehe insbesondere *Arthur Meier-Hayoz:* Der Richter als Gesetzgeber, Zürich 1951.

hätte weitergefaßt werden sollen, so daß ein sog. Redaktionsversehen des Gesetzgebers vorliegt. Ferner läßt sich die Analogie häufig durch Größenschlüsse rechtfertigen. Z. B. kann Entschädigung analog § 904 S. 2 BGB verlangt werden, wenn jemand in einer Notsituation in nichtvermögenswerte Rechtsgüter eines anderen (Körper und Freiheit) eingreift; „denn wenn schon der Inhaber von bloßen Sachwerten als Ausgleich für seine Verpflichtung, einen Eingriff zu dulden, einen Ersatzanspruch gegen den Begünstigten hat, muß dies mindestens in gleichem Maße gelten, wenn jemand den Eingriff in ein persönliches Rechtsgut hinnehmen muß" (Canaris, JZ 1963, S. 658). Auch hier ist jedoch noch eine Folgenbetrachtung (Ergebnisbeurteilung) geboten. Nicht zu Unrecht bezeichnet man die Analogie als Fortsetzung der Auslegung[26].

Unerlaubt ist die Analogie aus besonderen Gründen im Strafrecht, wenn sie sich zum Nachteil des Täters auswirkt (Art. 103 GG[27], vgl. u. § 28 II); überflüssig ist sie in Fällen, wo ursprünglich mittels Analogie begründete Rechtsfiguren bereits als Richterrecht eigenständige Rechtsqualität erlangt haben (z. B. die culpa in contrahendo oder die positive Forderungsverletzung, vgl. u. § 28 III). Hier ist zwar das Gesetz, nicht aber die Rechtsordnung lückenhaft.

Sind keine analogiefähigen Vorschriften vorhanden, dann muß auf allgemeine Rechtsprinzipien zurückgegriffen werden, wenn der Fall als regelungsbedürftig angesehen wird. Das ist zum Glück nur selten der Fall. Art. 1 Abs. 2 und 3 des schweizerischen Zivilgesetzbuches sagt dazu: „Kann dem Gesetze keine Vorschrift entnommen werden, so soll der Richter nach Gewohnheitsrecht[28] und, wo auch ein solches fehlt, nach der Regel entscheiden, die er als Gesetzgeber aufstellen würde. Er folgt dabei bewährter Lehre

---

[26] Umfassend dazu A. W. *Heinrich Langhein:* Das Prinzip der Analogie als juristische Methode, 1992.

[27] In Österreich und in der Schweiz folgt dies aus dem Legalitätsprinzip von StGB 1. So kann die Fälschung eines Tonbandes nicht als Urkundenfälschung bestraft werden, denn diese setzt in CH-StGB 110 Nr. 5 eine „Schrift" voraus.

[28] Besser: Richterrecht, vgl. u. § 25.

und Überlieferung." Derartige allgemeine Rechtsprinzipien, die
Lehre oder Überlieferung zu entnehmen sind, sind jedoch von
allzu großer Allgemeinheit (z. B. der Grundsatz der Verhältnismäßigkeit, vgl. u. § 22 V). Will man sie näher konkretisieren, um aus
ihnen bestimmte Regelungen für bestimmte Sachverhalte abzuleiten, dann wird oft mit der „Natur der Sache" argumentiert (dazu
näher § 23). Die hier vor sich gehenden Denkvorgänge gehören
zum finstersten Kapitel der Rechtswissenschaft und bedürfen
dringend der Rationalisierung und Begrenzung[29]. Bisher bietet das
Vorgehen der Rechtsprechung in diesen Fällen ein Bild weitgehen-
der Beliebigkeit[30]. So wurde z. B. die Geschlechtsumwandlung
eines Transsexuellen trotz psychologischer Gebotenheit rechtlich
nicht anerkannt, weil Voraussetzungen und Folgen solcher Um-
wandlungen gesetzlich nicht geregelt seien (BGHZ 57, 63, 69 ff.),
weshalb der Gesetzgeber eingreifen mußte. Auf der anderen Seite
wird § 54 S. 1 BGB nicht mehr angewandt und der nicht rechtsfähige Verein dem Vereinsrecht unterstellt (BGHZ 50, 329).

IV. Eine derartige Rechtsfortbildung gegen den eindeutigen
Willen des Gesetzgebers (Entscheidung *contra legem*) war auch die
Außerkraftsetzung des § 253 BGB durch die Rechtsprechung zum
Persönlichkeitsrecht, wonach auch bei Persönlichkeitsverletzun-
gen Schmerzensgeld verlangt werden kann (BGHZ 26, 349).
Obwohl die Regelung des Gesetzes so eindeutig war, daß für eine
Auslegung kein Raum blieb, und der Richter nach der Verfassung
an Gesetz und Recht gebunden ist (Art. 20 Abs. 3 GG), wurde
derartiges Vorgehen als verfassungsgemäß angesehen (BVerfG 34,
269). Nur hat das Bundesverfassungsgericht keine klaren Kriterien
angeben können, wann der Richter nicht mehr an das Gesetz
gebunden ist. Als Richtschnur wird zu gelten haben, daß das

---

[29] Ansätze dazu durch Unterscheidung dreier Elemente der Regelbildung, nämlich
des realistischen (die Norm muß praktikabel sein), des ethischen (die Norm muß
gerecht sein) und des formalen (die Norm muß sich klar in die übrige Rechtsordnung einfügen), bei *P. Forstmoser / W. R. Schluep:* Einführung in das Recht, Bern
1992, S. 383 f.

[30] A: Siehe OGH EvBl 1975 Nr. 48 einerseits und OGH SZ 34/91 andererseits;
CH: siehe BGE 77 II 28 einerseits und BGE 100 II 245 andererseits.

positive Recht im Zweifel selbst dann anzuwenden ist, wenn es inhaltlich ungerecht und unzweckmäßig ist[31]. Nur bei einem unerträglichen Widerspruch zwischen seinen Regelungen und den Anforderungen der Gerechtigkeit ist eine Rechtsfortbildung contra legem als „richterliches Widerstandsrecht" erlaubt[32].

§ 13. Die Einteilung des Rechtsstoffes

I. Alle Rechtsnormen eines Staates stehen also in einem sinnvollen Zusammenhang, soll die Rechtsordnung funktionieren. Sie bilden ein Ganzes, von dem allein her die Teile zu begreifen sind. Indessen sind wir gar nicht imstande, das Ganze zu begreifen, ohne es vorher in seine Teile zerlegt, zergliedert zu haben. Jede solche Zergliederung ist aber, mehr oder weniger, künstlich. So wie die des menschlichen Körpers: der Laie meint, er zerfalle in Kopf, Rumpf und Gliedmaßen; der Anatom gliedert ihn in Bewegungsapparat, innere Organe, Nerven und Blutgefäße. Er kann ihn aber auch gemäß der embryologischen Herkunft der Organe oder, für andere Zwecke, nach wieder anderen Gesichtspunkten einteilen. Eine „natürliche" Gliederung des *Rechts* gibt es ebensowenig.

II. Freilich gruppieren sich die Normen um gewisse Einrichtungen, *Institutionen:* Staat, Parlament, Gerichtsbarkeit, Prozeß, Eigentum, Ehe, Erbgang, Strafe. Weniger zentrale Einrichtungen nennen wir „*Institute"*: Verwaltungsakt, Mehrheitsbeschluß, Klage, Urteil, Berufung, Pfandrecht, Schlüsselgewalt, Vermächtnis, Strafaussetzung und noch vieles andere.

Normen und Institutionen sind genetisch gleichzeitig und bedingen einander. Aber die Institutionen erhalten *Namen*, noch

---

[31] BVerfGE 82, 6 (12): „Hat der Gesetzgeber eine eindeutige Entscheidung getroffen, darf der Richter diese nicht aufgrund eigener rechtspolitischer Vorstellungen verändern oder durch eine judikative Lösung ersetzen, die so im Parlament nicht erreichbar war."

[32] *G. Radbruch:* Der Mensch im Recht, 1957, S. 119. In der Schweiz verweist man hier auf ZGB 2 II. Näher dazu *Jörg Neuner:* Die Rechtsfindung contra legem, 1992, und unten §§ 20 ff., 25 VI.

ehe die Normen formuliert werden; sie treten also früher in das
Licht des aktuellen Bewußtseins. Auch ändern sich die Namen
langsamer als die Normen: wenige Normen etwa des mittelalterlichen Eherechts gelten noch heute, die Institution aber heißt noch
immer „Ehe"; wie gewaltig sich das Strafrecht gewandelt hat,
haben wir bereits gesehen (o. § 7).

Friedrich Carl v. Savigny (1779–1861), der berühmteste der deutschen
Rechtsdenker, hielt deshalb die „Rechtsinstitute" für das Ursprüngliche
und ging von *ihnen* aus (System des heutigen Römischen Rechts, Bd. 1,
1840, S. 9 ff.). Auch ist es verständlich, wenn dort, wo das Interesse nicht
auf die juristische Technik, zumal auf die eines kodifizierten Rechts
gerichtet ist, die Institutionen, nicht die Normen, in den Vordergrund
treten. So vor allem bei *Soziologen* (*Eugen Ehrlich*, Grundlegung der
Soziologie des Rechts, 1913, 4. A. 1989) und *Anthropologen* (*Arnold
Gehlen*, der sein Werk Urmensch und Spätkultur, 2. Aufl. 1964, als eine
„Philosophie der Institutionen" verstanden wissen wollte); schließlich auf
einem Rechtsgebiet, wo bei einer Überfülle ständig wechselnder gesetzlicher Einzelvorschriften ein allgemeines Normengerüst noch immer weitgehend fehlt, wie dem *Verwaltungsrecht* (zumal in der Institutionentheo-
rie des französischen Staatsrechtlers *Maurice Hauriou*, 1856–1929)[1].

Unser Rechtsdenken ist *normativ;* spätestens durch die Kodifikationen mußte es das werden: Gesetzestext, Rechtsnorm und
Rechtssatz stehen für uns im Vordergrund. Mit ihnen ist logisch-
subsumtiv zu arbeiten, sie sind abstrakt-begrifflich. Die Institution, ein zugleich als seiend und seinsollend erlebtes relativ statio-
näres Gesamtgefüge aufeinander bezogener Handlungen und Normen, scheint hingegen aus dem Hintergrund und gleichsam als
Substanz durch die normativen Begriffe hindurch; sie ist konkret,
Idee, begrifflich schwer zu fassen. Nicht selten ist es die *Sache,* in
deren *Natur* man die Entscheidung sucht (vgl. u. § 23 III, IV).
Argumentationen aus der „Natur des Eigentums", dem „Wesen
der Bürgschaft" usw. sind sehr häufig; sollen sie nicht inhaltsleer
sein, setzen sie Institute und Institutionen als die normerzeugen-
den Ideen voraus.

---

[1] Siehe *Roman Schnur* (Hg.): Institution und Recht, 1968.

III. Als Inbegriff der Rechtseinrichtungen schlechthin wurden die „Institutionen" zum Titel der ersten „Einführung in die Rechtswissenschaft", die uns überliefert ist. Eine solche nämlich war das um die Mitte des 2. Jahrhunderts geschriebene kleine Buch des *Gajus:* Institutionum Commentarii quattuor. Von Justinian wurde es seinen „Institutiones" zugrunde gelegt. Es ist, 1816 von Barthold Georg *Niebuhr* in der Domkapitelbibliothek in Verona aufgefunden, die einzige römische Juristenhandschrift, die (annähernd) vollständig, nicht bloß in Digestenfragmenten, erhalten geblieben ist. Daher hat es für unsere Kenntnis des römischen Rechts überragende Bedeutung erlangt.

Gajus gliederte hier die Rechtsinstitute danach, ob sie sich auf Personen, auf Sachen oder auf Klagen (actiones) bezogen. Als – eine Generation später – *Ulpian* seine „Institutiones" schrieb, teilte er das Recht in öffentliches und privates *(ius publicum / ius privatum);* das öffentliche verteile sich auf Kulthandlungen, Priester und Beamte, das Privatrecht zerfalle in ius naturale, ius gentium und ius civile. *Ius naturale* sei, was die Natur alle Wesen gelehrt habe: die Geschlechtsverbindung, die wir Ehe nennen, Erzeugung und Erziehung des Nachwuchses; *ius gentium,* was allen Völkern gemeinsam sei; *ius civile,* was nach Abzug jener beiden Gruppen vom römischen Recht übrigbleibe: das besondere Recht der *römischen* Bürger (vgl. Digesten I, 1 u. 6).

Diese Begriffe wurden folgenreich: Öffentliches Recht / Privatrecht ist noch heute unsere Grundeinteilung. Das *ius naturale* hat, wenn auch mit gänzlich anderem (und wechselndem) Inhalt, Epoche gemacht (vgl. u. § 21). Das *ius gentium* wurde (mit gleichfalls verändertem Inhalt) zum Völkerrecht. „Zivilrecht" ist für uns mit „Privatrecht" praktisch synonym geworden, indem sich die Rezeption in besonderem Maße auf dieses bezog; „Zivilrecht" (in heute mißverständlicher[2] Übersetzung „bürgerliches Recht") ist unser Privatrecht römischer Herkunft.

IV. In der mittelalterlichen Welt war für die römische Scheidung zwischen Privatrecht und öffentlichem Recht kein Raum

---

[2] Weil nicht auf bourgois, sondern auf citoyen bezogen und damit nicht etwa nur auf eine bestimmte soziale Schicht der Staatsbürger.

gewesen. Die Frage etwa, welchem von beiden das Lehnsrecht zugehört habe, ist gar nicht zu beantworten. Erst mit der Durchbildung echter Staaten wurde sie sinnvoll und diente im Absolutismus dazu, die Eigensphäre des Staates abzusichern. Im preußischen Allgemeinen Landrecht, im beginnenden Wohlfahrtsstaat, verschwand sie, um im liberalen Rechtsstaat des 19. Jahrhunderts, nun aber mit entgegengesetzter Zielrichtung wiederzuerscheinen, nämlich um die Eigensphäre des Einzelnen *gegen* den Staat zu schützen. Seitdem gehört die Unterscheidung zu den politischen Grundbegriffen altliberalen Rechtsdenkens, und Staatsorganisation wie Gesetzgebung, insbesondere die Verteilung der Gesetzgebungskompetenz im Bundesstaat[3], sind noch heute an ihr ausgerichtet. Vor allem entscheidet sie über die Zuständigkeit der Gerichte: „alle bürgerlichen Rechtsstreitigkeiten" gehören gemäß § 13 Gerichtsverfassungsgesetz (GVG) vor die „ordentlichen Gerichte", „öffentlich-rechtliche Streitigkeiten" gemäß § 40 Verwaltungsgerichtsordnung (VwGO) vor die „Verwaltungsgerichte"[4]. Es ist also auch *praktisch* notwendig, „bürgerliche" Rechtsstreitigkeiten (d. h. „zivilrechtliche" und also „privatrechtliche") von solchen des öffentlichen Rechts unterscheiden zu können.

Die Definition der Digesten (I, 1, § 2: publicum ius est quod ad statum rei Romanae spectat, privatum quod ad singulorum utilitatem[5]) gibt dafür wenig her: auch der Staat dient letztlich dem Nutzen des Einzelnen, und *alles* Recht hat (heute wenigstens) *auch* auf den Staat Bezug. Man hat deshalb davon Abstand genommen, auf den Nutznießer, den Interessenten der jeweiligen Vorschriften abzustellen (sog. Interessentheorie, die auf das Gemeinwohl abstellte), und das öffentliche Recht statt dessen als das Recht der Gemeinwesen *als Hoheitsträger* bestimmt (Subjekttheorie): dem

---

[3] Siehe z. B. CH-ZGB 6 I: „Die Kantone werden in ihren öffentlich-rechtlichen Befugnissen durch das Bundeszivilrecht nicht beschränkt".

[4] A: § 1 JN; CH: VwVG 1, 5; OG 41 ff., 83 ff. und entsprechende Unterscheidungen in den kantonalen GVG und VwVG.

[5] Öffentliches Recht ist das, was sich auf den römischen Staat bezieht, Privatrecht ist das, was sich auf die Interessen der einzelnen bezieht.

öffentlichen Recht gehört danach jedes Rechtsverhältnis an, an dem ein Gemeinwesen *als Träger hoheitlicher Gewalt* (als Inhaber von *imperium*) beteiligt ist. Die Beteiligung des Staates, einer Körperschaft oder Anstalt des öffentlichen Rechts (vgl. u. § 17 III) als Hoheitsträger begründet also die Zuständigkeit des öffentlichen Rechts und der Verwaltungsgerichte. Steht ihr dabei, wie meist, ein Einzelner als Privatmann gegenüber, so ist er ihr insoweit subordiniert, während er seinesgleichen koordiniert wäre. Man pflegt deshalb zu sagen, daß das Privatrecht durch *Koordination*, das öffentliche Recht durch *Subordination* gekennzeichnet sei (Subjektionstheorie). Das ist aber nur *typischerweise* richtig; denn Hoheitsträger können auch *einander* als solche gegenüberstehen (z. B. wenn Bundesländer oder Gemeinden miteinander Vereinbarungen treffen).

Schwierigkeiten entstehen jedoch nicht selten, wenn entschieden werden soll, ob der Hoheitsträger gerade als *solcher* tätig geworden ist. Denn Staat und öffentliche Körperschaften können auch, sich ihrer Hoheit begebend, am Privatrechtsverkehr teilnehmen (kaufen, vermieten, Arbeitnehmer einstellen, Bergwerke betreiben usw.). Sie treten dann als „Fiskus" auf (von lat. *fiscus*, Geldkorb[6]). Indem nun aber die Daseinsvorsorge für die Bevölkerung immer mehr zur öffentlichen Aufgabe wird und die Versorgungs- und Verkehrsbetriebe, insbesondere der Stadtgemeinden, obwohl oft in den Formen des Privatrechts betrieben, dennoch jener öffentlichen Aufgabe dienen, verschlingen sich die Gebiete zunehmend miteinander.

Doch sind diese hier nicht näher zu behandelnden Schwierigkeiten mehr rechtstechnischer Art. Grundsätzlich hingegen ist an jener Unterscheidung problematisch, daß die herkömmlichen Gebiete des Privatrechts zunehmend mit öffentlich-rechtlichen Mitteln, d. h. durch die Möglichkeit staatlicher Überwachung und Eingriffe geordnet werden, um einen Mißbrauch privater Macht zu verhindern. Diese im Interesse der Sozialstaatlichkeit erfolgenden Rege-

---

[6] Steuern kassiert der Staat aber als Hoheitsträger, und dennoch spricht man oft vom „Steuerfiskus"!

lungen lassen neben dem klassischen Privatrecht mit seiner Gleichordnung und dem klassischen öffentlichen Recht mit seiner Unterordnung eine neue Mischform entstehen, die man häufig als
Sozialrecht[7] bezeichnet.

V. Da unsere gegenwärtigen Gesetze aber noch an der alten
Zweiteilung festhalten, müssen wir weiterhin von ihr ausgehen.
Die weiteren Einteilungen bereiten dann keine grundsätzlichen
Schwierigkeiten[8]:

---

[7] Sozialrecht im technischen Sinne bezeichnet aber nur das Recht der sozialen
Sicherheit, vgl. u. VI.

[8] In Österreich:

1. *Privatrecht*
   a) *bürgerliches Recht* im engeren Sinne: ABGB und Nebengesetze, z. B.
      Ehegesetz
   b) *Sonderprivatrecht*
      aa) *Handelsrecht:* HGB
      bb) *Gesellschaftsrecht:* HGB bezügl. OHG, KG und Stiller Gesellschaft,
          GmbH-Gesetz, Aktiengesetz, Genossenschaftsgesetz, Vereinsgesetz,
          ABGB 26
      cc) *Wertpapierrecht:* Wechselgesetz, Scheckgesetz, AGBG 1400 ff.
          (bezügl. Anweisung), HGB 363 ff. u. a.
      dd) *Urheberrecht und gewerblicher Rechtsschutz:* Gesetze betreffend
          Urheberschutz (URG), Musterschutzgesetz, Markenschutzgesetz,
          Patentgesetz sowie gegen den unlauteren Wettbewerb (UWG)
      ee) *Internationales Privatrecht:* IPR-Gesetz
2. *Öffentliches Recht*
   a) *Staatsrecht:* Bundesverfassungsgesetz (B-VG), Landesverfassungen, Staats-
      vertrag vom 15. Mai 1955
   b) *Verwaltungsrecht:* Verwaltungsverfahrensgesetz und vieles andere
   c) *Steuerrecht:* Einkommensteuergesetz, Vermögenssteuergesetz, Umsatz-
      steuergesetz
   d) *Strafrecht:* StGB
   e) *Verfahrensrecht:*
      aa) Zivilprozeßordnung (ZPO), Jurisdiktions-Ordnung (JN), Exekutions-
          ordnung, Konkursordnung, Arbeits- und Sozialgerichtsgesetz
      bb) Strafprozeßordnung
      cc) Verwaltungsverfahrensgesetz, Verwaltungsvollstreckungsgesetz
      dd) *Freiwillige Gerichtsbarkeit:* Außerstreitgesetz, Grundbuchgesetz,
          Notariatsordnung, Personenstandsgesetz, Entmündigungsordnung,
          ABGB betr. die Annahme an Kindes Statt (§§ 179 ff.).

1. Das *Privatrecht* gliedert sich in

a) das *bürgerliche Recht* im engeren Sinne, das im BGB und seinen Nebengesetzen enthalten ist; der Leser findet es in den üblichen Textausgaben des BGB vereint; und

---

In der Schweiz:
1. *Privatrecht*
   a) *ZGB:* Einleitungsartikel (1–10); Personenrecht inkl. allgemeine Bestimmungen für juristische Personen sowie Vereins- und Stiftungsrecht (11–89 bis); Familienrecht inkl. Vormundschaftsrecht und dem Recht des fürsorgerischen Freiheitsentzugs (90–456); Erbrecht (457–640); Sachenrecht inkl. Grundbuchrecht (641–977).
   b) *OR:* Schuldrecht, unterteilt in allgemeine Bestimmungen (1–183) und einzelne Vertragsverhältnisse (184–529); Gesellschaftsrecht (530–926); Handelsrecht (927–964); Wertpapierrecht (965–1186).
   c) *Immaterialgüterrecht:* Gesetze betr. Urheberschutz (URG), Fabrik- und Handelsmarken, Muster und Modelle, Erfindungspatente, Sortenschutz und gegen den unlauteren Wettbewerb (UWG).
   d) *Internationales Privatrecht:* BG über das internationale Privatrecht (IPR-Gesetz) enthält eine umfassende Kodifikation des IPR und internationalen Zivilverfahrensrechts.
2. *Öffentliches Recht*
   a) *Staatsrecht:* Bundesverfassung sowie Kantonsverfassungen
   b) *Verwaltungsrecht:* Verwaltungsverfahrensgesetz (VwVG) des Bundes sowie die verschiedensten Erlasse aller Stufen (Bund, Kantone, Gemeinden)
   c) *Steuerrecht:* Warenumsatzsteuer sowie Wehrsteuer des Bundes und die kantonalrechtlich geregelten Einkommens- und Vermögenssteuern
   d) *Strafrecht:* Strafgesetzbuch (StGB) sowie Nebengesetze und kantonale Einführungsgesetze mit Übertretungsstrafrecht
   e) *Verfahrensrecht*
      aa) Organisation der Bundesrechtspflege (OG), Bundeszivilprozeßordnung (BZPO), Schuldbetreibungs- und Konkursrecht (SchKG) sowie die kantonalen Zivilprozeßordnungen inkl. Bestimmungen über die Realexekution
      bb) Bundesstrafprozeßordnung (BStPO), verfahrensrechtliche Bestimmungen des StGB (333 ff.) sowie die kantonalen Strafprozeßordnungen und Vollzugsbestimmungen inkl. Konkordate
      cc) Verwaltungsverfahrensgesetz (VwVG), Organisation der Bundesrechtspflege (OG) sowie kantonale Verwaltungsverfahrensgesetze
      dd) *Nichtstreitige Gerichtsbarkeit*
      Zivilstandsverordnung, Grundbuchverordnung, Bestimmungen des ZGB betr. Verschollenheitserklärung (35–38), Beurkundung des Personenstandes (39–51), Vormundschaft (360–456), fürsorgerischer Freiheitsentzug (397 a–f) und Adoption (264–269 c) sowie kantonale Zivilprozeßordnungen und Beurkundungs- bzw. Notariatsgesetze.

b) das *Sonderprivatrecht.* Hierunter fallen

aa) *Handelsrecht* (HGB),

bb) *Gesellschaftsrecht:* HGB betr. Offene Handelsgesellschaft (OHG), Kommanditgesellschaft (KG) und Stille Gesellschaft; Aktiengesetz, GmbH-Gesetz, Genossenschaftsgesetz, die in den Textausgaben des HGB angefügt zu sein pflegen, doch auch das BGB betr. den Verein (§§ 21 ff.) und die Gesellschaft (§§ 705 ff.).

cc) *Wertpapierrecht:* Wechsel- und Scheckgesetz (meist den HGB-Ausgaben beigefügt), aber auch BGB betr. Anweisung und Inhaberschuldverschreibung (§§ 783 ff.); HGB §§ 363 ff. u. a.,

dd) *Urheberrecht und gewerblicher Rechtsschutz:* Die Gesetze betr. Urheberschutz (UrhG), Kunstschutz (KunstUrhG), Geschmacksmuster (GeschmMG), Gebrauchsmuster (GebrMG), Patent (PatG), Warenzeichen (WZG) und gegen den unlauteren Wettbewerb (UWG).

ee) *Internationales Privatrecht:* Einführungsgesetz zum BGB (EGBGB) Art. 3–38; seit dem 1. 9. 1986 ist diese wichtige Materie bis auf das internationale Delikts- und Sachenrecht dort fast vollständig *gesetzlich* geregelt. Sie regelt die Frage, welche nationale Rechtsordnung bei privatrechtlichen Rechtsbeziehungen mit Auslandsbezug zur Anwendung kommt (örtliche Kollision im Gegensatz zur zeitlichen Kollision sich ablösender Rechtsregeln, die im *intertemporalen Recht* geregelt wird, welches meist im Schlußteil der jeweiligen Reformgesetze zu finden ist).

2. Das *öffentliche Recht* gliedert sich in

a) das *Staatsrecht,* das vornehmlich auf dem Grundgesetz des Bundes und den Verfassungen der Länder beruht,

b) das *Verwaltungsrecht,* beruhend auf dem Verwaltungsverfahrensgesetz sowie auf unzähligen Gesetzen, Verordnungen, Statuten, Bekanntmachungen usw.; dazu gehört auch

c) das *Steuerrecht* (Reichsabgabenordnung, Steueranpassungsgesetz und zahlreiche Einzelgesetze für die einzelnen Steuerarten);

d) das *Strafrecht:* StGB und zahlreiche strafrechtliche Nebengesetze;

e) das *Verfahrensrecht,* auch formelles Recht genannt, das der Durchsetzung des materiellen privaten oder öffentlichen Rechts dient. Dazu zählen insbesondere aa) die Vorschriften über die Organisation und die Zuständigkeit von Gerichten und Behörden, z. B. das Gerichtsverfassungsgesetz (GVG),

bb) *Zivilprozeßrecht* und *Vollstreckungsrecht (ZPO)* nebst *Konkursordnung (KO), Vergleichsordnung (VerglO)* und *Zwangsversteigerungsgesetz (ZVG),*

cc) *Strafprozeßrecht* (StPO) und Strafvollzug (StVollzG),

dd) *Verwaltungsprozeßrecht* (VwGO) und Verwaltungsvollstreckung (VwVG) sowie die

ee) *Freiwillige Gerichtsbarkeit:* Gesetz betr. die freiwillige Gerichtsbarkeit (FGG), Grundbuchordnung (GBO), Beurkundungsgesetz (BeurkG), Personenstandsgesetz (PStG), doch auch die ZPO betr. die Regelung der Scheidungsfolgen durch das Familiengericht (§§ 621 ff.) und das Entmündigungsverfahren (§§ 645 ff.) sowie das BGB betr. die Annahme als Kind (§§ 1741 ff.).

f) das *Völkerrecht* (dieses regelt die Rechtsbeziehungen der Staaten untereinander als Hoheitsträger sowie der einzelnen gegenüber einem fremden Staat) und

g) das *Kirchenrecht.* Dieses regelt die Rechtsbeziehungen der Kirchen zum Staat als Hoheitsträger (*äußeres* oder *Staats*kirchenrecht) sowie die Beziehungen des einzelnen zu seiner Kirche (*inneres* Kirchenrecht). Da die Landeskirchen Hoheitsträger sind, ist ihr inneres Kirchenrecht ein besonderes Verwaltungsrecht. Bei den übrigen Kirchen ist es besonderes Vereinsrecht (mithin Privatrecht).

VI. Der Fall des Kirchenrechts zeigt bereits, daß es wichtige Rechtsgebiete gibt, die (befriedigend) weder dem Privatrecht noch dem öffentlichen Recht zugerechnet werden können. Dazu gehören zunächst einige sehr alte, zumeist dem Landesrecht überlassen gebliebene Materien wie *Jagd-, Fischerei-, Wasser- und Deichrecht.* Auch das *Gewerberecht* (Gewerbeordnung) ist weder rein verwaltungs- noch rein privatrechtlich. Ungleich wichtiger aber ist hier das in diesem Jahrhundert aus dem Dienstvertragsrecht des BGB (§§ 611 ff.), Vorschriften des HGB (§§ 59 ff.) und der Gewerbeordnung sowie der Neuerscheinung des Tarifvertrages und vielen Arbeitsschutzgesetzen hervorgegangene *Arbeitsrecht.* Hinzu kommt (mit recht unklarer Abgrenzung) das der Kriegswirtschaft entstammende sog. *Wirtschaftsrecht*, dem jedenfalls die Vorschriften zur Wirtschaftslenkung angehören, ferner das Kartellrecht. Schließlich gehört hierher auch das aus der Sozialversicherung und den Versorgungsgesetzen sich ergebende *Sozialrecht* sowie das *Medienrecht*.

Wollte man das Recht des *Straßenverkehrs* als Einheit betrachten, so müßte es gleichfalls hier angefügt werden. Immerhin ist aber der Kern des Straßenverkehrsgesetzes (StVG), die Haftungsvorschriften der §§ 7 ff., klar privatrechtlich, alles andere (Straßenverkehrsordnung und Straßenverkehrszulassungsordnung, StVO und StVZO) klar Verwaltungsrecht. Ähnliches ergibt sich, wenn man das Recht der Privatversicherung (Gesetz über den Versicherungsvertrag, VVG) mit dem der Sozialversicherung (Reichsversicherungsordnung, RVO, u. a. m.) zum *Versicherungsrecht* zusammenfügt. Die erstere Materie bleibt dabei doch Privatrecht.

Bei den zuvor angeführten Sachgebieten ist eine solche Scheidung aber praktisch nicht mehr durchzuführen. Dort ist die alte Gliederung fragwürdig geworden.

VII. Ohne Zusammenhang mit der systematischen Einteilung des Rechtsstoffes und auf historischen Zufälligkeiten beruhend, wohl aber *praktisch* bedeutsam, ist die soeben schon berührte Unterscheidung von *Bundes-* und *Landes*recht. Sie beruht auf der bundesstaatlichen Verfassungsstruktur (weshalb sie sich in anderen Bundesstaaten: USA, UdSSR, Brasilien u. a. wiederfindet).

Freilich ist die Gesetzgebungskompetenz des Deutschen Reiches[9] (im Gegensatz zu den USA) schon bei seiner Gründung sehr erheblich gewesen und später immer umfassender geworden (vgl. Art. 2 ff. der Reichsverfassung von 1871, Art. 6 ff. der Weimarer

---

[9] Eine ähnliche Entwicklung vom kantonalen Recht zum Bundesrecht ist auch in der mehr als 100jährigen Geschichte der Kompetenzvorschriften der schweizerischen Bundesverfassung zu verzeichnen.

Verfassung[10] und Art. 70 ff. GG). Außer im Verwaltungsrecht[11] hat der Rechtsstudent deshalb heute fast nur mit Bundesrecht zu tun. Wenn er aber nach Materien wie Wasserrecht, Fischerei- und Deichrecht im „Schönfelder" vergeblich sucht, so muß ihm klar sein, warum er sie dort nicht findet.

§ 14. Rechtssubjekt und subjektives Recht

I. Wenn wir das Recht als eine aus Normen gefügte, sinnvolle Ordnung entwickelten, so haben wir es bisher nur von einer Seite betrachtet. Der Rechtsordnung, dem Recht im *objektiven* Sinne – dem also, was auf englisch *the law* heißt – entspricht nämlich, als seine andere Seite, ein Gefüge *subjektiver* Rechte, individueller Berechtigungen – *rights*. Träger dieser Rechte kann jeder von denen sein, die auch dem Sollen dieser Ordnung unterworfen, ihre *Rechtssubjekte* sind. Einst waren nur die Freien Rechtssubjekte und nur als Rechtsgenossen *einer*, nämlich *ihrer* Ordnung: des Rechtes ihres Stammes, ihrer Stadt, ihres Reiches. Heute – seit dem Siege der Aufklärung – ist es jeder Mensch[1] in jeder Rechtsordnung. Er ist es als *Person*. Doch nicht nur Menschen, „natürliche Personen", sind Rechtssubjekte: auch Personenverbände als solche und Anstalten können es sein, sofern ihnen die Rechtsordnung

---

[10] Diese Verfassungen finden sich abgedruckt im Anhang zu *Sartorius* I, Verfassungs- und Verwaltungsgesetze, dem öffentlich-rechtlichen Gegenstück des „Schönfelder". In Österreich ist das Gegenstück zur Gesetzessammlung von Bydlinski die Sammlung von Schäffer: Österreichische Verfassungs- und Verwaltungsgesetze.

[11] Hinzu kommt in der Schweiz noch das Prozeßrecht.

[1] Mensch und damit Rechtssubjekt ist jeder, der von einem Menschen geboren wurde, also auch ein Idiot oder ein Monstrum, nicht jedoch ein (noch so intelligentes) Tier. Dem Tier wird die Rechtsfähigkeit abgesprochen. Doch ist es nicht mehr wie früher im Rechtssinne eine Sache, sondern es wird ihm der Status der „Mitgeschöpflichkeit" zugewiesen (siehe D: BGB 90 a, 251 II, 903; ZPO 765 a I, 811 c; A: ABGB 285 a, 1332 a; CH: Tier ist Sache). Nicht rechtsfähig ist auch die Umwelt („Rechte der Natur" gibt es also nicht). Zur Rechtsstellung des antiken Sklaven siehe *Bruno Huwiler:* Homo et res, Mélanges Felix Wubbe, Fribourg 1993, S. 207–272.

Rechtsfähigkeit zuerkannt und sie so zur „juristischen Person" erhoben hat. Auch sie haben dann die Eigenschaft von Rechtssubjekten, die man als die Fähigkeit bestimmt, *Träger von Rechten und Pflichten* zu sein. – Doch ist es nur die Fähigkeit in abstracto, die hier gemeint ist und die jedem Menschen überall zukommt: wieweit der einzelne in concreto mit Pflichten belastet oder Inhaber von Rechten ist, bestimmt sich nach seiner Lebenslage und nach dem Recht des jeweiligen Staates.

II. Rechte und Pflichten ergeben sich logisch aus dem durch das Normengefüge der Rechtsordnung gesetzten Sollen. Zunächst die Pflichten, denn jedes Sollen setzt Pflicht. Aber die Pflicht ist dem Verpflichteten um anderer willen auferlegt. Pflichten, die *niemandem* nutzen können, würden sinnlos sein. Sie würden, ohnehin nur widerwillig erfüllt, bald außer Geltung kommen, obsolet werden, da niemand ein Interesse daran hätte, auf ihrer Erfüllung zu bestehen.

Die Erfüllung der Pflichten kann *einem* anderen dienen, einigen anderen oder allen, und zwar unmittelbar oder mittelbar. Mittelbar auf dem Wege über den Staat, indem sie dessen Aufgabe, jeden gegen jeden zu schützen, ermöglicht oder erleichtert:

a) Die Pflicht der Steuerzahlung ermöglicht die Tätigkeit des Staates, die Befolgung der Pflichten zum Schutz der öffentlichen Ordnung (z. B. jederzeit seinen Personalausweis, am Steuer seinen Führerschein bei sich zu haben) erleichtert sie ihm und nützt damit *indirekt allen.*

b) Legt der Staat einen Einfuhrzoll auf bestimmte Fabrikate, so hebt das seine Einnahmen, nützt indirekt aber zunächst nur *einigen:* den inländischen Erzeugern der gleichen Fabrikate (in der Hoffnung, daß die Entwicklung ihrer Produktion dann später den Volkswohlstand im ganzen heben wird).

c) Die Strafbestimmungen dagegen, soweit sie nicht lediglich dem Schutze des Staates und der öffentlichen Ordnung dienen, schützen *jeden unmittelbar.* Sie sind (ebenso wie die Verkehrsvorschriften und viele andere) *Schutzgesetze: jeder* soll durch sie davor geschützt sein, ermordet, beraubt, bestohlen, betrogen und überfahren zu werden.

d) Die Anordnung einer Gemeinde, bei der Bebauung eines bestimmten Siedlungsgebietes 5 m Bauwich (Abstand von der Grundstücksgrenze) einzuhalten, dient hygienischen und ästhetischen Zwecken (also indirekt allen), erweckt aber zugleich für jeden einzelnen Grundstückseigentümer dieses Gebietes ein begreifliches Interesse daran, daß eben auch *seine*

Nachbarn diesen Abstand wahren, zumal, wenn er ihn selber eingehalten hat. Handhabt also etwa die Gemeinde ihre Vorschrift lax, so wird *er* auf ihre Befolgung dringen und zu verhindern suchen, daß seinem Nachbarn eine Ausnahme bewilligt wird.

Daß im letzten Fall (Fall d) der Grundstückseigentümer ein subjektiv-öffentliches Recht auf Einhaltung der nachbarschützen-den Bauwich-Bestimmung hat, ist heute allgemein anerkannt. Und der durch die schuldhafte Verletzung eines *Schutzgesetzes* Geschä-digte (Fall c) kann gemäß § 823 II BGB[2] gegen den Verletzer auf Schadensersatz klagen. Die Befolgung der unmittelbar nur den Staat begünstigenden Pflichten (Fälle a und b) dagegen kann nur er selber durchsetzen.

Der zollgeschützte Fabrikant kann also nicht gegen die Finanz-verwaltung mit der Begründung vorgehen, sie habe seinen auslän-dischen Konkurrenten zu wenig Zoll zahlen lassen. Seine wirt-schaftliche Begünstigung durch den Schutzzoll ist eine bloße *Reflexwirkung* des Gesetzes. Einen Anspruch auf diesen Schutz hat er nicht.

III. Sind nun aber diejenigen, die durch die Verpflichtung anderer begünstigt sind, einzelne und ist das öffentliche Interesse an der Erfüllung lediglich sekundär, so liegt es nahe, die Durchset-zung dieser Erfüllung in die Hand des Begünstigten selbst als des eigentlich Interessierten zu legen. Der Staatsapparat wird dann nicht von sich aus tätig, sondern nur zur Verfügung des Interes-senten gestellt. Ihm bleibt es überlassen, nach seinem Ermessen zu klagen und in dem vorgeschriebenen Verfahren Urteil und Voll-streckung zu erwirken. Damit ist ihm auf die Erfüllung der ihn begünstigenden Verpflichtung des anderen sowie auf die Inan-spruchnahme des Gerichts ein eigenes *Recht* gegeben. Das *Sollen* des Verpflichteten ist sein, des Begünstigten *Haben* geworden.

1. Dieser Art sind alle *schuldrechtlichen* Rechtsverhältnisse des Privatrechts: Der Verpflichtung des Sollenden, des Schuldners, entspricht jedesmal das Recht, die Forderung des Gläubigers. Doch hat der Gläubiger seine Forderung immer nur gegen *diesen*

---

[2] A: ABGB 1294; CH: OR 41 I: „widerrechtlich".

Schuldner. Die Forderung ist ein *relatives* Recht. Da sie auf einem Schuldverhältnis, einer „Obligation" des Schuldners beruht, wird sie auch als *obligatorisches* Recht bezeichnet.

Die Rechtsordnung kann dem einzelnen aber auch *absolute* Rechte gewähren, Rechte gegenüber *allen:* Art. 2 des Bonner Grundgesetzes (GG) spricht ihm ein *allgemeines Persönlichkeitsrecht* zu, § 12 BGB ein Recht an seinem Namen, § 22 des Kunsturhebergesetzes ein Recht am eigenen Bilde[3]. Diese Rechte hat jeder gegen jeden: jeder hat den anderen als Persönlichkeit zu achten, seinen Namen und sein Bild nicht zu mißbrauchen. Die Rechtsordnung kann den einzelnen aber auch, als Belohnung für eine geistige Leistung, durch Gewährung eines *Immaterialgüterrechtes* privilegieren: dem Künstler und Schriftsteller spricht sie ein Urheberrecht an seinem Werke zu, dem Erfinder eröffnet sie die Möglichkeit, für seinen Gedanken ein Patent zu erwerben oder ihn als Gebrauchsmuster oder Geschmacksmuster gegen jedermann schützen zu lassen, d. h. ein gewerbliches Erfinderrecht daran zu erhalten. Schließlich erkennt sie dem einzelnen Rechte an Sachen zu, *dingliche Rechte:* Eigentum und Rechte an fremden Sachen (Erbbaurecht, Dienstbarkeiten, Pfandrechte).

2. Da unter den absoluten Rechten in der Alltagspraxis die dinglichen die häufigsten sind, pflegt man *dingliche* und *obligatorische* Rechte einander gegenüberzustellen und zu sagen, daß obligatorische Rechte nur *einen,* dingliche Rechte dagegen *alle* verpflichten. Niemand darf mich also im Gebrauche meines Eigentums stören, jeder hat es mir auf mein Verlangen herauszugeben, sofern er nicht aus besonderen Gründen ein Recht darauf hat, es zu besitzen.

Habe ich z. B. ein Klavier unter Eigentumsvorbehalt gekauft (vgl. § 455 BGB), geliefert erhalten, aber noch nicht bezahlt, so habe ich einstweilen nur ein Recht *auf* dieses Klavier: ein (obligatorisches) Recht gegen den Verkäufer darauf, daß er es mir beläßt, solange ich die vereinbarten Raten pünktlich zahle. Daraus folgt, solange ich pünktlich zahle, mein Recht zum Besitze des Klaviers, das aber auch nur ein obligatorisches ist. Ferner habe ich den *Besitz* daran, der jedoch (wie wir noch sehen werden) kein

---

[3] A: ABGB 16, 1330; URG 78; CH: ZGB 28, 29.

eigentliches Recht ist. Erst, wenn ich es voll bezahlt habe, habe ich ein Recht *an* dem Klavier, ein dingliches Recht, nämlich das Eigentum.

Habe ich hingegen, wie beim sog. *Handkauf*, die gekaufte Sache bar bezahlt und gleich mitgenommen, so zerfällt dieser Vorgang rechtlich in drei Verträge: 1. den Kaufvertrag (§ 433), 2. die Übereignung der Sache (§ 929) und 3. die Übereignung des Geldes (§ 929)[4]. Der Kaufvertrag erzeugt, als schuldrechtlicher (obligatorischer) Vertrag, nur die gegenseitigen Verpflichtungen (Obligationen) der Partner. Erst die sachenrechtlichen (dinglichen) Verträge (jeder wiederum bestehend aus Einigung und Besitzverschaffung) übertragen das Eigentum an den Objekten.

Schuldrechtliche Verpflichtungen begründen also immer nur *relative* Rechte: dieses Gläubigers gegen diesen Schuldner; Sachenrechte (d. h. dingliche Rechte) hingegen sind *absolute:* in meinem Eigentum an einer Sache bin ich gegen *alle* geschützt. Daraus folgt nun aber:

a) Da *obligatorische* Rechtsverhältnisse nur die beiden Partner binden, andere aber grundsätzlich nichts angehen, können ihnen die Partner, soweit sie miteinander einig sind, jeden beliebigen Inhalt geben. Es gilt für sie das Prinzip der *Vertragsfreiheit*. Auch kann es hier regelmäßig nicht wesentlich sein, ob der Vertragsschluß und der Vertragsinhalt für Dritte (d. h. für Außenstehende) erkennbar ist, weil er sie eben nichts angeht.

b) Da aber aus *dinglichen* Rechten Ansprüche gegen jedermann erwachsen können, diese Rechte also die Gesamtheit der Rechtsgenossen mit Pflichten belasten, sind ihnen *Grenzen* gesetzt: sie dürfen

(1) keinen anderen Inhalt haben, als das *Gesetz* dieser Art Recht gegeben hat. Neue dingliche Rechte frei zu schaffen, ist den „Partnern" hier, wo *alle* Rechtsgenossen potentielle Partner sind, verwehrt. Daraus ergibt sich das Prinzip des *numerus clausus* (der begrenzten Anzahl) der dinglichen Rechte.

(2) Was alle angeht, muß für alle erkennbar sein. Die Begründung und Übertragung dinglicher Rechte ist deshalb vom Gesetz grundsätzlich an äußerlich wahrnehmbare Fakten und Vorgänge geknüpft: *Publizitätsprinzip*.

---

[4] A: ABGB 1053, 380, 423; CH: OR 184, ZGB 714, 919.

c) Da obligatorische und dingliche Rechte je durch verschiedene Verträge begründet werden, wobei der obligatorische grundsätzlich nur die Partner, der dingliche aber auch die Allgemeinheit berührt, sind jene Verträge nach deutschem Recht selbst dann als voneinander unabhängig zu behandeln, wenn der obligatorische Vertrag der Grund, die *causa*, für den dinglichen Vertrag gewesen war, ja sogar, wenn beide in einem (uno actu) geschlossen worden waren. Der dingliche Vertrag – die Übereignung der Kaufsache z. B. – ist also selbständig („abstrakt") wirksam, auch wenn seine Kausa – der Kaufvertrag, zu dessen Erfüllung die Übereignung erfolgt war – nichtig oder später fortgefallen ist: *Abstraktionsprinzip*[5].

3. Schließlich kann die Rechtsordnung neben absoluten und relativen Rechten des Privatrechts dem einzelnen auch Rechte gegen den *Staat* gewähren, kraft deren er ein bestimmtes öffentlich-rechtliches Verhalten von Behörden zu seinen Gunsten verlangen kann: seine Anerkennung als Staatsangehöriger, Erteilung eines Passes, Zulassung zur Wahl, Ernennung zum Beamten, die Erteilung einer Schankerlaubnis, einer Bauerlaubnis, Gewährung des rechtlichen Gehörs, ordnungsmäßige Bearbeitung seines Prozesses usw. und als wichtigster Fall die staatsbürgerlichen Freiheitsrechte. Man spricht hier von *subjektiv-öffentlichen Rechten*.

4. Eine besondere Art des subjektiven Rechts sind die *Gestaltungsrechte*. Sie gewähren die Befugnis, durch einseitige Willenserklärung Rechtsverhältnisse zu begründen, zu ändern oder aufzuheben und damit die Rechtsstellung anderer ohne deren Mitwirkung zu gestalten. Da sich andere auf die Änderung der Rechtslage verlassen können müssen, ist die Ausübung von Gestaltungsrechten (z. B. die Anfechtung eines Vertrages oder die Kündigung eines

---

[5] In anderen Rechtsordnungen wird das Abstraktionsprinzip zu Recht als lebensfremd abgelehnt, so neben Frankreich auch in Österreich und in der Schweiz (s. o. N. 4), obwohl die Fehlerhaftigkeit des Kausalgeschäfts für Dritte nicht erkennbar zu sein braucht. Über das Abstraktionsprinzip als rechtspolitischen Mangel des BGB siehe *Gerhard Kegel*: Verpflichtung und Verfügung, FS F. A. Mann, 1977, S. 56–86 (ferner *U. Eisenhardt* JZ 1991, 271–277).

Dauerschuldverhältnisses) grundsätzlich[6] bedingungsfeindlich und kann ohne Einverständnis des Erklärungsgegners auch nicht zurückgenommen werden.

IV. Das subjektive Recht folgt stets logisch aus einer Gewährung des objektiven Rechts. Die Rechtsordnung eröffnet dem einzelnen die Möglichkeit, seine von ihr anerkannten oder doch nicht mißbilligten Interessen nach seinem Willen zu verfolgen und notfalls mit ihrer Hilfe durchzusetzen. Indem sie ihm diese Möglichkeit gibt, gibt sie ihm Macht (denn eine *Möglichkeit* ist für den, der sie hat, ein *Können,* und was er kann, ist in seiner *Macht*) zur Betätigung seines Willens, *Willensmacht* also, die – von der Rechtsordnung gestattet – ein *Dürfen* ist. Freilich hat jeder, schon als Staatsbürger, ein gewisses Mindestmaß rechtlich geschützter Willensmacht, eine Freiheitssphäre, die eine Reflexwirkung der Staatsordnung im ganzen ist. Da sie jeden gegen jeden schützt, ist auch ein jeder, ganz im allgemeinen, an ihrem Funktionieren interessiert, daran also, daß die Gesetze vollzogen werden. Das ist aber nur der „allgemeine Gesetzesvollziehungsanspruch", den ein jeder hat, ohne sich deshalb auf die gerade ihn begünstigende Folge einer Normbefolgung berufen und ihre Durchsetzung aktiv betreiben zu können (z. B. im Kartellrecht oder im Recht des Umweltschutzes). Erst wenn solche Macht ihm *als die seine* zugeordnet ist, hat die Rechtsordnung ihm ein *Recht* gewährt, das ihm zur Wahrung seiner Interessen dienen soll. Ein subjektives Recht wäre somit

eine von der Rechtsordnung einem Rechtssubjekt zur Wahrung seiner Interessen gewährte Macht.

Nach dieser (der herkömmlichen Auffassung entsprechenden) Definition besteht das Recht also nicht lediglich schon in dem rechtlich geschützten *Interesse* (Jhering); denn dieses würde auch bei bloßer Reflexwirkung gegeben sein. Es besteht vielmehr in der *Willensmacht* (Windscheid). Das Interesse ist aber ihr rechtfertigender Zweck, und deshalb

---

[6] Ausgenommen sind sog. Potestativbedingungen, deren Eintritt vom Willen des Erklärungsgegners abhängt, wie z. B. die Änderungskündigung im Arbeitsrecht, die für den Fall ausgesprochen wird, daß der Gekündigte den Forderungen nach Änderung der Arbeitsbedingungen nicht zustimmt.

versagt sie, wo das Interesse erweislich fehlt. Dann ist ihre Ausübung *Schikane* und deshalb unerlaubt: § 226 BGB. Da überdies die Rechtsordnung, nach ihrem Vermögen, der Sittlichkeit dienen will, muß sie auch unsittlicher Interessenverfolgung ihren Schutz versagen: wer mehr verlangt, als er vom anderen nach *Treu und Glauben* fordern kann, überzieht seine Macht (§ 242 BGB), *mißbraucht* also sein Recht und setzt sich der Arglisteinrede, der *exceptio doli* aus[7].

So weit aber die dem einen gewährte Willensmacht reicht, verpflichtet sie andere, ihr leistend oder unterlassend zu entsprechen: beim obligatorischen Recht den Schuldner, beim absoluten Recht alle. Das Imperativische (der Gebotscharakter) des Rechts erweist sich auch hier, indem des einen Dürfen des andern Sollen ist. Streicht der Gesetzgeber beim einen, so streicht er damit auch beim andern. *Sollte* keiner mehr, so würde auch keiner mehr *dürfen*. Aber dann wäre das Recht aufgehoben, und jeder würde sich nehmen, was er *kann*.

§ 15. Subjektives Recht, Anspruch und Eigentum

I. So ist also das Recht dem einzelnen zum Schutze seiner Interessen gewährt. Allerdings haben wir bei der Darstellung des Normengefüges die Normen, welche zur unmittelbaren Grundlage einer Klage dienen können, die „anspruchsbegründenden" genannt. Es ist somit nicht das Recht, sondern der *Anspruch*, aus dem sich die Klagemöglichkeit unmittelbar ergibt. Er ist die dem Berechtigten gegebene Befugnis, den Verpflichteten gerichtlich „anzusprechen". Das BGB (§ 194 I) definiert ihn als „das Recht, von einem anderen ein Tun oder ein Unterlassen zu verlangen". Warum ist dieses besondere Recht der Klage gleichsam vorgeschaltet?

1. Hinsichtlich der *absoluten* Rechte leuchtet das leicht ein: jeder ist verpflichtet, mein Eigentum zu achten, aber ich kann nicht jeden beliebigen allein deshalb verklagen, weil ich Eigentümer bin. Nur gegen den darf ich dazu befugt sein, gegen den ein

---

[7] A: ABGB 1295 II; CH: ZGB 2 II.

Anlaß für mich besteht, von ihm bezüglich meines Eigentums „ein Tun oder ein Unterlassen" zu verlangen: es mir herauszugeben, weil er es unrechtmäßig besitzt (§ 985 BGB), mich nicht darin zu stören, wie er es tut oder schon getan hat und wieder tun könnte (§ 1004 BGB, *actio negatoria*). Ich kann also nicht aus meinem Eigentum als solchem klagen, sondern nur aus einem der „Ansprüche aus dem Eigentum", die in den §§ 985 ff. BGB ausführlich und abschließend (enumerativ) geregelt sind. Dazu muß dann aber eben der Tatbestand des betreffenden Anspruchs erfüllt sein.

2. Weniger klar (und deshalb auch in der Rechtslehre umstritten) ist das Verhältnis des Anspruchs zu den *relativen* Rechten. Die Forderung ist an sich selbst schon das Recht, von einem bestimmten Verpflichteten „ein Tun oder ein Unterlassen zu verlangen" („eine Leistung zu fordern", sagt § 241 BGB). Gleichwohl empfiehlt es sich nicht, Anspruch und Forderung, wie das häufig geschieht, zu identifizieren. Nicht jede Forderung ist bereits fällig (siehe z. B. § 614 BGB[1]). Vor dem Fälligkeitstermin kann man aber niemanden „ansprechen".

Auch kann man das „Schuldverhältnis" nicht mit dem Anspruch gleichsetzen, denn dieses ist, z. B. als Kauf, ein komplexer rechtlich geregelter Lebenstatbestand, eine „Rahmenbeziehung", aus der mehrere selbständige Einzelforderungen entspringen können – wie aus einem absoluten Recht mehrere selbständige Ansprüche.

II. Im übrigen schuf der Gesetzgeber, indem er den Anspruch vom subjektiven Recht sonderte, die technische Möglichkeit, die gerichtliche Geltendmachung der Rechte zeitlich zu begrenzen, ohne ihren Bestand anzutasten: Nur der Anspruch, nicht das Recht unterliegt der Verjährung (§ 194 BGB). Nur die Ansprüche aus dem Eigentum (§§ 985 ff. mit 195 BGB) können verjähren, nicht jedoch das Eigentum selbst; nur die Ansprüche aus dem Mietverhältnis können verjähren (§§ 535 mit 196 Ziff. 6, 197, 558 BGB), nicht jedoch dieses selbst[2].

Eine verjährte Forderung bleibt freilich bestehen, doch ist der Schuldner nun berechtigt, die Leistung zu verweigern (§ 222

---

[1] A: ABGB 1154, CH: OR 323 I.
[2] A: ABGB 1090, 1486 Ziff. 4, 1489; CH: OR 253, 128 Ziff. 1, 127.

BGB). Es bleibt *ihm* überlassen, ob er sich darauf berufen will. Tut er es, so kann er nicht mehr mit Erfolg verklagt werden. Ist er verklagt, so kann er die Erklärung (als „Einrede") vor Gericht nachholen. Daß die Forderung als solche jedoch bestehengeblieben ist, zeigt sich daran, daß er darauf etwa schon Geleistetes nicht wieder zurückverlangen und der Gläubiger sich aus seinen Sicherheiten noch immer befriedigen kann (§§ 222 II und 223 BGB). Das wäre nicht denkbar, falls die Forderung *erloschen* wäre. Sie ist somit, obwohl nicht mehr einklagbar, als eine sogenannte *Naturalobligation* immer noch vorhanden[3]. Dies ist ein weiterer Grund, Anspruch und Forderung nicht zu identifizieren.

III. Wir fassen heute den Anspruch als etwas auf, das aus dem subjektiven Recht folgt. Diese Betrachtungsweise ist uns natürlich, weil wir den Prozeß als sekundär zum materiellen Recht sehen, als das Verfahren, in dem das schon vorhandene Recht lediglich durchgesetzt wird. Und wie der Prozeß dem subjektiven Recht, so muß dann auch der ihn vermittelnde Anspruch dem Recht nachfolgen. Das ist die dogmatische Logik des fertigen Rechtssystems.

Historisch ist nun aber der *Anspruch* eher der *Vorläufer* des subjektiven Rechts, wenn nicht des Rechtes überhaupt gewesen: Wir haben oben in § 2 V das Gericht als die Geburtsstätte des Rechts kennengelernt. Die des Anspruchs ist das Forum Romanum. Im altrömischen Prozeß wurde zunächst im Verfahren vor einem Justizbeamten, dem Prätor, darüber entschieden, ob die Sache „justiziabel" sei. War das nach Meinung des Prätors der Fall, erteilte er dem Tatsachenrichter (iudex) eine Weisung in Form eines hypothetischen Urteils, wie dieser zu entscheiden habe, falls dieses oder jenes festgestellt würde. Diese Weisung, die actio, mußte also erst einmal erstritten sein, bevor die Frage nach dem zugrundeliegenden subjektiven Recht entschieden werden konnte. Alles neue Recht entstand mithin ursprünglich aus neuen Ansprüchen.

IV. Die Abhängigkeit des subjektiven Rechts von der Entwicklung der Ansprüche zeigt sich besonders deutlich am Eigentum und seiner Geschichte.

---

[3] A: ABGB 1432; CH: OR 63 II, 120 III.

1. Das *römische* Recht hatte es schon sehr früh zu einer Klage gebracht, die der Eigentümer als solcher gegen jeden erheben konnte, der ihm seine Sache vorenthielt (*rei vindicatio*, heute § 985 BGB)[4]. Das *germanische* Recht hat sie an beweglichen Sachen, jedenfalls bis ins hohe Mittelalter, nicht gekannt. Hier konnte der Eigentümer zwar gegen den Dieb klagen, weil er ihm die Sache *weggenommen* hatte, auch gegen den Entleiher, der sie ihm nicht *vereinbarungsgemäß* zurückgab, nicht aber gegen einen Dritten, an den sie z. B. der treulose Entleiher verkauft hatte. Der germanische Prozeß kannte nur Klagen aus Delikt und Vertrag (dessen Bruch als ein Delikt aufgefaßt wurde), nicht jedoch aus dem dinglichen Recht als solchem. Mit dem Dritterwerber (dem Abkäufer des Entleihers) hatte aber der Eigentümer keinen Vertrag geschlossen, auch hatte jener ihm „nichts angetan"; also konnte er ihn nicht „ansprechen". Tat er es doch, so konnte jener ihm antworten: „Du hättest auf deinen Entleiher achten sollen, ‚Hand wahre Hand'; ‚wo du deinen Glauben gelassen hast, da sollst du ihn suchen', also bei dem, dem du deine Sache anvertraut hattest, nicht bei mir."

War nun aber das Eigentum, ehe es als solches klagbar wurde, ehe es also einen Eigentumsanspruch gab, schon ein subjektives Recht? Sicherlich nicht, da es eine nur von der Sitte, nicht aber eine vom Recht (dem Gericht!) gewährte Macht- und Interessenzuordnung war.

2. Eine ähnliche Frage stellt sich nun aber auch im *geltenden Recht*. Zwar fassen wir den Anspruch durchweg als Ausfluß eines subjektiven Rechts auf und folgern deshalb vom Recht auf den Anspruch. Doch ist in unserer *Praxis* der Schluß vom Anspruch auf das Recht nicht ganz so selten, wie unsere Theorie erwarten läßt. Er kommt immer dann vor, wenn unser Recht nicht, wie es seinem System im allgemeinen entspricht, für ein bestimmtes Recht bestimmte Ansprüche gewährt, sondern wenn es demjenigen *generell* einen Anspruch gibt, der Inhaber irgend *eines* subjektiven Rechts ist. Das ist im öffentlichen Recht weithin der Fall und

---

[4] A: ABGB 366; CH: ZGB 641 II.

ergibt sich dort besonders aus den Generalklauseln in Art. 19 IV
S. 1 GG, § 42 II VwGO, nach denen klagen kann, wer „in seinen
Rechten verletzt" ist[5]. Im bürgerlichen Recht kehrt das gleiche an
einer zwar weniger weitreichenden, aber doch zentralen Stelle
wieder: in der Hauptanspruchsnorm des Deliktsrechts, § 823 I
BGB[6]. Dort wird ein Schadensersatzanspruch u. a. gegen den
gegeben, der das „Eigentum oder ein *sonstiges Recht*" eines anderen schuldhaft verletzt hat. Die Vorschrift ist leicht zu handhaben,
soweit es sich um im Gesetz bereits mit Ansprüchen versehene
absolute Rechte handelt, also beim Namensrecht (§ 12 BGB), den
Urheber- und Erfinderrechten, Aneignungsrechten und einigen
Familienrechten; bloße Forderungen sind ausgeschlossen, da das
zu schützende Recht ein eigentumsähnliches, ein *absolutes* sein
soll. Wann aber ist nun *jenseits* der im Gesetz *genannten* absoluten
Rechte ein Interesse und die Macht zu seiner Wahrung dem
einzelnen in einer Weise zugeordnet, daß man von seinem „*Recht*"
sprechen kann? Keine Definition hat den Begriff des subjektiven
Rechts scharf genug zu schleifen vermocht, um darauf von der
Theorie her eindeutige Antwort geben zu können. Kann aber die
Theorie ihm den Weg nicht zeigen, so muß der Richter nach
Gesichtspunkten der praktischen Zweckmäßigkeit vorgehen. Deshalb ist bei der Anwendung von § 823 I BGB die Diskussion
darüber, ob ein Geschäftsgeheimnis, eine unpatentierte Erfindung,
der *Goodwill* oder die Kundschaft eines Geschäftsbetriebes, das
Interesse am „eingerichteten und ausgeübten Gewerbebetrieb",
das Vermögen, die Persönlichkeit ein „sonstiges Recht" sei, weniger vom Begriff des absoluten Rechts her geführt worden. Entscheidend war vielmehr, ob das betreffende Interesse im Hinblick
auf den erbetenen Anspruch schutzwürdig und schutzbedürftig
war und ob die Anspruchsgewährung nicht in der Folge zu einer
unerwünschten Einschränkung der allgemeinen Handlungs- und

[5] Anders A: AVG 8 (Rechtsanspruch oder rechtliches Interesse); CH: VwVG 48
lit. a, OG 103 lit. a (schutzwürdiges Interesse).
[6] Anders A: ABGB 1294 (widerrechtliche Handlung); CH: OR 41 I (Widerrechtlichkeit des verursachten Schadens), doch ist Widerrechtlichkeit nur gegeben,
wenn in eine subjektive Rechtsposition eingegriffen wird.

Wettbewerbsfreiheit und zu schwer überschaubaren, weil von Generalklauseln abhängigen Konsequenzen führen würde. Letzterer Gesichtspunkt ist es vor allem gewesen, unter dem das Reichsgericht die Anerkennung eines allgemeinen Persönlichkeitsrechts – heute eine Selbstverständlichkeit – bis zuletzt verweigert hat. Es ist dabei also *primär* um den *Anspruch* gestritten worden. Mit seiner Gewährung wurde das geschützte Interesse dann sekundär zum „Recht": hätte das Reichsgericht nicht in ständiger, sich langsam vortastender Rechtsprechung Ansprüche zum Schutze des „eingerichteten und ausgeübten Gewerbebetriebes" gewährt, so wäre das Interesse des Inhabers an diesem nie zum Rang eines „Rechtes" aufgestiegen. Genauso zeichnet sich für die Zukunft ein Recht am Arbeitsplatz oder das Recht auf ungestörte Umwelt am Horizont ab. – Auch unser „Prätor" gestaltet also zuweilen noch das Recht, indem er Aktionen gibt.

§ 16. Der Besitz und das Problem des subjektiven Rechts

I. Damit ist der Begriff des subjektiven Rechts in ein gewisses Zwielicht gerückt: der Anspruch, der doch nur seine Folge sein soll, erschien uns als sein Kristallisationskern; was ohne ihn übrig bleibt, ist schwer zu bestimmen und praktisch wenig eindeutig.

Seit langem hat man auf andere Schwierigkeiten hingewiesen: Wenn das subjektive Recht Willensmacht und Interesse ist, wie kann dann eine juristische Person, eine *persona ficta,* Inhaber dieses Rechtes sein? Wie kann es dann „herrenlose Rechte" geben – solche eines Ungeborenen (nasciturus, §§ 1923 II, 1912 BGB), sogar eines noch Unerzeugten (nondum conceptus, §§ 2101, 2162 II, 1913 BGB), solche eines eigentümerlosen Grundstücks (§ 928 BGB), für dessen „jeweiligen Eigentümer" eine Grunddienstbarkeit (§ 1018 BGB) besteht?[1]

---

[1] A: ABGB 22, 23, 274, 612, 707, 708, 444, 474; CH: ZGB 544, 393 Ziff. 3, 31 II; 545 I; 666 i. V. m. 664, 730.

Es scheint hier, als ob der Begriff des subjektiven Rechts zu einer Quelle von Schwierigkeiten wird. Der französische Staatsrechtslehrer *Léon Duguit* hat ihn daher schon seit 1900 bekämpft, und es war das Hauptanliegen der *Uppsalaschule*[2], ihn zu beseitigen. Der berechtigte Kern dieses Anliegens läßt sich am besten mit einer Darstellung des *Besitzes* verbinden.

II. Es ist nämlich eine alte Streitfrage, ob der Besitz ein subjektives Recht ist. Heute überwiegt die Meinung, daß er es einerseits sei, andererseits aber auch nicht: er sei es *nicht* als Faktum, er *sei* es als Inbegriff der Folgen dieses Faktums.

Der Besitz wird allgemein als „die Innehabung der tatsächlichen Gewalt über eine Sache" definiert. Aber § 854 I BGB[3] sagt, daß „der Besitz einer Sache" „durch die Erlangung der tatsächlichen Gewalt über die Sache erworben" wird. Setzt man nun „Besitz" = tatsächliche Gewalt, so kommt als Inhalt der Bestimmung heraus, daß der Besitz „durch die Erlangung des Besitzes" erworben wird, was eine Tautologie und keinen vernünftigen Sinn ergeben würde. Auch wenn § 857 sagt, daß „der Besitz" auf den Erben „übergeht", so kann damit „die tatsächliche Gewalt" wohl nicht gemeint sein: das Gesetz kann an der *Tatsächlichkeit* nichts ändern, wenn der Erbe von dem Erbfall nichts erfahren und ein anderer den Nachlaß an sich genommen hat; es kann ihm nur einen *Anspruch* gegen denjenigen geben, der „die tatsächliche Gewalt" über den Nachlaß *tatsächlich*, aber zu Unrecht hat, den „Erbschaftsbesitzer". Dieser Anspruch folgt aber aus § 2018 BGB und nicht etwa daraus, daß

---

[2] Deutschsprachige Hauptwerke: *Axel Hägerström*, Der römische Obligationsbegriff I, 1927, II, 1941; *Karl Olivecrona*, Gesetz und Staat, Kopenhagen 1940 (der Titel der engl. Ausgabe: *Law as Fact*, trifft die These besser); *A. V. Lundstedt*, Die Unwissenschaftlichkeit der Rechtswissenschaft, 1932, sowie Legal Thinking Revised, Stockholm 1956; *Theodor Geiger*, Vorstudien zu einer Soziologie des Rechts, Kopenhagen 1947, 4. A. hg. von M. Rehbinder, Berlin 1987.

[3] In Österreich gilt der deutsche Besitzbegriff gemäß Art. 5 der 4. VO zur Einführung handelsrechtlicher Vorschriften nur für den Bereich des HGB. Nach ABGB 309 verlangt hingegen Besitz außer der tatsächlichen Gewalt noch den Willen des Inhabers, die Sache als die seinige zu behalten, so daß der Inhaber einer Sache und der Besitzer unterschieden wird. Wie in Deutschland hingegen ist die Lage in der Schweiz: ZGB 919, 922.

„der Besitz" auf ihn, den Erben, übergegangen ist. Das Erbe würde ihm auch ohne § 857 zustehen. Wozu also der Satz: „Der Besitz geht auf den Erben über"?

Die Lösung ist, daß in den §§ 854 I, 856, 857 mit dem Worte „Besitz" gar nicht die tatsächliche Gewalt bezeichnet wird, sondern daß damit die *Rechtsfolgen* gemeint sind, die sich aus ihrer Innehabung ergeben. Diese Rechtsfolgen aber unterscheiden sich nicht von denen, die aus subjektiven Rechten fließen können. Es sind nämlich *Ansprüche* (§§ 861, 862, 867) und dazu ein eigentümliches Gewaltanwendungsrecht, das dem Besitzer gegen Eingriffe zusteht, in die er nicht eingewilligt hat (verbotene Eigenmacht, §§ 859, 860). In diesem *Besitzschutz*[4] ist dem Besitzer von der Rechtsordnung zur Wahrung seiner Interessen Macht gewährt. In ihm hat er ein Bündel von Ansprüchen. Aber der Besitz *selbst* ist darum kein subjektives Recht: *er* ist nur „die Innehabung der tatsächlichen Gewalt", die Sachherrschaft, und sie allein ist gemeint, wenn das Gesetz *im übrigen* von „Besitz" spricht.

III. Mit „Besitz" ist also *einmal* ein *Tatbestand* gemeint, an den die Rechtsordnung Rechtsschutzfolgen knüpft, zum *anderen* der Inbegriff eben dieser *Folgen*. Nur in dem Verständnis als Inbegriff der Rechtsfolgen der Sachherrschaft wird nun der Besitz als subjektives Recht bezeichnet, obwohl ein *Inbegriff* von Rechten (wie etwa das Vermögen) durchaus noch kein Recht ist. Daher folgte dieser Kennzeichnung in dem bekannten Lehrbuch des Sachenrechts von Wolff/Raiser auch die Erläuterung:

„Der Besitz erscheint hierbei nicht als *Summe* der rechtlichen Wirkungen des Besitztatbestandes, sondern als deren *Quelle*. Wie zwischen die eigentumsbegründenden Tatsachen und die einzelnen Befugnisse des Eigentümers das ‚Eigentum' tritt, als Folge jener Tatsachen, als Quelle dieser Befugnisse, so schaltet sich hier zwischen den Besitztatbestand und die einzelnen Rechte des Besitzers ‚der Besitz' selbst als deren Mutterrecht. Nur diese Vorstellung veranschaulicht befriedigend die Übertragbarkeit und Vererblichkeit des Besitzes[5]."

---

[4] A: ABGB 339 ff., CH: ZGB 926–928.

[5] *Martin Wolff/Ludwig Raiser:* Lehrbuch des Sachenrechts, 10. A. 1957, § 3 III, S. 19.

Zwischen den Tatbestand der Sachherrschaft, der an sich selbst kein Recht ist, und die Rechtsschutzfolgen, die zwar ein Inbegriff von Rechten, aber ebensowenig ein Recht sind, wird hier also „der Besitz selbst" als deren „Mutterrecht" eingeschoben. Damit erscheint das *Recht* jedoch als eine bloße *Hilfskonstruktion*, und die Parallelisierung mit dem Eigentum bestätigt dann die These der Uppsalaschule, daß nämlich das subjektive Recht *überhaupt* eine bloße Hilfskonstruktion sei, ein *Bindestrich*, den wir zwischen Rechtsfaktum und Rechtsfolgen zu setzen pflegen. Denn es wird kaum bestritten werden können, daß die bindende Kraft nicht in diesem „Strich", dem subjektiven Recht selber liegt, sondern in den Normen der *objektiven Rechtsordnung*, die an diesen Tatbestand diese Folgen geknüpft haben.

IV. Dieser „Bindestrich" ist nun aber mit den Rechtsordnungen aller Völker und Zeiten verbunden. Überall ist das, wozu die Rechtsordnung den von ihr Begünstigten ermächtigte, als *seine* Macht, *sein* Recht empfunden worden, besonders zu einer Zeit, als es noch keinen „von Amts wegen" tätig werdenden Behörden- und Verwaltungsapparat gab und man sich „sein Recht" regelmäßig *selbst* verschaffen mußte. Es ist deshalb nicht verwunderlich, daß allen Völkern das subjekte Recht geläufig ist und daß sie es durchweg mit demselben Worte benennen wie das objektive Recht (*ius, diritto, droit, prawo* usw.); die englische Unterscheidung *law/right* ist auffallende Ausnahme.

Wir sahen ferner, daß das Recht, wie alles Kulturelle, durchaus *Tradition* ist. Das gilt nun nicht bloß für den *Inhalt* der Normen, sondern auch für ihre *Form* und das mit ihnen verbundene *Rechtsdenken*. Würden wir also das subjektive Recht ausmerzen, so wären wir zugleich gezwungen, die gesamte Rechtsordnung neu zu durchdenken und neu zu formen. Und wenn dabei auch *sachlich* alles beim alten bliebe, so müßten doch die neuen Texte sehr viel *komplizierter* werden.

Daß unser Gesetzgeber den *Besitz* zu regeln vermocht hat, ohne ihn zu einem Recht zu machen (weshalb er auch soeben das geeignete Demonstrationsobjekt gewesen ist), beruht nur darauf, daß sein Tatbestand, die Sachherrschaft, so ungewöhnlich einfach ist. Andere rechtsbegründende Tatbestände mit all ihrem Wenn und Aber zu formulieren, ohne die

Erleichterung, Fakten und Folgen in dem *einen* Begriff des betreffenden Rechts zusammenfassen zu können, würde eine unübersehbar schwierige und undankbare Aufgabe sein.

Es ist deshalb vernünftiger, wenn man es beim subjektiven Recht als einem rechtstechnischen Hilfsmittel beläßt[6]. Die Jurisprudenz ist keine Wissenschaft um ihrer selbst willen. Auf einen vom common sense der Weltrechtsüberlieferung geprägten Grundbegriff würde sie nicht ungestraft verzichten können[7].

V. Dagegen kann die Einsicht in das eigentliche Wesen des subjektiven Rechts die Rechtstheorie von manchem Scheinproblem und unfruchtbaren Streit befreien. Ist das subjektive Recht in Wahrheit nichts anderes als die objektivrechtliche Verbindung bestimmter Folgen mit einem bestimmten Tatbestand, so erledigen sich viele Fragen der Rechtsidentität: ob z. B., wer Eigentum nach § 932 BGB[8] gutgläubig vom Nichtberechtigten erworben hat, das Eigentum des alten Eigentümers (als von diesem abgeleitet, derivativ) erwarb, oder ob er neues (originär) erworben hat; was aus meiner Forderung „wird", wenn ich sie einklage: ob sie dabei in meine Klage und sodann ins Urteil „übergeht".

---

[6] Dabei braucht uns nicht zu stören, daß es einst, in gewissem Maße, von magischen Vorstellungen von Macht und Kraft umwittert gewesen ist. Der Begründer der Uppsalaschule, der Philosoph Axel *Hägerström* (1868–1939), hat sein Lebenswerk dem Nachweis gewidmet, daß auch die Römer das subjektive Recht magisch aufgefaßt und gehandhabt und wir dieses Denken mit ihrer Jurisprudenz übernommen hätten. Doch auch der Begriff der *Krankheit* ist ja für die Medizin nicht durch die Einsicht unpraktikabel geworden, daß sie nur ein Symptomkomplex, nicht aber ein böses Etwas ist, das über den Menschen „Macht gewinnt". Hippokrates' Leistung bleibt in Ehren, obwohl wir von einer Krankheit sprechen, *als ob* sie ein Wesen wäre. Siehe *B. Rehfeldt*, Recht und Ritus, FS Heinrich Lehmann, 1956, S. 45–61.

[7] Als Hilfsbegriff läßt deshalb auch *Kelsen*, Reine Rechtslehre, 2. A. 1960, S. 133, das subjektive Recht noch gelten; ferner *Theodor Geiger*: Vorstudien zu einer Soziologie des Rechts, 4. A. 1987, S. 126 ff. Völlig abgelehnt wird es, wie gesagt, von *Duguit*, Traité de droit constitutionnel, 2. A. 1921, S. 134 ff., 151 ff., 399 ff. und von *Alf Ross*, Tû-tû, in Scandinavian Studies in Law 1 (1957), S. 137 ff. Ganz anders *Eugen Bucher*, Das subjektive Recht als Normsetzungsbefugnis, 1965. Siehe auch *Karl-Heinz Fezer*: Teilhabe und Verantwortung: die personale Funktionsweise des subjektiven Privatrechts, 1986.

[8] A: ABGB 367; CH: ZGB 933.

Und ist das subjektive Recht in seinem Kern nicht Interesse und Macht, so verlieren Fragen wie die oben unter I angeschnittenen ihre Schwierigkeit: *nasciturus, nondum conceptus* und der z. Z. nicht existente „jeweilige Eigentümer" eines Grundstücks, dazu der Gläubiger der Forderung aus einem herrenlosen Inhaberpapier können sehr wohl objektivrechtlich begünstigt sein. Des Interesses und der Macht, ja sogar ihres eigenen Vorhandenseins bedürfen sie dazu nicht.

§ 17. Das Problem der juristischen Person und die Realität der Verbände

I. Zusammen mit diesen Schattenwesen hatten wir auch die *juristische Person* genannt. Als ein nur fingiertes Etwas kann sie Gegenstand objektivrechtlichen Schutzes sein; denn werden Rechte und Pflichten als bloße Reflexe der objektiven Rechtsordnung gesehen, so kann auch eine *persona ficta,* eine fingierte Person, deren Träger, Bezugspunkt von Sollen und Haben sein, klagen und verklagt werden. Wie sie Träger von Interessen oder Macht sein könnte, wäre schwerer begreiflich zu machen.

Es ist nun aber keineswegs unstreitig, daß die juristische Person wirklich *persona ficta* ist. Der sogenannten *Fiktionstheorie* (v. Savigny) steht nämlich schon seit über hundert Jahren die *Theorie der realen Verbandspersönlichkeit* (Beseler, Otto v. Gierke) gegenüber, und eine ganze Reihe vermittelnder Theorien ist zwischen diese beiden Extremstandpunkte getreten, um zu erklären, wie etwas, was nicht leibhaftiger Einzelmensch ist, als selbständiges Rechtssubjekt gedacht werden könne. Während *Savigny* (1779–1861) zu diesem Zwecke einen Menschen fingierte, nahm *Gierke* (1841–1921) das Vorhandensein eines wirklichen Menschen an:

> „Wir betrachten das soziale Ganze gleich dem Einzelorganismus als ein Lebendiges und ordnen die Gemeinwesen zusammen mit den Einzelwesen dem Gattungsbegriff des Lebewesens unter" (*Gierke,* Das Wesen der menschlichen Verbände, 1902, S. 16).

Ist diese Auffassung wirklich so abwegig, wie sie auf den ersten Blick erscheint?

II. Wir haben zu Beginn des Buches einen Blick auf den Bienenstock geworfen. Solch ein „Insektenstaat" ist *wirklich* ein Lebewesen: Mit allen Einzelheiten ist er in jeder Biene vorgebildet und darum mit ihr da. Sie ist körperlich in eine seiner drei Grundfunktionen hineingeboren und *kann* nichts anderes tun, als sie vollziehen. Aus den angeborenen fest fixierten Verhaltensweisen von Königinnen, Drohnen und Arbeiterinnen ergibt sich der Organismus ihres Zusammenlebens mit der gleichen biologischen Notwendigkeit, mit der für die Körperzellen des Einzeltieres ihre Funktionsgemeinschaft aus dessen Erbanlage folgt.

Dem Menschen hingegen ist eine bestimmte Gemeinschaftsform so wenig angeboren wie eine bestimmte Sprache. *Was* für Gemeinschaften er bildet, liegt bei ihm. Und nicht nur ist sein Verhalten nicht festgelegt: er kann sich auch *Zwecke setzen*. Dem Tier sind seine „Zwecke" von Natur gesetzt; es kann sich selbst nichts „vorsetzen" noch „vorstellen"; ihm fehlt die Phantasie[1]. Der Mensch hingegen kann *planen* und seine Zwecke *mitteilen*[2]. So kann er nicht nur in Gemeinschaften hineinwachsen, in Sippe, Stamm, Volk und Staat, sondern er kann sich auch bewußt *vergesellen:* zu Jagd und Fischfang, Schiffahrt und Seeraub, Ackerbau und Handwerk, Handel und Industrie; erst zu gleichem Tun, dann – indem jeder anderes, doch zum gemeinsamen Zweck oder für Zwecke anderer leistet – in *Arbeitsteilung:* im Betrieb von Abteilung zu Abteilung bis zum Fließband, und weiter von Betrieb zu Betrieb,

---

[1] Zur schöpferischen Phantasie als spezifisch menschliches Merkmal siehe *John C. Eccles:* Die Evolution des Gehirns – die Erschaffung des Selbst, 2. A. 1993, S. 370–374.

[2] „Das Konzept der bewußten Zeitbindung ist Ausdruck der bemerkenswerten Fähigkeit von Menschen, für die Zukunft zu planen und sich dabei die Erinnerung an frühere Erfahrungen zunutze zu machen. Vorläufer sind zumindest ansatzweise bei Menschenaffen und anderen Tieren zu beobachten... Ihre Verhaltensweisen sind (jedoch), wie sorgfältige Beobachtungen gezeigt haben, automatisch, stereotyp und relativ unflexibel. Diese Tiere können ihr Verhalten kaum ändern, wenn ungewöhnliche und unerwartete Veränderungen der Umstände eintreten, wie es intelligente Menschen können, wenn sie eine von ihnen selbst geplante Verhaltensweise ausführen" (*G. L. Stebbins:* Darwin to DNA, Molecules to Humanity, New York 1982, S. 364).

von Land zu Land. So wächst die Menschheit über den Erdball hin zu
einer arbeitsteiligen Produktionsgemeinschaft zusammen, noch ehe
ein Weltstaat errichtet ist. Und es sind lauter kleinere oder größere
arbeitsteilige Produktionsstätten, die am Austausch der Produkte
teilnehmen; sie alle sind planmäßige, zweckbestimmte Vergesellungen, in Produktion wie Austausch. Denn auch das Verhältnis des
Rohstofflieferanten zum Fabrikanten und des Fabrikanten zum
Abnehmer ist Vergesellung. „Wir arbeiten *mit* der Firma NN", sagen
sie ganz richtig voneinander. Ja selbst der Ladenkauf ist eine solche
Vergesellung, wenn auch eine nur flüchtige: Käufer und Verkäufer
vereinigen sich dabei zu einem gemeinsamen Zweck, nämlich dem
Austausch ihrer Leistungen.

Die zahllosen gewachsenen oder organisierten Gemeinschaften,
von denen jeder Mensch mehreren angehört: Familie, Betrieb,
Volk, Staat und Kirche, doch auch Vereine, Gesellschaften und
selbst Gruppen, die gar nicht dem Recht, sondern nur der Sitte
angehören: Freundschaften, Kränzchen, Cliquen und „Klüngel" –
sie alle sind nun sicherlich *Realitäten*. Auch sind sie nicht nur um
uns, sondern auch *in uns selbst*:

„Denn wir finden die Realität der Gemeinschaft auch in unserem
Bewußtsein. Die Eingliederung unseres Ich in ein gesellschaftliches Sein
höherer Ordnung ist für uns inneres Erlebnis. Wir empfinden uns als ein
in sich beschlossenes Selbst, aber wir empfinden uns auch als Teil eines in
uns wirkenden lebendigen Ganzen. Wollten wir unsere Zugehörigkeit zu
einem bestimmten Volk und Staat, einer Religionsgemeinschaft und Kirche, einer Berufsgemeinschaft, einer Familie und mancherlei Vereinen und
Genossenschaften wegdenken, so würden wir in dem ärmlichen Rest uns
selbst nicht wiedererkennen. Besinnen wir uns aber auf dieses alles, so
wird uns klar, daß es sich nicht bloß um äußere Ketten und Bande
handelt, die uns umschlingen, sondern um psychische Zusammenhänge,
die in unser Innerstes hineinreichen und integrierende Bestandteile unseres geistigen Wesens bilden. Wir spüren, daß ein Teil der Impulse, die
unser Handeln bestimmen, von den uns durchdringenden Gemeinschaften ausgeht. Wir werden uns bewußt, daß wir Gemeinschaftsleben mitle-
ben. Schöpfen wir daher aus unserer inneren Erfahrung die Gewißheit der
Realität unseres Ich, so erstreckt sich diese Gewißheit nicht nur darauf,
daß wir individuelle Lebenseinheiten bilden, sondern zugleich darauf, daß
wir Teileinheiten höherer Lebenseinheiten sind. Die höheren Lebensein-

heiten selbst freilich können wir in unserem Bewußtsein nicht finden. Denn da wir nur Teile des Ganzen sind, kann das Ganze nicht in uns sein. Unmittelbar also können wir aus der inneren Erfahrung nur das Vorhandensein, dagegen nichts über die Beschaffenheit von Verbandseinheiten entnehmen. Mittelbar jedoch können wir aus den Gemeinschaftswirkungen in uns schließen, daß die sozialen Ganzen leiblich-geistiger Natur sind. Denn diese Wirkungen bestehen in leiblich vermittelten psychischen Vorgängen. Darum sprechen wir nicht nur von den gesellschaftlichen Körpern und ihren Gliedern, sondern auch von Volksseele, Volksempfindung, Volksüberzeugung und Volkswillen, von Standesgeist, Korpsgeist und Familiengeist usw. Wir bezeichnen damit sehr lebendige psychische Mächte, deren Realität wir nicht am wenigsten dann empfinden, wenn wir, von unserer Individualität Gebrauch machend, uns gegen sie auflehnen. Alltäglich mag uns aufmerkende Selbstbeobachtung von dem Dasein dieser Geistesmächte überzeugen" (*Gierke*, a. a. O., S. 22–24).

Die Realität der menschlichen Verbände und ihrer Seinsweise kann nicht eindringlicher geschildert werden: Wir bilden Gemeinschaften und werden zugleich durch sie gebildet. Aber trotz *Gierkes* gelegentlich betonter biologistischer Ausdrucksweise sind selbst die stabilsten dieser Gemeinschaften *keine Lebewesen:* selbst gegen seinen Staat kann der Mensch sich auflehnen[3]; daß die Biene es gegen den ihren *nicht* kann, macht diesen zum Lebewesen.

Dennoch *leben* die Verbände, allerdings nur in der gemeinsamen Vorstellung, im *Bewußtsein* der beteiligten Menschen. Doch auch in Gedanken kann eben etwas *sein*[4]. Und sobald ein Gedanke, eine Vorstellung, ein Bewußtseinsinhalt vielen *gemeinsam* ist und als Motiv wirkend ihr Verhalten koordiniert, ist er eine *soziale Realität*. Dies kann er in *verschiedenem Grade* sein. Je größer der Kreis derer ist, denen er gemeinsam ist, in um so

---

[3] Daher ist auch die Vorstellung von *menschlichen* Gemeinschaften als Lebewesen, weil sie das Bewußtsein des Menschen von seiner Freiheit einengt, in ihrer Wirkung tendenziell freiheitsfeindlich.

[4] Solch Dasein im menschlichen Bewußtsein wird gegenwärtig im Anschluß an *Nikolai Hartmann* (1882–1950) als „geistiges Sein" bezeichnet (Das Problem des geistigen Seins, 2. A. 1949). *Hegel* (1770–1831) hatte es „objektiven Geist" genannt. Doch ist es besser, wenn diese Dinge deutlich werden sollen, das allzu vieldeutige Wort *Geist* so sparsam wie möglich zu gebrauchen.

höherem Grade ist er soziale Realität. Ist er die Vorstellung nur eines kleinen Kreises, so kann ihm dessen soziale Machtstellung jedoch gleichwohl entscheidende Realität verleihen. Die Vorstellungen der *Juristen* sind also zwar um so mehr soziale Realitäten, je mehr das Volk sie mit ihnen teilt. Doch können auch Gedanken, die nur die ihren[5], als solche aber eben *juristische Realitäten* sind, das Leben mitbestimmen. Sie haben dann *rechtliche* Existenz; auch wenn sie von den Betroffenen nicht geteilt und nicht immer ganz verstanden werden.

III. Unter den Verbänden, deren Seinsweise wir uns hiermit verdeutlicht haben, befinden sich nun auch *juristische Personen*. Freilich nur unter den weniger flüchtigen, denen, die dazu bestimmt sind, ihre Gründer überdauern und *unabhängig vom Wechsel ihrer Mitglieder,* also als solche, weiterbestehen zu können. Wir sagen von ihnen, daß sie eine „körperschaftliche Verfassung" haben; sie sind *corpora.* Vergesellungen von Einzelpersonen in der Weise, daß sie nur aus den sich verbindenden Einzelnen bestehen sollen, juristisch: *Gesellschaften* (vgl. § 705 BGB), gehören also nicht dazu. Aber auch die körperschaftliche Verfassung macht noch nicht die Rechtspersönlichkeit aus: der „nichtrechtsfähige Verein" hat sie (sonst wäre er nur Gesellschaft; aber er ist es nicht; § 54 BGB darf hier nicht irreführen!), und ist doch nicht juristische Person[6].

Unter den Verbänden des *Privatrechts,* die durch rechtsgeschäftlichen Gründungsakt (also durch privatrechtliche Willenserklärung) entstehen, sind *juristische* Personen nur: der „eingetragene Verein" (e. V., § 21 BGB), der „wirtschaftliche Verein" (§ 22 BGB; sehr selten), die Aktiengesellschaft (AG, §§ 1 ff. des Aktiengesetzes, AktG), die Kommanditgesellschaft auf Aktien (KGaA, §§ 278 ff. AktG; selten; nicht zu verwechseln mit der Kommandit-

---

[5] Nicht freilich als Phantasien, sondern als aus der Rechtsordnung ableitbare Folgerungen!

[6] Diese Ausnahme ist in der Schweiz unbekannt. Nach dem dortigen System der freien Körperschaftsbildung ist jede Körperschaft juristische Person, siehe Schaubild Schweiz, S. 119. In Österreich hingegen gibt es die freie Körperschaftsbildung nur für den Idealverein.

gesellschaft, KG, §§ 161 ff. HGB, die *nicht* rechtsfähig ist!), die Gesellschaft mit beschränkter Haftung (GmbH, §§ 1 ff. GmbHG), der Versicherungsverein auf Gegenseitigkeit (VVaG, §§ 7, 15 ff. Versicherungsaufsichtsgesetz, VAG) und die eingetragene Genossenschaft (eG, §§ 1 ff. des Genossenschaftsgesetzes, GenG).

AG, KommAG und GmbH, die *Kapitalgesellschaften,* sind nur insofern „Gesellschaften", als ihre Mitgliederzahl durch die satzungsmäßig vorgesehene Zahl der Kapitalanteile beschränkt ist (eine AG kann nicht mehr Aktionäre haben, als dem satzungsmäßigen Grundkapital und der Stückelung der Aktien entspricht). Sie haben mit den Vereinen aber die körperschaftliche Verfassung gemein. Dadurch unterscheiden sie sich von den *Personengesellschaften* (Gesellschaft des BGB: §§ 705 ff.; OHG, KG, Stille Gesellschaft: §§ 105 ff., 161 ff., 335 ff. HGB). Von den *Vereinen* aber sind sie trotz der körperschaftlichen Verfassung dadurch verschieden, daß deren Mitgliederzahl „offen" ist: einem Verein und einer eingetragenen Genossenschaft können grundsätzlich beliebig viele Mitglieder beitreten.

Unter den juristischen Personen des *öffentlichen Rechts,* die unterhalb der Staatsebene nur durch Gesetz begründet werden können, sind *Verbände* mit Rechtspersönlichkeit nur die *Körperschaften* des öffentlichen Rechts (Staaten, Kirchen, Gemeinden, Gemeindeverbände, Universitäten u. a.). Die *Anstalten* des öffentlichen Rechts sind dagegen organisatorisch verselbständigte *Verwaltungseinheiten* (Post, Eisenbahn, die Träger der Sozialversicherung, Sparkassen, öffentliche Versorgungsbetriebe u. a. m.), die im Gegensatz zu den Körperschaften keine Mitglieder haben. Die *Stiftungen* des privaten (§§ 80 ff. BGB) wie die des öffentlichen Rechts sind mit Rechtspersönlichkeit ausgestattete *Vermögensmassen.* Ebensowenig wie die Anstalten haben sie Mitglieder (die sie Verwaltenden sind keine solchen!), und doch sind sie juristische Personen.

Ein schematischer Überblick, auch für Österreich und die Schweiz, folgt auf den nächsten Seiten. Allerdings ist die Terminologie zuweilen umstritten.

IV. Begründet also die körperschaftliche Verfassung eines Verbandes als solche nicht seine Rechtsfähigkeit und gibt es Rechtspersonen, die gar keine Verbände sind (Anstalten und Stiftungen), so fehlen, umgekehrt, in der Liste der juristischen Personen allerrealste Verbände der modernen industriellen Gesellschaft: die Unternehmen, die Betriebsgemeinschaften und die Gewerkschaften.

1. Das *Unternehmen* eines Fabrikanten etwa besteht aus allen Vermögenswerten, über die er für die Zwecke seines Betriebes verfügt: Grundstücken mit Gebäuden, Maschinen und Anlagen, Rohstofflagern, Halbzeug, Fertigwaren, Patenten, Gebrauchsmustern, Warenzeichen, Geschäftsgeheimnissen, Forderungen; zugleich und ebensosehr aber seinen eingespielten Beziehungen zu Lieferanten, Kunden, Kreditinstituten usw., dem ihm und seinem Namen, seiner Firma, von diesen entgegengebrachten guten Willen zur Zusammenarbeit (Goodwill) und last not least der eingearbeiteten Belegschaft.

Dieses Unternehmen, ein Organismus, in dem alle Teile in funktionaler Wechselwirkung (Interdependenz) miteinander stehen, das seinen Wert gerade als *Ganzes* hat (und *deshalb* auch mit Grund als „sonstiges Recht" nach § 823 I BGB Rechtsschutz genießt), kann sich als Ganzes von der Person des Unternehmers lösen: Er kann es mit seiner Firma veräußern (§§ 22, 23 HGB). Die Firma war ursprünglich sein eigener Familienname. Jetzt verwächst er völlig mit dem Unternehmen[7].

Mit der Zunahme der Betriebsgrößen wird die *Firma* im Verkehr ohnehin immer mehr als Name des *Unternehmens* als solchen aufgefaßt, obwohl sie doch der Name des *Unternehmers* ist (§ 17 HGB). Aber das Werk „entfremdet" sich seinem Schöpfer; der Mensch tritt hinter seiner ihn überwachsenden Schöpfung in die Anonymität zurück. Seit 1953 spricht das Gesetz in § 2 HGB selbst bereits von der „Firma des Unternehmens"! Das Unternehmen kann schließlich sogar gänzlich *ohne* Unternehmer weiterarbeiten und florieren, wie praktisch das Volkswagenwerk von 1945–59. Aber juristische Person ist es dennoch als *solches* nicht.

2. Die Belegschaft eines Werkes mag als *Betriebsgemeinschaft* einen Gesellschaftskörper von 30 000 Menschen bilden; mit einem ausgeprägten Betriebsstolz und Zugehörigkeitsbewußtsein, das Privilegien auf Grund langer Betriebszugehörigkeit verstärken;

---

[7] In der Schweiz hingegen ist eine Namensfortführung bei Veräußerung des Unternehmens nicht möglich.

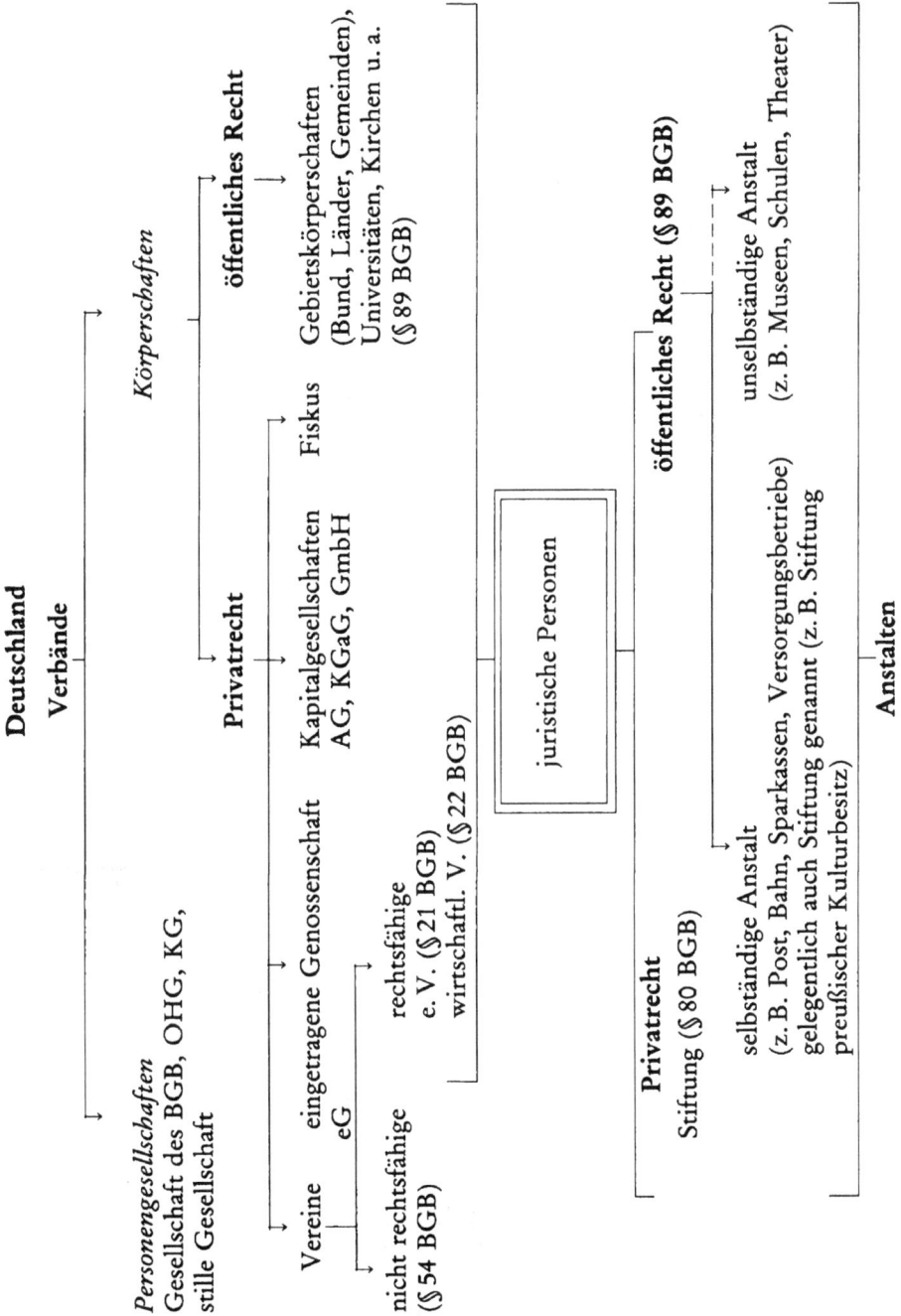

Deutschland

juristische Personen

Verbände

Körperschaften

Personengesellschaften
Gesellschaft des BGB, OHG, KG,
stille Gesellschaft

Vereine

nicht rechtsfähige
(§ 54 BGB)

rechtsfähige
e. V. (§ 21 BGB)
wirtschaftl. V. (§ 22 BGB)

eingetragene Genossenschaft
eG

Privatrecht

Kapitalgesellschaften
AG, KGaG, GmbH

Fiskus

öffentliches Recht

Gebietskörperschaften
(Bund, Länder, Gemeinden),
Universitäten, Kirchen u. a.
(§ 89 BGB)

Anstalten

Privatrecht
Stiftung (§ 80 BGB)

selbständige Anstalt
(z. B. Post, Bahn, Sparkassen, Versorgungsbetriebe)
gelegentlich auch Stiftung genannt (z. B. Stiftung
preußischer Kulturbesitz)

öffentliches Recht (§ 89 BGB)

unselbständige Anstalt
(z. B. Museen, Schulen, Theater)

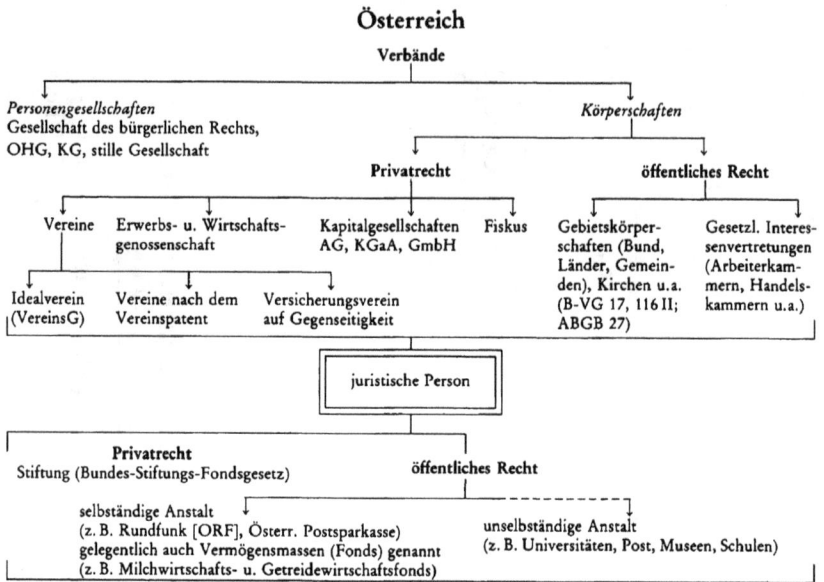

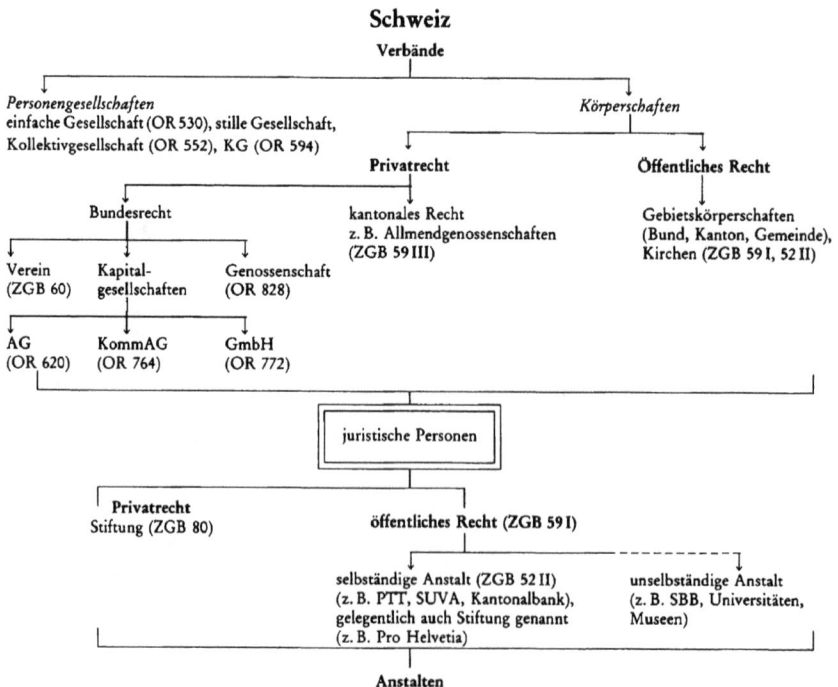

einer hierarchischen Ordnung von Generaldirektoren, Direktoren, Abteilungsleitern, stellvertretenden Abteilungsleitern bis zu Werkmeistern, Vorarbeitern, Facharbeitern, Arbeitern und Lehrlingen; mit festen Sitten und Gewohnheiten, Pflichten und Rechten auf Grund der Betriebsordnung, in Arbeiter und Angestellte gegliedert, Betriebsräte als seine Vertreter wählend, Mitglieder in den Aufsichtsrat der das Werk betreibenden AG entsendend und in allem zu einem gemeinsamen Zwecke verbunden: Eine Betriebsbürgerschaft, doch keine juristische Person.

3. Die *Gewerkschaften* aber beweisen, wie wenig es *praktisch* darauf ankommt, ob ein realer Verband juristische Person ist oder nicht. Fast ausnahmslos sind sie *nichtrechtsfähige* Vereine[8]. Sie könnten die Rechtsfähigkeit gemäß § 21 BGB mit einem Federstrich erlangen, und niemand würde sie ihnen heute mehr entziehen. Die sie betreffenden Einschränkungen in §§ 43 III und 61 II BGB sind schon seit 1918 gefallen. Aber in einem ihnen feindlichen Staate erwachsen, halten sie an der Tradition fest, nicht im Vereinsregister eingetragen zu sein. Das Fehlen der Rechtsfähigkeit behindert ihre Tätigkeit nicht. Nicht vermögensfähig, sind sie praktisch Inhaber gewaltiger Vermögen. Zwar können sie nicht als Eigentümer ihres Grundbesitzes im Grundbuch eingetragen werden (denn nur die Hunderttausende ihrer einzelnen Mitglieder sind Rechtssubjekte, nicht sie selbst), doch lassen sie die Grundstücke von einzelnen Vertrauensleuten oder eigens dazu gegründeten Verwaltungs-GmbH's auf deren eigenen Namen erwerben und von ihnen als *Treuhänder* für die Gewerkschaft verwalten.

V. Gegen diese sozialen Realitäten halte man das juristische Spinnengewebe der *Einmanngesellschaft:* Jemand erwirbt alle Aktien einer AG oder, was häufiger ist, alle Anteile einer GmbH, um deren Unternehmen weiter zu betreiben oder, was auch vorkommt, im Namen dieser GmbH – deren „Mantel" er gekauft hat – anderweitige Geschäfte zu machen, wobei ihm der „Mantel"

---

[8] In der Schweiz hingegen haben die Gewerkschaften automatisch mit ihrer Rechtsform des Vereins auch die Rechtsfähigkeit als juristische Person. Dasselbe gilt in Österreich für den Österreichischen Gewerkschaftsbund.

lediglich zum Schutze seines persönlichen Vermögens gegen die etwaige Haftung aus einem Fehlschlag der anderweitigen Geschäfte dienen soll (denn für Geschäfte, die er im Namen der GmbH, des Mantels, abgeschlossen hat, haftet er nur mit *deren,* nicht mit seinem Vermögen). – War mit dem Mantelkauf ersichtlich *nur* eine solche Manipulation beabsichtigt, so ist er freilich als Gesetzesumgehung nichtig, und der Gläubiger der Schatten-GmbH kann, durch den Mantel *hindurchgreifend,* dessen Träger fassen. Sonst aber hält das juristische Spinnengewebe stand, trotz seiner bloß rechtlichen Existenz.

VI. Die juristische Person ist also kein Lebewesen. Sie ist auch unabhängig von der sozialen Realität der Gebilde, denen die Rechtsordnung Rechtsfähigkeit zuschreibt. Dennoch ist sie *kein fingierter Mensch:* Wenn die Rechtsordnung sagt, daß ein bestimmter Verband (bzw. Stiftung oder Anstalt) die Rechtsfähigkeit erlangt habe, so *hat* er sie damit im Rechtssinne. Das aber bedeutet nichts weiter, als daß auf ihn dieselben Vorschriften Anwendung finden sollen, die auch für andere Personen gelten (soweit sie nicht, wie die Vorschriften des Familienrechts, einen biologischen, „natürlichen" Menschen voraussetzen). Damit ist der Verband vermögensfähig, hat Namensrecht (§ 12 BGB), gewerbliche Schutzrechte und haftet freilich auch für Schäden, die seine „verfassungsmäßig berufenen Vertreter", seine *Organe,* für ihn handelnd anderen zufügen, wie der Mensch für die Taten seiner Hände haftet (§ 31 BGB[9]; die Organhaftung, die für *alle* juristischen Personen, gemäß § 89 BGB auch für die des öffentlichen Rechts, gilt). Aber ein fingierter Mensch ist er darum ebensowenig, wie ein wegen Geistesschwäche Entmündigter gemäß § 114 BGB ein fingierter Minderjähriger, oder ein gemäß § 8 des deutschen Staatsangehörigkeitsgesetzes eingebürgerter Italiener ein fingierter Deutscher ist.

Als Gedankengebilde kann die Rechtsordnung *unmittelbar* nur auf Gedanken und Vorstellungen von Menschen einwirken und, auf dem Wege über diese, auch auf ihr Verhalten. Tatsachen kann sie unmittelbar nicht ändern. Sie kann dem abwesenden nichtsah-

---

[9] A: ABGB 26; CH: ZGB 55.

nenden Erben mit § 857 BGB die tatsächliche Gewalt, den Sachbesitz am Nachlaß nicht verschaffen. Aber sie kann die *Rechtsfolgen* des Sachbesitzes zu seinen Gunsten anwendbar machen, und indem sie ihm „Besitz" zuschreibt, *verweist* sie ihre Richter auf die Anwendung der Besitzschutznormen. Dem Erben *erleichtert* sie es damit nur, den Sachbesitz *tatsächlich* zu erlangen. Ebensowenig kann sie durch Einbürgerung den Italiener in einem sozialrealen Sinne unmittelbar zum Deutschen machen. Aber indem sie ihre Behörden anweist, alle für den deutschen Staatsbürger geltenden Vorschriften auch auf ihn anzuwenden, verbessert sie seine Stellung in der neuen sozialen Umwelt und erleichtert es ihm damit vielleicht, *wirklich* ein Deutscher zu werden.

Nichts anderes geschieht bei der Schaffung einer juristischen Person; denn auch hier kann die Rechtsordnung Fakten nicht unmittelbar ändern, sondern nur Folgen an sie knüpfen. „Wenn X ist, so soll Y sein", ist die Grundform des Rechtssatzes. „Wenn der Verein eingetragen ist, so soll er unter seinem Namen klagen und im Grundbuch eingetragen werden können, soll er für seine Organe haften usw." Indem sie ihm die Rechtsfähigkeit zuerkennt, *verweist* die Rechtsordnung auf ihre für *Personen* geltenden Vorschriften. Damit verschafft sie den hinter dem Verein stehenden Menschen eine (wie wir sahen: praktisch nicht allzu bedeutsame) Erleichterung in der Verfolgung ihrer gemeinsamen Interessen, des ihrem Verein gesetzten Zweckes. Doch ist das für das Wesen des Vorganges sekundär.

Die Rechtsordnung kann ihrem Gebilde keine psychischen Regungen – Willen und Interesse – einhauchen. Wären sie Voraussetzungen eines subjektiven Rechts, so könnte die juristische Person keine subjektiven Rechte haben. Ist aber das subjektive Recht nur die objektive *Wenn-so-Verknüpfung* eines Tatbestandes mit bestimmten Rechtsschutzfolgen, so kann die Rechtsordnung durch ihre Verweisung mühelos bestimmen, daß diese Rechtsschutzfolgen auch zugunsten der juristischen Person eintreten sollen, sofern die sie bedingenden Tatbestände in ihrem Namen verwirklicht sind.

VII. Die juristische Person ist also weder biologisch-real noch ist sie ein fingierter Mensch. Sie hat *rechtliche* Existenz. Ihre

Rechtsbeziehungen sind durch Verweisung auf die für sie passenden Normen für natürliche Personen geordnet. Will man dieser Erklärung der Sache einen Namen geben, so kann man sie *Rechtsfolgenverweisungstheorie* nennen. Diese Theorie kann aber eben nicht isoliert bestehen. Sie setzt eine *Rechtsfolgentheorie* des subjektiven Rechts voraus; daß also die Rechte und Pflichten, deren Träger die juristische Person sein soll, juristisch nichts anderes sind als die objektivrechtliche Verbindung bestimmter Tatbestände mit bestimmten Folgen.

Da die juristische Person als solche keiner seelischen Regungen fähig ist, können die ihr zugeschriebenen Handlungen, *als die ihren*, auch nicht ethisch oder unethisch sein. Trotzdem kann ein Rechtsgeschäft der juristischen Person im Rechtssinne gegen die guten Sitten oder gegen Treu und Glauben verstoßen. Sie kann aber selbst nicht gegen sittliche Pflichten verstoßen, da sie solcher nicht fähig ist. Ethisches Lob und ethischer Vorwurf können nur die für sie handelnden Menschen treffen. Sie selbst kann bloß die Rechtsfolgen dieser Handlungen tragen.

Deshalb sind denn auch bewußtseinsmäßig Rechte und Pflichten natürlicher Personen etwas anderes als solche juristischer Personen. Bei natürlichen Personen fällt der Träger der Rechtspflicht mit dem der ethischen Pflicht zusammen. Rechte, Pflichten und Handlungen lebender Menschen sind darum lebendiger, realer; solche juristischer Personen gleichsam schattenhaft. Und da unsere Rechtsordnung primär eben doch ein Recht der Lebenden, nicht der Schatten ist und Rechtspflicht als Pflicht schlechthin, subjektives Recht als Willensmacht und Herrschaft erlebt und verinnerlicht wird, so werden die alten Auffassungen von Recht und Pflicht, da soziale Realitäten, immer die gemeinverständlicheren bleiben.

§ 18. Der Staat und die Freiheit seiner Bürger

I. Unter den juristischen Personen wollen wir nun die wichtigste, nämlich den Staat näher ins Auge fassen. Bisher sahen wir: er ist Körperschaft, da vom Wechsel seiner Mitglieder – Regierenden

wie Regierten – unabhängig. Als Träger hoheitlicher Gewalt (vgl.
o. § 13 IV) gehört er zu den Körperschaften des öffentlichen
Rechts. Unter diesen ragt er dadurch hervor, daß seine Hoheitsge-
walt, sein *imperium*, von niemandem abgeleitet, also eigenständig,
souverän ist (vgl. o. § 3 II): sie ist *ursprüngliche* Herrschermacht.
Was aber sonst den Staat ausmacht, ist umstritten.

Früher ging man von drei Grundelementen aus, die jeder Staat
voraussetzt: einer *Landfläche, Menschen*, die sie bewohnen, und
einer *Gewalt*, die diese Menschen ordnet. Ist diese Gewalt „Staatsgewalt", so sind auch jene Menschen „Staatsvolk", ihr Land ein
"Staatsgebiet". Als „Staatsgewalt" aber erkannte man sie an, sofern
sie *Herrschaft*, d. h. eine Ordnung der Befehlsgebung ist. Ferner
sollte die Herrschaft auf dauernden Bestand angelegt, *statisch* sein.
Auch verlangte man, daß sie selbst weiterer Befehlsgebung ihrerseits nicht unterworfen und also *souverän* sei.

Diese auf *G. Jellinek* zurückgehende Lehre von den drei Staats-
elementen wird zwar in der Gegenwart in Frage gestellt, wobei
nach einigen das Staatsgebiet und nach anderen die Souveränität
fehlen darf. Gehen wir hier jedoch zunächst von ihr aus und
fragen, was denn ein Staat sei, so ließen sich mit gleicher formaler
Berechtigung folgende drei Antworten geben:

1. ein *Land*, dessen Bewohner von einer statischen souveränen
Herrschaft regiert werden;

2. die *Bewohner* eines Landes, die von einer statischen souveränen Herrschaft regiert werden;

3. die statische souveräne *Herrschaft* über die Bewohner eines
Landes.

In der Tat sind alle drei Antworten wirklich gegeben worden:

1. Die Auffassung, daß das *Land* die eigentliche Substanz des
Staates sei, liegt uns zwar heute fern. Sie entsprach aber einem
Denken, dem „Land und Leute" als des Fürsten Erbgut, *patrimo-
nium* galten (patrimoniale Staatstheorie).

2. Auf die *Bewohner*, die Menschen also den Akzent zu legen,
ist uns im Zeichen der Volkssouveränität natürlich. Es entspricht
überdies antiker Überlieferung: ihre *Bürger* machten für die Griechen die Polis aus; nicht „Athen" und „Sparta" führten den
Peloponnesischen Krieg, sondern „die Athener" gegen „die Lake-

dämonier"; „*der* Syrakusaner", „*der* Neapolitaner" stand auf ihren
Münzen, „Romanorum" hatte auch auf den frühen römischen
Drachmen gestanden (wich freilich bald der Inschrift „Roma").

In Rom jedoch standen dann die Bürger in ihrer Verbundenheit
als *Volk* im Vordergrund: *Populus Romanus, Senatus Populusque
Romanus* (S. P. Q. R.). Der gleiche Ausgangspunkt ist es aber
auch, wenn wir die Menschen als *Verband* ins Zentrum unserer
Definitionen stellen und den Staat etwa als einen „befehlsunabhän-
gigen territorialen Herrschaftsverband" bestimmen.

3. Mit dem Worte „Herrschaftsverband" (wie mit der Formel
S. P. Q. R.) beginnt der Akzent sich dann freilich schon von den
Menschen auf die sie verbindende *Herrschaft* zu verlagern. Wurde
die Herrschaft gar durch einen allmächtigen Fürsten ausgeübt, lag
der Gedanke, daß am Staat die Herrschaft das Wesentliche sei,
besonders nahe.

II. Heute allerdings haben wir keine absoluten Könige mehr, in
denen uns der Staat sichtbar entgegentreten könnte. Und weder im
Land noch in seinen Menschen vermögen wir heute den Staat zu
sehen. Eben hierin liegt die Eigenart des modernen Staatsbewußt-
seins (die freilich auch seine große Schwäche ist): Dem Bürger der
antiken Polis konnten seine *Mitbürger* der Staat sein; in Ämtern
und Gerichten traten dem Athener überall nur Bürger entgegen,
die Stimmzettel oder Los dorthin gestellt hatten und an deren
Stelle er im nächsten Jahr selber stehen konnte. Etwa 50 000
Vollbürger mögen es gewesen sein, von denen jährlich 6000 allein
zu Richterämtern ausgelost wurden, um im nächsten Jahr wieder
anderen Platz zu machen. Dem Bewohner unserer Länder tritt der
Staat als „Apparat" entgegen. Auch die in diesem Apparat tätigen
Beamten sind seine Mitbürger. Doch erlebt er sie nicht als solche:
sie sind Fachleute, deren Tätigkeit ihm fremd und häufig undurch-
schaubar bleibt; nie wird er an ihrer Stelle stehen. Augenfällig aber
ist ihm, daß jeder dieser Beamten, an strenge Zuständigkeitsgren-
zen und Vorschriften gebunden, nur Rädchen in einer Maschine,
seiner Behörde ist, die ihrerseits, als eine von vielen, in einer
gewaltigen Apparatur an ihrem Orte mitwirkt. Diese ständig
wachsende Behördenapparatur, die *Bürokratie* (hinter der Armee
und Polizei, die „Machtmittel" des Staates, inzwischen stark

zurückgetreten sind) ist das, was ihm vom heutigen Staat am meisten sichtbar wird, und manchem Laien ist sie selbst „der Staat".

Meist dürfte es jedoch nur eine vereinfachende Ausdrucksweise sein, wenn von den Behörden als vom „Staat" gesprochen wird. Nicht nur der Beamte, auch der Mann im „Publikum" weiß, daß der Staat *jenseits* der Behörden, daß er ein Etwas ist, das die Beamten, selbst die höchsten unter ihnen, immer nur *vertreten.* Wie er sich den Staat jedoch des näheren denkt, ist freilich schwer zu sagen. Nur, daß er ihm nicht die Summe seiner Mitbürger ist, kann leider als sicher gelten.

Das moderne Staatsbewußtsein dürfte also dadurch gekennzeichnet sein, daß ihm der Staat ein *Unsichtbares* ist. Da aber ein solcher Staat ein subjektives Phänomen ist, das jeder in sich trägt und außerhalb seiner selbst nur im Verhalten der anderen wahrnimmt, können wir, sofern wir den *modernen* Staat bestimmen wollen, nicht mehr von seinen körperlich sichtbaren Elementen ausgehen. Land und Menschen, Regierende und Regierte stehen, wenn wir an ihn denken, nicht mehr im Vordergrund unseres Bewußtseins. Wesentlicher ist uns, was das Verhalten jener Menschen *zusammenordnet* und so das Phänomen konstituiert. Deshalb würden wir auf die nicht mehr in einem Fürsten verkörperte, abstrakt gewordene *Herrschaft* zurückzugreifen und etwa die Definition 3 zu wählen haben. Welche Anforderungen an diese Herrschaft im übrigen zu stellen sind, damit sie als *Staats*gewalt gelten kann, sahen wir.

Nun wird aber diese abstrakt gewordene Herrschaft zugleich auch als ein *Handelndes* gedacht: zwar handeln *physisch* die Beamten, jedoch als Werkzeuge (Organe), was eben besagt, daß die *Herrschaft* durch jene handelt und also *personifiziert* ist. Dem entspricht es auch, daß uns der Staat als juristische Person, als Rechtssubjekt gilt. Damit tritt zu der bewußtseinsmäßigen Personifizierung der Herrschaft (als der unsichtbaren Nachfolgerin des sichtbaren Herrschers) die juristisch-technische Rechtsfolgenverweisung (vgl. o. § 17 VII).

So ist uns denn, wenn schon nicht der Staat, so doch die Staatsgewalt personifizierte Herrschaft: ein gedachter Herrscher.

Daß die so personifizierte Herrschaft Befehle nur zu geben, nicht zu empfangen, *souverän* zu sein hat, auch daß sie auf Dauer gerichtet sein muß, fügten wir schon hinzu. Damit bestimmen wir den Staat als

einen gedachten Souverän, dem die Bewohner eines bestimmten Gebietes als Untertanen, die sie Regierenden als Organe zugerechnet werden und der, in dieser Weise als überdauernd vorgestellt, das Verhalten der ihn denkenden Menschen koordiniert.

Diese Begriffsbestimmung läßt Land und Leute nicht außer Betracht, läßt aber auch deutlich werden, daß der Staat außerhalb des Bewußtseins der ihn bildenden Menschen keinen Ort hat. Neben der üblichen Erklärung des Staates als eines qualifizierten *Verbandes* mag diese Definition allzu spiritualisiert wirken. Aber auch die Erklärung als Verband ist in Wahrheit weniger handfest, als es den Anschein hat: daß auch die Verbände nur im Bewußtsein der beteiligten Menschen leben, wurde in § 17 II gezeigt. Nur ihre *Vorstellungen* binden die Menschen aneinander (wie sie sie auch voneinander trennen) und bilden die Realität ihrer sozialen Beziehungen. Nur als gemeinsamer Bewußtseinsinhalt und das Verhalten der Menschen koordinierend ist auch der Staat soziale Realität. Indem er sie als Inhalt ihres Bewußtseins befehlen und gehorchen läßt, *ist* der Staat. Erlischt Befehl *oder* Gehorsam, so ist der Staat nicht mehr. Staat wie Verbände sind also Phänomene des geistigen Seins (siehe § 17 N. 2).

III. Indem wir von der Herrschaft ausgingen, ist uns die *Staatsgewalt* unter der Hand selbst zum Staat geworden. Das könnte aber zur Sache gehören, denn zwar setzt eine Herrschaft Menschen voraus, Menschen aber sind auch ohne Herrschaft denkbar. Der Begriff der Herrschaft impliziert also schon herrschende und beherrschte Menschen, und mir scheint, daß wir deshalb in der Herrschaft den *Kern* des Staatsbegriffes vor uns haben, zu dem Gebiet und Souveränität nur als lediglich konventionelle Erfordernisse hinzutreten. Ein Blick auf die geschichtliche Entwicklung dürfte das bestätigen:

1. Die „Reiche" der germanischen Völker nach der Völkerwanderung werden allgemein als „Staaten" bezeichnet, desgleichen ihre „civitates" (wie *Tacitus* sie nannte) vor der Wanderung.

Wanderten diese Völker aber, so wanderten sie mit Weib und Kind und aller Habe, dazu in guter Ordnung und straffer („herrschaftlicher") diszipliniert, als sie es je zuvor gewesen waren (denn anders sind erfolgreiche Kriegszüge nicht möglich). Spricht man ihnen „staatliche" Ordnung *überhaupt* zu (worüber sich streiten läßt), so wird man sie ihnen deshalb sachlich auch für die Wanderzeit kaum absprechen können, als sie kein „Staatsgebiet" besaßen. Daraus aber, daß in der heutigen politischen Welt Wandervölker keine Rolle spielen, versteht sich unsere *Konvention*, für einen Staat ein Staatsgebiet zu fordern.

2. Auch der in Frankreich entstandene Begriff der *Souveränität* ist nur aus seiner geschichtlichen Bedingtheit zu verstehen. „Superanus" (= superior) sein, bedeutet an sich bloß etwas Relatives: die höhere Stufe innerhalb einer Rangordnung innehaben. In seiner Baronie ist der Baron, im Königreich der König *superanus*. Als dann der König seine Ordnung im Innern gegen die Barone durchsetzte, zugleich nach außen seine Unabhängigkeit von Kaiser und Papst, konnte ihm *Bodin* (1576), die *puissance souveraine* als seine alleinige *suprema potestas* zuschreiben[1]. Und da diese Souveränität dazu dienen sollte, die Einheit der Staatsgewalt in der Person des Königs zu sichern und überstaatliche Mächte vom Staate fernzuhalten, erhielt die alte Rangbezeichnung zugleich einen neuen Inhalt: sie wurde nun die Summe eben der Rechte, die damals dem König von Frankreich zugeschrieben werden konnte. Gesetzgebung, Entscheidung über Krieg und Frieden, Ernennung der obersten Beamten, höchste Gerichtsbarkeit, Recht auf Treue und Gehorsam, Begnadigungsrecht, Münzrecht und Besteuerungsrecht galten *Bodin* als die wahren Kennzeichen der Souverä-

---

[1] Freilich definiert er sie als die absolute und dauernde Macht eines *Staates* (la puissance absolue et perpetuelle d'une Republique, que les Latins appellent *maiestatem*). Auch hielt er den Souverän für verpflichtet, seine Verträge (wenn schon nicht seine eigenen Gesetze) zu erfüllen, und ordnete ihn Gott und der Natur als Gesetzgebern unter (vgl. *Jean Bodin*, Six Livres de la Republique, L. I ch. VIII).

nität[2], und auch in den anderen Ländern des absolutistisch werdenden Europa wurde so die Souveränität als Inbegriff der jeweiligen Herrschermacht, der Majestätsrechte des Souveräns verstanden.

Diese *Doppelbedeutung* läßt die Souveränität, Zentralbegriff des
Staatsrechts, schillern und schwanken. Denn als ein Bündel von
Majestätsrechten (moderner: Staatskompetenzen) ist die Souveränität *teilbar*, als Rangstufe ist sie *unteilbar*, kann logischerweise
niemand sie mit einem ihm Übergeordneten zugleich haben.

Schließen sich also mehrere Staaten zu einem Bunde zusammen,
so kann die Souveränität als *Rangstufe* nur entweder den Gliedstaaten oder dem Bund zukommen; in diesem Falle ist er ein
Bundesstaat, in jenem bloß *Staatenbund*. Schreibt man aber (wie es
üblich ist) auch den *Gliedstaaten* eines Bundesstaates „Souveränität" zu, so kann sie in diesem Zusammenhang nur als Inbegriff der
Staatskompetenzen verstanden und angenommen werden, daß die
Gliedstaaten bloß einen Teil davon auf den Bund übertragen
haben, obwohl er doch nach außen hin allein *supremus* ist.

Halten wir indessen an der Souveränität als einem Wesensmerk-
mal des Staates und zugleich an ihrer Grundbedeutung als höchster Rangstufe fest, so kann es keine „halbsouveränen" Staaten
geben und sind auch die Gliedstaaten eines Bundesstaates keine
Staaten. Halten wir uns an die Souveränitäts*rechte*, so kann ein
Teil davon bei ihnen sein; doch wird dann fraglich, welche von
jenen Rechten unentbehrlich sind, sofern noch „Souveränität" und
also „Staat" vorhanden sein soll. Das Recht der Gesetzgebung
werden wir auf jeden Fall dazu rechnen.

Woraus denn folgt, daß die Begriffsbestimmung des Staates, die
wir gegeben haben, für unsere abendländische Welt (die antike sei
hier ausgeklammert) vor dem 18. Jahrhundert, in dem der Staat
sich von der Person des Fürsten zu lösen begann und damit eben
zu einem *gedachten* Souverän wurde, nicht angewendet werden
kann. Dafür gibt sie aber das Wesen unseres, des *modernen* Staates

---

[2] Bodin, ebd. L. I ch. X (vgl. dazu G. *Jellinek*, Allgemeine Staatslehre, 3. A. 1913,
Neudruck 1960, S. 453 f. und 461 f.).

deutlich wieder. Schreiten wir in die Vergangenheit zurück, so müssen wir nacheinander: die Gedachtheit des Souveräns, dann (jenseits des 15. Jahrhunderts) die Souveränität selbst (sofern wenigstens die Gesetzgebung für sie entscheidend sein soll) und schließlich, uns der Völkerwanderung nähernd, auch das Erfordernis des Staatsgebietes fallen lassen. Übrig blieb für den „Staat" der Frühzeit die Bestimmung als „Herrschaftsverband" (bei mehr republikanischer) oder als „Herrschaftsordnung" (bei mehr monarchischer Struktur).

Ob solche Gebilde aber „Staat" zu nennen sind, ist eine sehr umstrittene, wenn schon im Grunde terminologische Frage[3]. Will man, trotz aller Bedenken, „jede Organisationsform herrschaftlichen Charakters, die keine höhere über sich hat"[4] bereits als „Staat" bezeichnen, so darf man nicht verkennen, daß dieser Staat auf jener frühesten Entwicklungsstufe in der *Gesellschaft* aufgeht, ganz wie (und *weil*) hier Recht und Sitte nicht zu trennen sind. Im *Sittenrecht* wären Staats- und Volksverfassung eins.

IV. Ist das Wesentliche am Staat die Herrschaft, so stellt sich unabweisbar die Frage nach ihren Grenzen. Es ist dies die Frage nach dem Verhältnis der souveränen öffentlich-rechtlichen Körperschaft „Staat" zu ihren Mitgliedern. In welchem Verhältnis steht der Staat zur Freiheit seiner Bürger?

Frei sein bedeutet an sich nur eine Negation: die Abwesenheit eines Zwanges, einer Beeinträchtigung „los und ledig" sein. Daher gibt es ebenso viele Freiheiten, wie es Beeinträchtigungen gibt. Erst die jeweils gemeinte Beeinträchtigung gibt dem Worte „Freiheit" seinen Sinn. Aber wie das Wort „Freiheit", als Freiheit *zu* etwas, zugleich auch eine positive Bedeutung erlangt hat: die Macht und das Recht, unter Ausschluß fremden Einflusses die eigene Lebenssphäre zu gestalten und aktiv am Staate teilzuneh-

---

[3] Vgl. hierzu das grundlegende Werk von *Otto Brunner*, Land und Herrschaft, 5. A. 1965 (Nachdruck 1981), bes. S. 111 ff. Ferner *Martin Kriele*: Einführung in die Staatslehre, 4. A. 1990, S. 70–104.

[4] So die hypothetische, von ihm selbst nicht vertretene Definition von *Georg Jellinek* (N. 2), S. 266.

men[5], so ist auch die Grundbedeutung des Wortes *frei* einst eine positive gewesen. Es bezeichnete die Verwandten und Freunde (vgl. engl. *friend*), die eigenen Leute (lat. *liberi*), die Stammesgenossen. Diese aber waren zugleich die Nicht-Sklaven, nicht kriegsgefangene oder eingehandelte Stammesfremde, deren Kinder gleichfalls unfrei waren. Freiheit war also damals ein *Stand,* sie war angeboren. Man hatte sie nach Stammesrecht, auch wenn man in fremden Ketten lag.

Den Freien aber erwuchsen im Adel Herren, gegen die sie sich ihrer Freiheit wehren, denen sie, als Bürger der später entstehenden Städte, ihre Freiheiten abringen mußten. Und auf den Marktplätzen der norddeutschen Städte erhoben sich die Säulen des schützenden Ritters Roland als Sinnbilder solcher Freiheiten[6], die später immer mehr als Sinnbilder der Stadtfreiheit schlechthin, der schließlich errungenen Reichsfreiheit gedeutet wurden. Diese selbst war Freiheit als Negation der Herrschaft des Landesherrn. Denn der war nahe und seine Herrschaft sehr fühlbar gewesen. Das Reich aber war groß und der Kaiser fern.

In Frankreich jedoch, wo es keinen Kaiser gab und der König nach politischer Entmachtung des Adels[7] zum alleinigen Selbstherrscher emporgestiegen war, erwuchs schließlich aus dem Freiheitsstreben der Bürger jener Feuersturm, der mit dem Feldgeschrei „Freiheit" (nämlich vom König) und „Gleichheit" (nämlich mit dem Adel) König und Adel hinweggefegt und unsere Zeit geprägt hat. Denn aus ihm und der gemäßigteren Entwicklung, die diese Dinge in England und den USA genommen haben, ist die liberale Demokratie entstanden. Diese hat es zum Ziel erklärt, das staatliche Zusammenleben *in Freiheit* zu ermöglichen. Freiheit nun, wie sie hier gemeint ist, ist Freiheit von fremdem Willen. Solche ist aber im Staate als einem Herrschaftsverband unmöglich; denn Freiheit von fremdem Willen und Herrschaft schließen ein-

---

[5] *Cicero:* De officiis I 70: Libertas est potestas vivendi ut velis.

[6] Markt-, Zoll-, Gerichtsfreiheit usw., vgl. *Gathen,* Rolande als Rechtssymbole, 1960.

[7] Durch Niederwerfung der Fronde im Jahre 1653.

ander aus. Es war daher das Bemühen vieler Staatsdenker, den Willen des Staates als nicht freiheitsbeschränkend erscheinen zu lassen, indem dieser Wille als der Bürger eigener Wille hingestellt wurde. Denn nur wenn er dasselbe will wie der Staat, ist der Bürger, dessen Befehlen folgend, frei. Wie aber kann das gedacht, wie kann staatlicher Zwang zur Freiheit umgelogen werden?

V. Aus den Anfängen der Rechtsordnung sind uns der Vertrag und das Einstimmigkeitsprinzip als Mittel der Rechtsbildung bekannt, als die einzigen, durch die das überkommene Sittenrecht *bewußt* geändert werden konnte (vgl. o. § 4 I). Nun kann man aber die Rechtsbildung durch Gewohnheit wie die durch einstimmigen Beschluß, wenn schon ungenau, als eine solche durch Vertrag auffassen: nennen wir doch Bräuche häufig „Konventionen", und ein einstimmig gefaßter Beschluß hat mit einem Vertrage jedenfalls soviel gemein, daß beide ihre Teilnehmer, aber eben auch primär *nur* diese, binden. Durch beide kann somit niemand zu etwas verpflichtet werden, was er nicht selbst gewollt hat.

1. Die Freiheit des Staatsuntertanen wäre also gerettet, wenn der Staat als ein Vertragsverhältnis dargetan werden könnte. Die *Vertragstheorie,* die Lehre also, daß Rechtsordnung und Staat, weil und soweit auf einem Vertrage beruhend, gerechtfertigt seien, gehört denn auch zu den sog. geistigen Grundlagen Europas[8]. Schon bei den Sophisten, den Epikureern und Cicero taucht sie auf[9], und man könnte sich wundern, daß sie dem Mittelalter nicht geläufiger war: hatte sich doch schon der Staat des Alten Testa-

---

[8] Siehe *Rolf Lieberwirth:* Die historische Entwicklung der Theorie vom vertraglichen Ursprung des Staates und der Staatsgewalt, 1977. Der Vertragstheorie steht die Überlagerungstheorie gegenüber, nach der Staaten durch Eroberungen entstehen, siehe z. B. *Franz Oppenheimer:* Die beiden Wurzeln des Rechts, ARWPh. 23 (1929/30), S. 184 ff.; *Ralph Linton:* The Study of Man, New York 1936, S. 243 ff., und *Theodor Geiger:* Vorstudien zu einer Soziologie des Rechts, 4. A. 1987, S. 97, 311 ff.

[9] *Cicero:* De re publica, L. I, XXV, 39 und L. III, XXXI. Vgl. auch die Auffassung der römischen Juristen vom Ursprung des Gewohnheitsrechts *tacito consensu omnium* und als *tacita civium conventio:* Dig. I, III, 32 (Julian) bzw. 35 (Hermogenian).

ments als einen Bund zwischen dem jüdischen Volk und seinem Gott verstanden und spielten doch „Einungen" und „Beliebungen" der Bürger, die auf (erst allmählich fiktiv werdender) Einstimmigkeit beruhten[10], Lehnsverträge und Bünde vieler Art als Elemente der eigenen mittelalterlichen Herrschaftsordnungen damals eine weitaus größere Rolle, als von einem „Hoheitsträger" durch einseitigen Rechtsakt erlassene Gesetze. Wenn eine solche Zeit die „Grundnorm" ihres Rechtes suchte, so hätte sie ihr – so möchte man meinen – geradezu als ein Vertrag erscheinen *müssen*. Aber dem Mittelalter war die Grundnorm Gott („Got is selve recht" heißt es im Prolog zum Sachsenspiegel), das Recht von Ewigkeit. Im Kampf zwischen Kaiser und Papst allerdings tritt die Vertragslehre dennoch hervor: Niemand kann sich, sagt ein Parteigänger des Papstes, *Manegold von Lautenbach* um 1080, selbst zum König machen; das Volk hat ihn eingesetzt, damit er allen Recht gewähre; bricht er den Vertrag, nach dem er gewählt worden, so ist das Volk seines Gehorsams ledig[11]; und *Marsilius von Padua*, der frühe Künder dessen, was später die „Volkssouveränität" genannt worden ist, ficht in seinem Defensor Pacis (Paris 1324) mit der gleichen Waffe *gegen* den Papst: eben deshalb, weil die Königsmacht auf dem Willen des Volkes beruhe, sei sie von der Kirche unabhängig[12].

Da es den mittelalterlichen Denkern hierbei vor allem um die Rechtfertigung einer *Herrschaft* ging, stand für sie das Verhältnis zwischen Volk und Herrscher, als Unterwerfungsvertrag verstanden, im Vordergrund[13]. Später aber, zumal nach der Reformation, wurde stärker bewußt, daß das Volk, um als Vertragspartner eines Herrschers auftreten zu können, erst einmal selber eine Einheit, eine *societas* bilden muß, daß also das *pactum subjectionis* logisch ein *pactum unionis* voraussetzt.

---

[10] Vgl. *Wilhelm Ebel*, Die Willkür, 1953, bes. S. 46 ff.
[11] Monum. Germaniae Hist. Libelli de lite T. I, S. 391 f. Vgl. auch S. 365.
[12] Vgl. Defensor Pacis I, IV § 5.
[13] Zur mittelalterlichen Lehre vom Unterwerfungsvertrag vgl. *Otto v. Gierke*, Das deutsche Genossenschaftsrecht Bd. III, 1881, S. 569 ff.

2. Diese beiden Verträge vereinigte nun *Hobbes* (1588–1679), der den Absolutismus des Hauses Stuart gegen die Kongregationalisten (Independents) mit ihrer (religiösen) Gemeindevertragslehre verteidigte und so den Spieß des Gegners gegen ihn selber kehrte, in seiner berühmten Formel. Es sei, sagte er, „as if every man should say to every man,

I Authorise and give up my Right of Governing my selfe, to this Man, or to this Assembly of men, on this condition, that thou give up thy Right to him, and Authorise all his Actions in like manner"[14].

Die Vereinigung der Elemente beider Verträge geschieht hier dadurch, daß der Unionsvertrag der Bürger (später „Grundvertrag" oder „Gesellschaftsvertrag", *contractus originarius* oder *pactum sociale* genannt) als Vertrag *zugunsten eines Dritten* aufgefaßt wird[15]. Durch einen untereinander geschlossenen Vertrag jedes mit jedem hat jeder sein persönliches Selbstbestimmungsrecht – bedingt durch den gleichen Schritt des anderen – auf König oder Parlament übertragen; womit er sich zugleich dem anderen gegenüber verpflichtete, dem König (bzw. Parlament) Gehorsam zu leisten, und den König wie die Mitbürger berechtigte, diesen Gehorsam von ihm zu verlangen. Damit ist die Grundaufgabe des Herrschers konstituiert, jeden gegen jeden zu schützen, d. h. die Selbsthilfe zu unterdrücken und die Sekurität zu garantieren (vgl. o. § 7). Zur Erfüllung dieser Aufgabe ist der Herrscher unbeschränkt ermächtigt worden (… Authorise all his Actions …) und seine Macht dennoch mit der Freiheit seiner Untertanen vereint; denn eben um dem *bellum omnium contra omnes* des „Naturzu-

---

[14] Vgl. Leviathan II ch. XVII (p. 87). – Wer übrigens *Hobbes'* grimmigen Witz verstehen will, mit dem er den Staat „Leviathan" taufte, der lese im Buch Hiob cap. 40, 20 ff. und cap. 41 nach. Der Prophet bezweifelt dort ausdrücklich, daß man besagten Drachen je durch Verträge werde zähmen können: „Meinest du, daß er einen Bund mit dir machen werde, daß du ihn immer zum Knechte habest?" (40, 23). Und wirklich bindet er sich ja nach Hobbes nicht!

[15] Vgl. §§ 323 ff. BGB (ABGB 881 f., OR 112). Das römische Recht kannte diese Figur noch nicht. Freilich ist *Hobbes'* Grundvertrag zugleich ein *dinglicher* Vertrag zugunsten Dritter, den auch wir nicht kennen.

standes", dem Krieg aller gegen alle zu entgehen, haben sie ihm seine Macht selber übertragen[16].

3. Auch im Contrat Social von *Rousseau* (1712–1778) sind Unions- und Unterwerfungsvertrag vereint, hier aber dadurch, daß die Vertragschließenden des Unionsvertrages sich selbst zum Herrscher machen und sich damit sich selber unterwerfen:

Chacun de nous met en commun sa personne et toute sa puissance sous la suprême direction de la volonté générale; et nous recevons encore chaque membre comme partie indivisible du tout[17].

Die Unterwerfung des Einzelnen ist hier nicht weniger vollständig als bei *Hobbes*[18], aber an die Stelle des Königs ist die Gesamtheit der Vertragschließenden selber gesetzt, so daß sich jeder einem Ganzen unterwirft, von dem er zugleich ein Teil ist.

Was aber ist der Gesamtwille, *Rousseaus volonté générale?* Es ist der Wille, den jeder als *Bürger* hat. Sollte er als *Mensch* etwa Entgegengesetztes wollen, dann muß man ihn eben *zwingen*, frei zu sein (C. S. I, 7), da der Bürgerwille stets den gemeinen Nutzen anstrebt und deshalb „immer recht" hat (C. S. II, 3), dazu noch unzerstörbar, beständig, unveränderlich und rein ist (C. S. IV, 1). Auch wird er durch eine bloße Mehrheit ausgedrückt: wer der unterlegenen Meinung seine Stimme gab, hat sich nur über den Inhalt dieses Willens, also darüber geirrt, was er als *Bürger* selbst gewollt hat (C. S. IV, 2). Das vom Volk beschlossene Gesetz ist somit stets der Ausdruck dieses Willens: *der Gesamtwille ist das Gesetz selbst*[19].

---

[16] Leviathan I, 13.

[17] Du Contrat Social I, 6.

[18] Eine „aliénation totale de chaque associé avec tous ses droits à toute la communauté" (C. S. I, 6). Vgl. auch C. S. II, 4: zwar soll der Staat an Kraft, Freiheit und Gut seiner Untertanen nur beanspruchen, was für den gemeinen Nutzen wichtig ist; „mais il faut convenir aussi que le souverain seul est juge de cette importance". Die Schweizer Kantone seiner Zeit zum Vorbild nehmend, wandte er sich gegen jede repräsentative Demokratie und unterwarf den Einzelnen der Diktatur der Mehrheit der Stimmbürger.

[19] C. S. II, 6: „Tout gouvernement légitime est républicain. Je n'entends pas seulement par ce mot une aristocratie ou une démocratie, mais en général tout gouvernement guidé par la volonté générale, qui est la loi." (Der zweite Satz schließt sich als

Hält man Rousseau an dieser Gleichsetzung fest, so verliert seine
volonté générale freilich einiges von ihrem mystischen Schimmer. Denn
wirklich kann man die jeweils geltende Rechtsordnung als den jeweiligen
Gesamtwillen des Volkes ansehen: sie gilt, solange das Volk sie befolgt, ja
wie es sie befolgt. Eben dadurch bekundet es seinen Willen, und diese
„tägliche Volksabstimmung" wiegt manche Abstimmung auf dem Forum
und im Parlament auf. Setzt man also in Rousseaus Vertragsformel für
volonté générale „*la loi*" ein, so übernimmt in ihr jeder die Verpflichtung,
der Rechtsordnung zu folgen, wie sie auch von den anderen im großen
und ganzen befolgt wird, so daß dann jeder tun soll, was man zu tun
pflegt; auch hätte die volonté générale als Gesetz, solange dies eben *gilt*,
wirklich „immer recht"[20].

4. Für das Staatsdenken Englands, aber auch Frankreichs und
der USA sind jedoch weniger die Gedanken von Hobbes oder
Rousseau als vielmehr diejenigen von Locke (1632–1704) klassisch
geworden. Seine Vertragslehre (im zweiten seiner Two Treatises
on Civil Government von 1690) ist jedoch leichter zu lesen als zu
referieren: nirgends legt er seinen Grundvertrag textmäßig fest,
und ob durch ihn eine Gesellschaft oder eine Regierung zustande
kommen soll, bleibt unklar. Klar ist aber, daß der „Naturzustand"
bei ihm, anders als bei *Hobbes*, eigentlich schon ein rechtlicher ist.
Stärker als bei *Hobbes* ähnelt das hier geltende „Naturrecht" schon
dem positiven Recht: jeder hat des anderen Leben, Gesundheit,
Freiheit und Eigentum (vgl. § 823 I BGB!) zu respektieren, vor
allem aber das letztere, das *Hobbes* betont als eine Schöpfung des
Staates angesprochen hatte; nur achte man es nicht gehörig,
solange eben der Zwang der Staatsmacht fehle. Aber indem die
Einzelnen sich der Staatsmacht vertraglich unterwerfen (sie zu
ihrem Treuhänder – trustee – machen), übertragen sie ihr nicht
mehr Macht, als sie dazu *benötigt*, um jeden gegen jeden (wie

---

Anmerkung an den ersten an.) – Übrigens hatte schon *Montesquieu* die Gesetzgebung als Macht *(le pouvoir législatif)* mit der *volonté générale* identifiziert (Esprit
des Lois L. IX ch. VI: ... n'étant ... que la volonté générale de l'état).

[20] Der *Volksgeist* der historischen Schule (vgl. u. § 25 I) ist gleichsam eine Wieder-
kehr der *volonté générale,* das konservative Gegenstück zu *Rousseaus* revolutio-
närer Konzeption. Auch *Puchtas* Volksgeist hat „immer recht".

gegen alle auswärtigen Feinde) in seinen ihm als einem Menschen angeborenen, somit schon vorstaatlichen Privatrechten, seinen Menschenrechten also, zu schützen; denn übertrügen sie (wie *Hobbes* es lehre) dem Staat auch diese Rechte, so bedürften sie solchen Beschützers nicht mehr und hätten nur einen großen Bedrücker gegen viele kleine eingetauscht. Wohl aber hätten sie Mehrheitsbeschlüsse, gleich ihrem eigenen Willen, gegen sich gelten zu lassen, denn andernfalls sei eben eine geschlossene Willensbildung des Ganzen nicht möglich und der Zusammenschluß sinnlos[21]. So könne der Staat zwar nicht ohne die eigene Zustimmung des Bürgers in dessen Rechte eingreifen (z. B. ihn besteuern), aber diese seine eigene Zustimmung *sei* die Zustimmung der Mehrheit[22].

Im übrigen ist jener Grundvertrag für *Locke* – im Gegensatz zu *Hobbes, Rousseau* und *Kant* (der auf Rousseau fußt) – nicht etwa nur ein transzendental-logisches Postulat, eine „bloße Idee der Vernunft", sondern eine historische Erfahrung: immer und überall – nicht nur Rom oder Venedig gründend – hätten sich die Menschen vertraglich zusammengefunden, auch wo wir keine Kunde davon hätten (Government is everywhere antecedent to records – Ch. VIII, 101); daß monarchische Staatsgründungen dominierten und erobernde vorkämen, spreche nicht dagegen, denn auch sie könnten ohne die Einwilligung, den *consent* der Unterworfenen nicht bestehen und würden erst durch ihn legalisiert.

Daß diese Vorstellung vom Vertrage (im weitesten Sinne) als dem eigentlichen Element der Rechtsbildung in der Geschichte manche Stütze findet, ist nicht zu bestreiten. Freilich war es bei dieser Sicht für Locke wohl auch kaum möglich, seinen Vertrag (gleich einem logischen Postulat) exakt zu formulieren. Selbst *Kant* hat das ja unterlassen.

5. So haben denn verschiedene Denker, mit unterschiedlichen Absichten, aus dem Vertragsgedanken verschiedene Folgerungen gezogen:

---

[21] For what appearance would there be of any compact? What new engagement if he were no farther tied by any decrees of the society than he himself thought fit and did actually consent to? This would be still as great a liberty as he himself had before his compact, or any one else in the state of Nature, who may submit himself and consent to any acts of it if he thinks fit (Ch. VIII, 97).

[22] ...with his own consent – *i. e.*, the consent of the majority (Ch. XI, 140).

Hobbes, den Absolutismus verteidigend, machte den König zum selbstherrlichen Gesamtinhaber aller Rechte seiner Untertanen; nur das Recht der Selbstverteidigung hat ihm kein Bürger übertragen können[23]. Und da der König selbst zum Untertanen in keinem Vertragsverhältnis stand (sondern eben, wie wir sahen, bloß „begünstigter Dritter" war), konnte er auch sein Recht durch keinen Treuebruch je verwirken, konnten also Rebellion und Widerstand gegen ihn niemals legal sein. Erst dann, wenn ein siegreicher Feind seine Macht gänzlich niedergekämpft hatte, so daß er seine Untertanen nicht mehr zu schützen vermochte, endete auch deren Gehorsamspflicht[24].

Locke, aus dem Lager der Independenten stammend und die aus der Revolution von 1688 hervorgegangene Beschränkung der monarchischen Gewalt zu rechtfertigen bemüht, machte König und Regierung zu Treuhändern und damit zu vertraglich Verpflichteten des Volkes; brachen sie die *trust,* so endeten ihre Rechte. Die *Menschenrechte* der Bürger waren ihnen zudem niemals abgetreten worden.

Rousseau, alles Bestehende bekämpfend, setzte an die Stelle des absoluten Königs den ebenso absoluten Gesamtwillen des souveränen Volkes und übertrug diesem aller Bürger Rechte *sans réserve.* Die Regierenden machte er zu bloßen Beauftragten (*commissaires*) des Volkes, deren beschränkte Vollmacht jederzeit widerrufen werden konnte.

Kant schließlich, der Rousseaus Ideen zuneigte, gewaltsamen Umsturz aber ablehnte, wurde der Gedanke des Grundvertrages zu einer Idee der Vernunft, die als solche ihre unbezweifelbare, praktische Realität habe:

„nämlich jeden Gesetzgeber zu verbinden, daß er seine Gesetze so gebe, als sie aus dem vereinigten Willen eines ganzen Volkes haben entspringen *können,* und jeden Untertan, sofern er Bürger sein will, so anzusehen, als ob er zu einem solchen Willen mit zusammengestimmt habe. Denn das ist der Probierstein der Rechtmäßigkeit eines jeden

---

[23] Vgl. Leviathan I Ch. 14.
[24] *The end of Obedience is Protection,* ebd. II, Ch. 21 a. Vgl. auch II, Ch. 29 a. E.

öffentlichen Gesetzes. Ist nämlich dieses so beschaffen, daß ein ganzes Volk *unmöglich* dazu seine Einstimmung geben könnte (wie z. B. daß eine gewisse Klasse von *Untertanen* erblich den Vorzug des *Herrenstandes* haben sollten), so ist es nicht gerecht; ist es aber nur *möglich,* daß ein Volk dazu zusammenstimme, so ist es Pflicht, das Gesetz für gerecht zu halten, gesetzt auch, daß das Volk jetzt in einer solchen Lage oder Stimmung seiner Denkungsart wäre, daß es, wenn es darum befragt würde, wahrscheinlicherweise seine Beistimmung verweigern würde"[25].

VI. Inzwischen ist die Vertragslehre aufgegeben. Eine individualistisch denkende Zeit hat sie stärker überzeugen können als uns. Statt Herrschaft durch ideologische Konstruktionen als Freiheit zu verbrämen, denkt man heute lieber über verfassungsrechtliche Institute nach, die die staatliche Herrschaft zu begrenzen und dadurch individuelle Freiheitsbereiche zu sichern vermögen. Dazu gehören in erster Linie die Grundrechte, bei denen man Bürgerrechte (die nur dem Staatsbürger zustehen wie das Wahlrecht oder das Recht auf Freizügigkeit) und die Menschenrechte unterscheidet (die jedem Menschen unabhängig von seiner Staatsbürgerschaft zustehen). Ihre Funktion im demokratischen Staat ist der Schutz der Minderheit vor der Herrschaft der Mehrheit.

Wir hatten den Gedanken der *unalienable rights,* der unveräußerlichen Menschenrechte bereits bei *Locke* kennengelernt, der für das angloamerikanische Staatsdenken so bedeutsam geworden ist. Die „Unveräußerlichkeit" ist ohne das Vertragsdenken kaum verständlich, doch findet der Gedanke der Menschenrechte bei ihm nur eine unzureichende Grundlage: Das Recht auf Leben, Gesundheit, Freiheit und Eigentum schrieb er dem Menschen als solchem zu und nahm es von der Übertragung auf den Herrscher aus. Jedoch hat er sie dem Zugriff des Staates nicht schlechthin entziehen wollen: mit des Betroffenen eigenem Willen, das hieß aber: durch einfachen Mehrheitsentscheid des gesetzgebenden Organs, sollte der Staat auch über sie verfügen können. Hier war man auf dem Kontinent, zumindest in einem Spezialbereich, deutlich weiter: Seit der ersten Aufnahme des Rechts auf freie Reli-

---

[25] So die (sehr lesenswerte!) Abhandlung von 1793 „Das mag in der Theorie richtig sein, taugt aber nicht für die Praxis", Teil II, Folgerung.

gionsausübung in ein Staatsgrundgesetz (Dordrecht 1572) war das Grundrecht eine mehrheitsfeste, d. h. nicht majorisierbare, toleranzerzwingende Garantie gegen Zwangsausübung, und zwar nicht in erster Linie der Zwangsausübung durch den Staat, sondern auch der Zwangsausübung durch intolerante Andersdenkende (Drittwirkung!)[26].

Selbst die englische Bill of Rights von 1689 hat der Macht des *Gesetzgebers* noch keine Grenzen ziehen wollen: sie richtete sich gegen die des *Königs*, um die des Parlamentes gegen ihn zu sichern. Rechte der Einzelnen statuierte sie überdies bloß in zwei wenig bedeutsamen Punkten: es sollte den Untertanen unbenommen bleiben, Bittschriften an den König zu richten, und den Protestanten erlaubt sein, Waffen zu tragen. Im übrigen stärkte sie nur die Befugnisse des Parlaments. Der Gedanke, dem englischen Parlamente selber Freiheitsrechte als eine unübersteigbare Schranke auch *seiner* Macht entgegenzustellen, ist nicht *in* England, sondern im Kampfe *gegen* England geboren worden:

Als die englischen Siedler jenseits des Atlantiks, die im englischen Parlament nicht vertreten, wohl aber seinen Gesetzen unterworfen waren, seit 1763 mit ihrem Mutterland in Konflikt gerieten, weil es sie zu besteuern beschloß, suchten sie nach rechtlichen Argumenten, mit denen sie die Gültigkeit der diesbezüglichen Parlamentsakte für sie, die fernen, schon in der Neuen Welt geborenen Pflanzer bestreiten konnten. Sich auf ihre ererbten Freiheitsrechte als *englische Bürger* zu berufen, konnte ihnen gegenüber der Macht des Londoner Parlamentes wenig helfen; nur Rechte, die angeborene *Menschen*rechte waren, konnten sie auch diesem Gesetzgeber entgegenstellen. Das war der Gedanke, den 1764 *James Otis* in die Debatte warf: Die Pflanzer, schrieb er, seien *Menschen* und *deshalb* frei geboren. Die Freiheit aber sei Gottes Gabe, und auch die politischen und bürgerlichen Rechte der

---

[26] Zum religiösen Ursprung der Grundrechte siehe die ideengeschichtliche Darstellung bei *Wolfgang Fikentscher:* Methoden des Rechts IV, 1977, S. 478–607. Zur heutigen Lehre von der (mittelbaren) Drittwirkung der Grundrechte als Schutz des einzelnen gegen Beeinträchtigungen durch außerstaatliche Macht siehe BVerfGE 50, 290 (336 ff.): Grundrechte als „objektive Wertordnung".

britischen Kolonisten beruhten nicht auf einer *charta* der britischen Krone:

"Old Magna Charta was not the beginning of all things; nor did it rise
on the borders of chaos out of the unformed mass. A time may come
when parliament shall declare every American charter void; but the
natural, inherent, and inseparable rights of the colonists as men and as
citizens would remain, and whatever became of charters, can never be
abolished till the general conflagration[27]."

Damit war der Gedanke geboren, individuelle Freiheitsrechte,
Rechte des Einzelmenschen also, auch dem Gesetzgeber als
Grenze zu setzen. Gegenüber dem britischen Parlament bedurf-
ten die Kolonisten seiner mit der Erlangung ihrer Unabhängigkeit
(1776) nicht mehr, aber in den *Bills of Rights,* die sie nun ihren
Staatsverfassungen voranzustellen begannen (zuerst in Virginia),
setzten sie den *eigenen* Gesetzgebern solche Grenzen. Sie bemüh-
ten sich damit, die Bürger der Neuen Welt für immer vor eben
den Bedrückungen zu bewahren, die sie und ihre Vorfahren in
der Alten Welt zu erdulden gehabt hatten. Die neuen Verfassungen aber wurden schnell auch in Europa bekannt, und 1789
wurden sie zum Muster der Déclaration des droits de l'homme et
du citoyen, die sie zum Gemeingut unserer politischen Welt
gemacht hat[28].

VII. Außer durch Grundrechte soll die Freiheit des Bürgers in
unserem Staat auch durch das *Prinzip der Gewaltentrennung*[29]
verfassungsrechtlich gesichert sein, indem die Staatsgewalt „durch
besondere Organe der Gesetzgebung, der vollziehenden Gewalt
und der Rechtsprechung" ausgeübt wird (Art. 20 II GG)[30].

---

[27] Zitiert nach *George Bancroft,* History of the United States, London 1861,
Bd. IV, S. 145 f.
[28] Die Geschichte dieses epochemachenden Vorganges ist eingehend dargestellt
von *G. Jellinek,* Die Erklärung der Menschen- und Bürgerrechte, 4. A. 1927.
Zur heutigen Situation *Eibe Riedel:* Menschenrechte der dritten Dimension,
EuGRZ 1989, S. 9–21.
[29] Besser: Funktionengliederung.
[30] A: B–V 94, 24, 60, 69; CH: BV 84, 95, 106.

1. *Montesquieu,* auf den dieses Prinzip zurückgeht, begründete es nach dem Vorbild der englischen Verfassung in seinem Esprit des Lois von 1748[31] wie folgt:

Wo immer es Gesetze gebe, bestehe des Bürgers Freiheit in der Macht, alles zu tun, was die Gesetze erlauben, und solcher Freiheit müsse er sich furchtlos sicher fühlen können. Dazu bedürfe sie aber des Schutzes, denn ewige Erfahrung lehre, daß jeder Mensch, der Macht hat, auch dazu neigt, sie zu mißbrauchen; stets gehe er so weit, bis er auf Grenzen stoße; habe doch sogar die Tugend Grenzen nötig. Deshalb müsse dafür gesorgt sein, daß Macht die Macht blockiere[32]. Hätten aber dieselben Menschen Macht, Gesetze zu geben und sie zu vollziehen, so gäbe es keine Freiheit, denn dann sei zu befürchten, daß sie sie tyrannisch gäben, um sie tyrannisch zu vollziehen. Und sei der Richter zugleich Gesetzgeber, so sei seine Gewalt über Leben und Freiheit der Bürger Willkür, die Macht eines Bedrückers. „Tout serait perdu si le même homme, ou le même corps des principaux, ou des nobles, ou du peuple, exerçaient ces trois pouvoirs: celui de faire les lois, celui d'exécuter les résolutions publiques, et celui de juger les crimes ou les différends des particuliers."

Die vollziehende Gewalt sollte also an die gesetzgebende gebunden sein und ebenso der Richter. Dieser sogar im allerstrengsten Sinne: nichts anderes sollten seine Urteile sein dürfen als der genaue Gesetzestext (vgl. u. § 26 IV). Somit sah Montesquieu die Rechtsprechung nicht als eine „Gewalt" im Sinne der beiden anderen an; als *puissance* war sie ihm „en quelque façon nulle" und darum ungeeignet, die anderen Gewalten in ihre Schranken zu weisen. So war es denn ein Oberhaus (corps des nobles), das die gesetzgebende Gewalt des Volkes sollte blockieren können: es sollte zwar nicht selbst Gesetze geben, wohl aber jedem von der Volksvertretung beschlossenen Gesetz widersprechen dürfen.

2. Die wirkliche englische Verfassung seiner Zeit hatte *Montesquieu* damit nur frei umschrieben (vgl. besonders die Stellung des

---

[31] L. XI, besonders ch. VI: De la constitution d'Angleterre. Frühere Ansätze für den Gedanken der Gewaltenteilung bei *John Locke:* Two Treatises on Government, 1690 (II §§ 107, 143) und schon bei *Polybios* (200–120 v. Chr.): Historien VI 10 ff. (dtsch. 2 Bde. 1961/63).

[32] Ebd. ch. IV: que … le pouvoir arrête le pouvoir.

Richters!); die Freiheit der Engländer, so sehr er sie bewunderte, war nicht sein Anliegen (vgl. L. XI ch. VI a. E.). Auch war er nicht *Locke* gefolgt, der zwar (Treatise II, ch. XII) um der Freiheit willen von der gesetzgebenden die vollziehende Gewalt getrennt wissen wollte, als dritte aber nur eine *federative power* vorsah, die – als die Staatsführung in auswärtigen Angelegenheiten – nicht an die Legislative gebunden, jedoch von der Exekutive ungetrennt sein sollte; ähnlich wie wir heute innerhalb der vollziehenden Gewalt zwischen Regierung und Verwaltung *(Gubernative* und *Administrative)* unterscheiden, gleichfalls ohne ihre Trennung anzustreben.

In unserer heutigen Verfassung wird die hemmende Rolle des englischen Oberhauses (Montesquieus *corps des nobles)* z. T. dem *Bundesrat*[33] zugewiesen (Art. 76 ff. GG), der dem Senat der USA entspricht, im übrigen aber der *Rechtsprechung:* darüber, daß die Verwaltung sich an die Gesetze hält, wachen die *Verwaltungsgerichte,* darüber, daß die Gesetze der Verfassung entsprechen, die Verfassungsgerichte der Länder und das *Bundesverfassungsgericht*[34] (entsprechend dem Supreme Court der USA, vgl. Art. 100 I GG). Indem aber das Bundesverfassungsgericht überdies auch politische Maßnahmen der *Regierung* verfassungsrechtlich zu beurteilen und somit umzustoßen genötigt werden kann (vgl. z. B. Art. 21 II, 93 I Ziff. 1, 100 II GG), ist es insofern aus einem Organ der Rechtsprechung zu einem solchen der Regierung selbst geworden[35]; eine Aufgabenverquickung, die Bedenken erregt. Jedoch ist damit das Äußerste geschehen, um die Bundesrepublik zu einem *Rechtsstaat* zu machen (vgl. Art. 28 I GG)[36].

VIII. Wie Freiheit, so bedeutet auch *Souveränität* im Grunde eine Negation. Sie ist selbst Ausdruck einer Freiheit: der Frei-

---

[33] A: Bundesrat; hingegen ist der schweizerische Ständerat dem Nationalrat gleichgeordnet.

[34] A: Verfassungsgerichtshof; die Schweiz hingegen kennt keine Verfassungsgerichtsbarkeit (weist also ein Defizit an Grundrechtsgarantie auf).

[35] *Peter Häberle:* Kommentierte Verfassungsrechtsprechung, 1979, S. 436 ff.: „Das BVerfG als gesellschaftliches Gericht".

[36] *D. Neil MacCormick:* Der Rechtsstaat und die rule of law, JZ 1984, S. 65–70.

heit des Staates von übergeordneten Mächten. Als ranghöchste Macht ist der Staat frei von Unterordnung. Allerdings sahen wir, wie diese Freiheit mit der Macht des Herrschers zusammenfloß und seine Majestätsrechte zu ihrem *positiven* Inhalt wurden.

Doch woher hatte der Herrscher diese seine Rechte? Nur Gott oder das Volk konnten ihre Quelle sein. War es aber das Volk, so mußte er sie von diesem Volke durch Vertrag erlangt haben. Alle Vertragslehren setzen ja voraus, daß sich die Macht des Herrschers und damit seine Souveränität vom Volke herleitet. Nach *Hobbes* freilich war der König Zessionar: das Volk hatte ihm seine Rechte abgetreten; nach *Locke* war er *trustee:* es hatte sie ihm zur Verwaltung anvertraut; nach *Rousseau* blieb ihm, soweit er noch erwünscht war, die Stellung eines Kommissars. In den beiden letzteren Fällen war also das Volk der Inhaber der Rechte geblieben, deren Ausübung die Souveränität des Königs ausmachte[37]. So war das Volk hier selbst der eigentliche Souverän.

Die Lehre von der Volkssouveränität, daß also die Staatsgewalt vom Volke nicht nur herrührt (Hobbes), sondern auch von ihm *ausgeht* (Art. 20 II S. 1 GG) und damit nach wie vor die seine ist, eröffnet dem Volk die Möglichkeit, sie auch, soweit das praktikabel ist, aus eigenem Rechte selber *auszuüben*. Grundrechte und Gewaltentrennung sollen den Bürger davor schützen, vom Staat überwältigt zu werden; sie sollen seine Freiheit *vom* Staate wahren. Die Volkssouveränität hingegen gibt ihm die Macht, am Staat teilzunehmen; sie ist seine Freiheit *zum* Staate.

IX. *Montesquieu* hat die bürgerliche Freiheit als den unmittelbaren Zweck der englischen und somit seiner Idealverfassung angesehen (L. XI ch. V). Und in der Tat wurde ihr Schutz das Hauptanliegen der liberalen Demokratie des 19. Jahrhunderts: Grundrechte und Gewaltentrennung traten in ihren Mittelpunkt. Der Staat sollte die Freiheit der Nation und ihre Flagge auf den Weltmeeren schützen, sich aber in die geistige, berufliche und

---

[37] Die Übersetzung „Treuhänder" würde deshalb im Text das Entscheidende nicht getroffen haben. Denn den *Treuhänder* machen wir zum formellen Inhaber der ihm anvertrauten Rechte; der *trustee* erlangt ein Recht an *fremder* Sache.

wirtschaftliche Betätigung der Bürger so wenig wie nur möglich
einmischen, ihre Glaubens- und Gewissensfreiheit, Vertrags- und
Handelsfreiheit respektieren und ihnen Rechtssicherheit gewähren; nicht nur einander, mehr noch ihm selber gegenüber: indem
er sich strikt an sein eigenes Recht zu halten hatte, sollte sein
Verhalten zum einzelnen Bürger für diesen berechenbar sein. Er
sollte Rechtsstaat sein, indem er selbst das Recht befolgt. Und
indem der Bürger dessen gewiß sein durfte, sollte er in Freiheit von
Furcht leben können.

1. Die Welt, in der sich ein Staat auf diese Aufgaben beschrän-
ken konnte, ist versunken: die Bundesrepublik will ein *sozialer*
Rechtsstaat sein (Art. 20 I und 28 I GG). In immer steigendem
Maße hat der Staat die Daseinsvorsorge für seine Bürger übernch-
men müssen; die Soziallasten sind Hauptposten im Etat geworden.
Die Menge derer, die Brot, nicht Freiheit wollen, ist beträchtlich.
Doch wollen auch sie noch eine Freiheit: Freiheit von materieller
Not ist es, die ihnen der Staat gewähren soll.

So hat der Staat denn keine seiner alten Aufgaben fallen lassen
dürfen, wohl aber ständig neue hinzuübernehmen müssen. Um sie
bewältigen zu können, mußte die liberale Demokratie zum
Gesetzgebungs- und Verwaltungsstaat, fast schon zum Wohlfahrtsstaat werden. Und dennoch darf auch der moderne Sozial-
staat nicht aufhören, die Freiheit seiner Bürger vor ihm selbst
schützend, Rechtsstaat zu sein. In der Tat ist das um so dringli-
cher, je weiter sich der Aufgabenkreis des Staates dehnt und je
mehr damit unvermeidlich sein „Apparat" anwächst; die Gefahr
für den Einzelnen, in dessen Räder zu geraten, von der Verwaltung
„überfahren" zu werden, wird damit immer größer. Zugleich wird
aber auch das Gestrüpp der Rechtsvorschriften für den Bürger
immer undurchschaubarer, und der Beamte vermag immer weniger zu erkennen, ob es ein Querulant ist, den er da vor sich hat,
oder ein Mensch, dem wirklich Unrecht geschehen ist. So wird es
denn immer schwerer, den Rechtsstaat durchzuhalten. In Notzei-
ten kann diese Aufgabe gar unerfüllbar werden.

2. Wer aber vom Staate Leistungen und Freiheit verlangt, hat
einzusehen, daß dieser seinen Bürgern nur geben kann, was sie ihm
zuvor gegeben haben, und daß es, auch dem Staate gegenüber,

keine Rechte ohne Pflichten gibt. Auch das Verhältnis zwischen Staat und Bürger kann nur auf Gegenseitigkeit beruhen. Diese Erkenntnis zu verbreiten, würde der Demokratie besser dienen, als das erstaunliche Bemühen, den „unbequemen Staatsbürger" als Idealfigur zu propagieren und staatliche Einrichtungen durch „außerparlamentarische Opposition" systematisch[38] zu untergraben.

---

[38] Daß in Ausnahmefällen hingegen nur demonstrative Rechtsbrüche geeignet sind, notwendigen sozialen Wandel zu ermöglichen, so daß der gute Staatsbürger nicht in allen Fällen mit dem rechtstreuen Staatsbürger gleichzusetzen ist, zeigt einleuchtend *Marc Spescha: Rechtsbruch und sozialer Wandel*, Berlin 1988.

Kapitel III
Recht und Rechtsideal

§ 19. Recht und Sittlichkeit

I. Wir haben die Sittlichkeit bisher nur als „Kritik der Sitten"
bestimmt (§ 5 I) und sie zu Sitte und Gesetz in genetische funktio-
nale Beziehung gebracht. Nunmehr muß das Verhältnis ihrer
Lehre, der Ethik, zum Inhalt der Rechtsnormen näher betrachtet
werden; denn über eine regelmäßig wünschbare Harmonie der
Ethik mit Sitte und Gesetz hinausgehend möchten viele das Recht
mit ihr schlechthin identisch sehen. Immer wieder ist die Ethik
zum Maßstab des Rechts in dem Sinne gemacht worden, daß
Rechtsnormen, die mit ihr im Widerspruch stehen, die Gültigkeit
abgesprochen wurde. Besonders nach einer Rechtskatastrophe wie
derjenigen von 1933 bis 1945 lag eine solche Anschauungsweise
nahe. Doch dürfen rechtspolitische Werturteile nicht den Blick
dafür trüben, daß Recht und Sittlichkeit verschiedener Art sind
und nur ihre Harmonie, nie aber ihr voller Einklang möglich ist[1].
Sitte und Recht regeln, wie man sich seinem Mitmenschen
gegenüber verhält. Nur das äußere Verhalten beachten sie, Denken
und Fühlen kaum. Ursprünglich sind sie aus unreflektierter Nachahmung hervorgegangen. Die Ethik hingegen entstammt einem
Denken und Fühlen, das sich über die äußere Nachahmung und
Regelbefolgung erhoben hat. Sie hat ihren Ursprung in diesem,
wendet sich an eben dieses und hat folglich eben dort ihre
Gerichtsstätte. Über Sitte und Recht richten die anderen, über die

---

[1] Zum folgenden näher *M. Rehbinder:* Rechtssoziologie, 3. A. 1993, S. 65 ff.: Die
Emanzipation des Rechts von der Moral.

Sittlichkeit eines Verhaltens kann in letzter Instanz nur die eigene Überzeugung des Handelnden richten. Dem *forum externum* von Sitte und Recht steht das *forum internum* des Gewissens gegenüber. Die Ethik kennt folglich auch Gedankensünden und Sünden wider das eigene Selbst, Recht und Sitte nicht. Die Ethik darf Motive wägen und werten, wo das Recht meist nur Verhalten typisieren und subsumieren kann. Daher kann das Recht sich der Moral nur *annähern*, nie sie erreichen. Es kann sich mit seinen äußerlichen Mitteln nur darum bemühen, ein Mindestmaß davon im zwischenmenschlichen Verhalten durchzusetzen. Recht ist daher „das ethische Minimum"[2].

Im übrigen ist die „Durchsetzung" der Moral mit den Mitteln des Rechts ein zweischneidiges Unterfangen: Gutes, aus Furcht vor Zwang oder peinlichen Folgen getan, hat keinen sittlichen Wert, ist nicht einmal mehr „gut"; obschon es damit nicht aufhört, sozialnützlich zu sein. Unternimmt es deshalb ein Staat, sittliches Handeln erzwingen zu wollen, so macht er es recht eigentlich unmöglich[3]. Daß er Charakterlosigkeit züchtet, wo er Gesinnung befiehlt, haben wir nach 1933 und in der DDR erlebt. Sittlichkeit und Charakter sind Kinder der Freiheit. Sie können nicht durch Zwang, wohl gegen Zwang wachsen[4].

II. Als Regelung des zwischenmenschlichen Verhaltens muß das Recht die jeweiligen Verhaltensweisen entsprechend ihren erfahrungsgemäß wiederkehrenden Tatbeständen nach äußeren Merkmalen zu typisieren suchen. Denn das Recht muß *gewiß* und *praktikabel* sein und deshalb auf das Erkennbare und Beweisbare abstellen. Motive sind dazu wenig geeignet. Sie sind schwankend,

---

[2] *Georg Jellinek:* Die sozialethische Bedeutung von Recht, Unrecht und Strafe, 2. A. 1908, S. 45.

[3] Vgl. *Kant,* Die Religion innerhalb der Grenzen der bloßen Vernunft (1794), Drittes Stück, 1. Abteilung I: „Weh aber dem Gesetzgeber, der eine auf ethische Zwecke gerichtete Verfassung durch Zwang bewirken wollte. Denn er würde dadurch nicht allein gerade das Gegenteil der ethischen bewirken, sondern auch seine politische untergraben und unsicher machen."

[4] *Friedrich Carl von Savigny:* System des heutigen Römischen Rechts I, 1840, S. 332: „Recht dient der Sittlichkeit, aber nicht indem es ihr Gebot vollzieht, sondern indem es die freie Entfaltung ihrer, in jedem einzelnen innewohnenden, Kraft sichert."

schwer erfaßbar und schwer zu beweisen. Für das *Recht* scheiden
sie daher typischerweise (obschon nicht immer) aus. In der Ethik
hingegen geben sie den Ausschlag.

Um Gewißheit und Praktikabilität zu erreichen, muß das Recht
z. B. auf Formen und Fristen halten. Die Geschäftsformen sollen
den Voreiligen veranlassen, sich zu überlegen, was er tut, und
(oder) klarstellen, was geschehen ist. Die Fristen sollen Verschlep-
pung vorbeugen, den Geschäftsgang sichern sowie verhindern, daß
für erledigt Gehaltenes zum Schaden des Rechtsfriedens noch
einmal aufgewühlt wird. Gemäß den Zwecken und dem typischen
Ablauf der Geschäftsarten hat der Gesetzgeber die Fristen jeweils
mit genauen Zahlen abgemessen, und nur aus schwerwiegenden,
ebenfalls genau normierten Gründen entschuldigt er ihre Versäu-
mung. Rechtsordnung ist ohne solche Fristen und Formen nie
gewesen und schwer denkbar.

Und doch kann ihre Anwendung moralisch in hohem Maße
anstößig sein: Ein Handwerker hat einen Bauherrn zwei Jahre lang
vergeblich gemahnt und an die Bezahlung seiner Rechnung erin-
nert. Einem verbreiteten Irrtum gemäß hat er geglaubt, seine
private Mahnung genüge, um den Eintritt der Verjährung zu
verhindern, und keinen Mahnbescheid zustellen lassen. Im dritten
Jahr winkt ihm der Schuldner ab und hat das Recht auf seiner
Seite: vgl. §§ 196 Ziff. 1, 201 und 209 BGB[5]. Die Forderung ist
verjährt, der Gläubiger geprellt. – Ein Grundstückseigentümer ist
mit einem Kaufwilligen handelseinig geworden. Sie haben sich in
allen Punkten geeinigt, einen Vertrag aufgesetzt und unterzeich-
net. Nur beim Notar sind sie noch nicht gewesen. Der Käufer
glaubt sich des Grundstücks sicher und trifft kostspielige Vorbe-
reitungen für den Bau. Da erklärt ihm der Verkäufer, daß er es sich
anders überlegt habe und nicht mehr wolle (weil er z. B. unterdes-
sen mit jemand anderem günstiger abgeschlossen hat). Auch er hat
das Recht auf seiner Seite: vgl. §§ 313 mit 125 BGB[6].

---

[5] A: ABGB 1486 Ziff. 1, 1497; CH: OR 128 Ziff. 3, 135 Ziff. 2.
[6] CH: OR 216, 11 II. In Österreich hingegen sind Grundstücksverträge auch
   formfrei gültig: ABGB 883.

Daß Bauherr und Verkäufer unanständig gehandelt haben, bedarf keines Wortes. Mehr noch: Berufung auf Verjährung ist wohl in den meisten Fällen unanständig; weshalb auch Geschäftsleute, die etwas auf sich halten, keinen Gebrauch von ihr machen. Auch die Berufung auf einen Formfehler und § 125 BGB wird meistens unanständig sein. Recht und Moral kollidieren hier typischerweise. Dennoch pflegt die Rechtsprechung von dem, der sich auf jene Vorschriften beruft, zu sagen, daß er „nur von seinem Rechte Gebrauch mache" und daß dies „noch keinen Vorwurf" begründe. Sie muß es auch sagen, da andernfalls Formen und Fristen illusorisch würden und damit die Rechtssicherheit in Gefahr geriete.

Allerdings kann die Berufung auf Fristablauf und Formfehler *noch* bedenklichere Formen annehmen: Der Schuldner hat den Gläubiger absichtlich hingehalten, *um* den Ablauf der Verjährungsfrist herbeizuführen; ein Vertragspartner hat den anderen in den Glauben versetzt, eine Form sei nicht nötig, womit er *beabsichtigte,* sich die Tür für später offen zu halten. Hier ist der Moralverstoß so schreiend, daß die Gerichte schon früh eingelenkt haben: Wer in dieser Weise unsittlich handelt und wider Treu und Glauben verstößt, muß sich so behandeln lassen, als ob die Frist *nicht* abgelaufen, die Form *nicht* verletzt worden wäre.

Aber die Rechtsprechung ist auf diesem Wege weitergeschritten: Sie läßt es inzwischen genügen, daß ein Partner den anderen auch ohne böse Absicht zur Form- oder Fristversäumnis veranlaßt hat, wenn dadurch die Existenz des anderen Vertragsteils gefährdet wird oder darin eine besonders schwere Treuepflichtverletzung liegt (BGHZ 85, 315, 318). Auch die Erfüllung des formnichtigen Vertrages, der zwischenzeitliche Genuß seiner Vorteile und andere Umstände können die spätere Berufung auf seinen Formfehler unsittlich machen, zum Rechtsmißbrauch stempeln (vgl. z. B. BAG NJW 1970, 349).

Die Problematik des Widerstreites zwischen Recht und Sittlichkeit wiederholt sich besonders dramatisch bei der Rechtskraft eines Fehlurteils im Zivilprozeß: Der Kläger *weiß,* daß das zu seinen Gunsten ergangene und rechtskräftig gewordene Urteil auf einem Irrtum beruht und sachlich falsch ist. Darf er es trotzdem vollstrecken? Die Ethik sagt nein, das Recht wird ja sagen müssen, wenn es nicht den Sinn der Rechtspflege, die Friedenswirkung des Urteils, aufs Spiel setzen will. Und wie ist es, wenn der Kläger das Urteil arglistig erschlichen hatte?

Die Frage ist in Theorie und Praxis heftig umstritten, die Urteile schwanken[7]. Das kann auch schwerlich anders sein, denn dort, wo Recht und Sittlichkeit zusammenstoßen, führt kein gerader Weg. Der Kompromiß zwischen beiden wird sich immer wieder nach der Lage des Einzelfalles richten müssen. Gerade hier erweist die Jurisprudenz sich als die Kunst des Angemessenen. Extremstandpunkte pflegen nicht zu ihr zu passen, weil sie dem Leben widersprechen. *Fiat iustitia, pereat mundus*[8] darf nicht ihr Wahlspruch sein. Doch je mehr sie sich bemüht, in der Sittlichkeit aufzugehen, um so unsicherer werden ihre Ergebnisse sein, um so ungewisser die Urteile der Gerichte; je mehr sie sich aber von ihr distanziert, um so leichter ungerecht.

§ 20. Von der Gerechtigkeit

I. Mit der Sittlichkeit verwandt ist die Gerechtigkeit. Wie die Sittlichkeit Kritik der Sitte, so ist die Gerechtigkeit Kritik des Rechts. Die Sittlichkeit mißt die Sitte an den Maßstäben von Philosophie und Hochreligion. Woran aber mißt die Gerechtigkeit das Recht, und worin besteht sie?

Auf diese Frage antworten die Juristen gern mit den Worten *Ulpians* (†228 n. Chr.), die in den Digesten (I, 1, 10) überliefert sind: „Iustitia est constans et perpetua voluntas ius suum cuique tribuendi[1]." Die Gerechtigkeit wird hier also als eine geistige Haltung, eine Tugend bestimmt, als das Streben, Recht zu tun. Und was verlangt das Recht? „Juris praecepta sunt haec: honeste vivere, alterum non laedere, suum cuique tribuere", wie der nächste Satz lautet[2]. Das Recht lehrt also eben das, was die

---

[7] Siehe *Hanns Prütting / Stephan Weth:* Rechtskraftdurchbrechung bei unrichtigen Titeln, 2. A. 1994.

[8] Es geschehe Gerechtigkeit, und wenn die Welt darüber zugrunde ginge.

[1] Die Gerechtigkeit ist der ständige und unwandelbare Wille, einem Jeden sein Recht zu gewähren.

[2] Die grundlegenden Regeln des Rechts sind folgende: ehrenhaft leben, den Mitmenschen nicht verletzen, einem Jeden das Seine gewähren.

Gerechtigkeit anstrebt: Recht zu tun. Das Recht gibt damit der Gerechtigkeit ihren Inhalt, und beide erweisen sich am Ende als dasselbe.

Von einem Römer war freilich auch keine andere Auskunft zu erwarten. Denn Rom hat keine eigene Philosophie und keine Hochreligion hervorgebracht. Ersatz dafür lieferte ihm später die Stoa, noch später das Christentum. Roms Kennzeichen war eine primitive Volksreligion und ein grandioses Recht. Die wahre und eigene Philosophie der Römer war deshalb ihre Jurisprudenz: „Veram nisi fallor philosophiam, non simulatam"[3] schreibt *Ulpian* (Dig. I, 1, 1) mit Stolz den Juristen, den „Priestern des Rechtes" zu. Die eigentliche Moral der Römer aber war ihr Bürgersinn, aus dem sich ihr vollendeter Rechtssinn ergab, jedoch kein Standort außerhalb des Rechts. So mußte ihnen die Gerechtigkeit das Recht selber sein, seine Kritik aber unmöglich. Das gab ihnen in Rechtsdingen ein gutes Gewissen und volle Sicherheit.

II. Wir hingegen haben einen Standort außerhalb des Rechts in unserer nicht vom Bürgersinn, sondern vom Christentum geprägten und deshalb mit dem Recht nicht identischen Ethik. Diese fließt darum unvermeidlich mit ein, wenn wir das Recht kritisieren und uns ein Bild davon zu machen suchen, wie es wohl sein *sollte*. Dabei unterscheiden wir – Aristoteles und der scholastischen Philosophie folgend – zwischen der Gerechtigkeit bei der Verteilung und derjenigen beim Ausgleich von Gütern und Lasten: der austeilenden (oder Verteilungs-)Gerechtigkeit und der ausgleichenden (oder Tausch-)Gerechtigkeit[4].

1. Verteilungsgerechtigkeit ist besonders im rechtlichen Über- und Unterordnungsverhältnis gefragt. Als Maßstab der Verteilung wird das Gleichheitsprinzip, das Beitragsprinzip und das Bedürfnisprinzip vertreten. Nach dem Gleichheitsprinzip soll jeder gleich viel erhalten. Nach dem Beitragsprinzip soll jeder soviel erhalten,

---

[3] Die wahre Philosophie, wenn ich mich nicht täusche, und nicht die scheinbare.
[4] Die Unterscheidung zwischen *iustitia distributiva* und *iustitia commutativa* geht zurück auf die Erörterungen von *Aristoteles* in seiner Nikomachischen Ethik, Kap. 5 (1130 b–1131 a).

wie er zum Ganzen beigetragen hat. Nach dem Bedürfnisprinzip soll jeder nach dem Maß seiner Bedürftigkeit erhalten. Welches Prinzip wann vorgeht und wie die jeweiligen Beiträge und Bedürfnisse gemessen werden sollen, ist jedoch unklar.

2. Tauschgerechtigkeit ist besonders im Verhältnis rechtlich Gleichgeordneter gefragt. Sie gilt im Gegensatz zur Verteilungsgerechtigkeit grundsätzlich ohne Ansehen der Person. Jeder hat dem anderen zu geben, was ihm zukommt, soll nicht auf einer Seite Gewinn oder Verlust entstehen. Doch auch hier ist der Maßstab der zu erbringenden Leistungen unklar: Gilt das Gesetz von Angebot und Nachfrage oder bemißt sich der Wert nach den Aufwendungen und der investierten Arbeitskraft? Darf der Staat in die Vertragsfreiheit der Bürger bei der Wertbestimmung ihrer Leistungen eingreifen, weil der rechtlichen Gleichordnung keine soziale Gleichordnung entspricht, und inwieweit hat er soziale Ungleichheit und ihr folgende einseitige Wertfestsetzungen zu respektieren?

III. Gerechtigkeit ist also zwiespältig und ungewiß; eine Definition nicht möglich. Allenfalls können wir, wenn wir von Fall zu Fall *Entscheidungen* das Prädikat „gerecht" erteilen, sagen: Eine Entscheidung ist gerecht, wenn sie dem Recht entspricht, wie es sein soll.

Vielfach wird in der Anwendung auf den Einzelfall das Wort *billig* gebraucht, und zwar von einem *gerechten* Gesetz, aber einer *billigen* Entscheidung oder dem *unbilligen* Verlangen eines Geschäftspartners gesprochen. Demnach wäre zwischen *gerecht* und *billig* in der Weise zu unterscheiden, daß der Ausdruck „ungerecht" mehr den angewendeten Maßstab, „unbillig" mehr seine Anwendung auf den konkreten Fall bemängelt. Für Akte der Rechtspflege – die ja stets auch Maß geben soll! – ist deshalb die Bezeichnung *gerecht-ungerecht* wohl meist die angemessenere.

Das Streben nach gerechter Entscheidung ist der Nerv der Rechtspflege. Ohne dieses Bemühen läuft sie Gefahr, ihre Menschlichkeit und Lebendigkeit zu verlieren und der Verknöcherung, der Pedanterie und Bürokratie anheim zu fallen. Aber Gerechtigkeit läßt sich unmittelbar nicht ansteuern, weil sie als Leitbild nicht definierbar und darum durch Theorie nicht zu erwerben ist. Für den Anfang ist schon viel damit gewonnen, wenn man nach *sinnvollem* Entscheiden strebt. Nur eine lange Praxis kann dann – als ein gewisses Fingerspitzen- und Stilgefühl – den Sinn für Gerechtigkeit ergeben.

IV. Die Gerechtigkeit ist also nicht selbst das Recht. Dieses ist nur *typischerweise* gerecht, doch nicht in allen Fällen. Die Gerechtigkeit ist auch nicht die Sittlichkeit; denn Sittlichkeit muß oft Sicherheit und Zweckmäßigkeit verwerfen, ohne die aber Recht nicht sein kann. Eher ist sie der Pfad, der *zwischen* Recht und Sittlichkeit zu suchen ist. Denn die Gerechtigkeit muß eben auch dem *Rechte* gerecht werden. Sie ist die *Sittlichkeit der Rechtspflege*.

V. Die Gerechtigkeit ist also ein großes Ding und schwer zu fassen[5]. Da aber jeder sie im Munde führt, ist auch vor ihr zu warnen:

Mißtraut Euch, edler Lord, daß nicht der Nutzen des Staates Euch als Gerechtigkeit erscheine.   *Schiller*, Maria Stuart I, 7

Noch weniger aber als der Nutzen des Staates ist der Eigennutz des Einzelnen mit der Gerechtigkeit identisch. „Mißtraue dir, daß nicht dein eigener Nutzen...". Meist nämlich spricht der Eigennutz, wenn man über die „Ungerechtigkeit" einer Entscheidung oder auch des Rechtes selber Klagen hört. Es ist das Interesse, das da so oft die Klage führt, nicht die Gerechtigkeit. Darum ist Vorsicht beim Gebrauch des Wortes „ungerecht" geboten, wo die Entscheidung des Rechtes eindeutig ist. Die Moral – und folglich auch die Gerechtigkeit – ist öfter zweideutig als das Recht, das wenigstens typischerweise *ius certum* ist, d. h. eine sichere Entscheidung ermöglicht.

VI. Und ähnlich wie mit der Gerechtigkeit verhält es sich auch mit dem *Rechtsgefühl*[6]. Oft wird es für den Urquell allen Rechtes gehalten. Doch ist es weniger ursprünglich, als wir gern glauben möchten. Nach Zeiten und Völkern ist es recht verschieden. Denn in ihm spiegeln sich – uns unbewußt – die eigenen Rechtserlebnisse und damit die Sozial- und Rechtsverhältnisse der eigenen Umwelt wider. Mit ihnen wandelt es sich, doch gleichsam im Takt der Generationen,

---

[5] Siehe näher *Martin Kriele*, Kriterien der Gerechtigkeit, 2. A. 1977.
[6] Dazu näher *M. Rehbinder*: Rechtsgefühl als Gemeinschaftsgefühl, in Jakob/Rehbinder: Beiträge zur Rechtspsychologie, 1987, S. 183–196.

weshalb es oft konservativer ist als die Gesetze. Wandeln sich aber die sozialen Verhältnisse und Anschauungen schneller als die Gesetze, so schreitet es ihrer Änderung voran.

Aber immer bleibt es ein Gefühl und darum durch Neigungen und Interessen bestechlich. Nicht selten spricht aus ihm nur der Neid. Und oft fehlt denen, die sich auf dieses Gefühl berufen, die Phantasie dazu, sich in die Lage des *anderen* versetzen zu können. Doch „enes mannes rede ist kenes mannes rede; ir sult sie hören alle bede". *Abwägung* aller Umstände und Interessen erst führt zum Recht und vollends auch zur Gerechtigkeit.

VII. Die Völker, auf deren Kulturtradition wir fußen, verwenden als Sinnbild der Gerechtigkeit seit langem die Waage. Zunächst war sie die Waage des Totengerichts, wie die Ägypter es in die Wände ihrer Grabkammern meißelten: der Verstorbene tritt vor den schakalköpfigen Anubis, der auf der großen Waage sein Herz und seine Taten wägt. Deshalb wurde denn um etwa 2000 v. Chr. (wohl von den Babyloniern) das Sternbild, das damals am Eingang des Wintertierkreises stand, dort also, wo die Sonne ins Reich der Schatten hinabsteigt, die Waage benannt.

Als dann später, infolge der Präzession der Erdachse (die Herbst- und Frühlingspunkt in rund 2200 Jahren um ein Sternbild vorrückt), das Bild der Jungfrau allmählich an die Stelle der Waage wanderte, gab man der Jungfrau die Waage in die Hand. Sie wurde nun zur *virgo iusta quae et libra vocatur*, zur „Justitia", der man im Barock eine Binde vor die Augen band, um sie gerechter zu machen[7].

Die Waage des Totenrichters war das treffende Symbol der rechtenden, Verdienst und Sünde gegeneinander aufrechnenden, bilanzierenden altorientalischen Religion gewesen. Auch in der kirchlichen Malerei des Mittelalters kommt es noch vor, daß ein Verstorbener gewogen wird. Seitdem aber hat das Christentum

---

[7] Vgl. *Jeremias,* Handbuch der altorientalischen Geisteskultur, 2. A. 1929, S. 203, 220; Otto R. Kissel: Die Justitia. Reflexionen über ein Symbol und seine Darstellung in der bildenden Kunst, 1984, S. 85: Ursprünglich ist es der Narr gewesen, der in einem Holzschnitt von Albrecht Dürer der Justitia die Binde um die Augen legte. Dieser Holzschnitt illustrierte die Satire: Das Narrenschiff von Sebastian Brant (1494). Das Symbol der Augenbinde war also anfangs ironisch gemeint.

langsam die Waage der Gnade weichen lassen und der Liebe, die nicht wägt noch rechtet.

VIII. Doch ist es Sache des *Rechts* geblieben, zu rechten, zu wägen und zu bilanzieren (ital. *bilancia* = Waage). Die Waage soll das *Gleichmaß* sicherstellen. Sie ist das Bild der *Gleichheit*. Gleichheit ist jedoch nur gedanklich möglich; in der Erfahrung ist sie nicht anzutreffen: zwei „stempelgleiche" Münzen sind nicht gleich; nach jedem Schlage ist der Stempel selbst verändert, sei es auch nur unmerklich. A = A kann nur für gedachte Dinge gelten. Erst wenn man von den stets vorhandenen Ungleichheiten absieht, sie von der Realität *abstrahiert*, gewinnt man Gleichheit; nach Abzug des Ungleichen, des *Individuellen*, bleibt dann die Gleichheit übrig.

In diesem Sinne aber ist Gleichheit allem entwickelten Recht immanent. Indem es *Normen* setzt, behandelt es alle Fälle gleich, die einer bestimmten Norm entsprechen. Deshalb müssen auch die *Begriffe*, deren es sich dabei bedient, abstrakt sein: sie müssen auf alles angewendet werden, was ihre *Begriffsmerkmale* aufweist und deshalb unter sie zu *subsumieren* ist; diese Fälle gelten ihm dann gleich, mögen sie sonst auch noch so ungleich sein – es sei denn, daß für diese Ungleichheiten wieder andere Normen existieren, so daß sie anderweitig subsumierbar sind. Was unter keine Norm zu subsumieren ist, ist rechtlich nicht vorhanden, *Justitia* sieht es nicht: ihre Augenbinde erlaubt ihr nur zu sehen, was unter ihre Normen fällt; was aber unter dieselbe Norm fällt, ist ihr *gleich,* sein Ungleiches, seine Individualität, verbirgt ihr ihre Binde.

IX. *Diese* Gleichheit also ist allem Recht immanent; es ist eine Gleichheit vor dem Gesetz, die keine Verfassung zu befehlen braucht. Befiehlt eine Verfassung aber „Gleichheit", so kann sie damit stets nur das Verbot bestimmter Ungleichheiten meinen. Das Verbot der rechtlichen Berücksichtigung von *Standes*unterschieden war ihr historisch erster Inhalt. Bei uns bedeutet der Gleichheitsgrundsatz das Verbot aller rechtlichen Unterscheidungen, die wir als *unsachlich* bewerten, besonders derer, die Art. 3 GG in Abs. 2 und 3 ausdrücklich nennt[8]. Was uns dagegen sachlich als verschieden gilt,

---

[8] A: B-VG 7, CH: BV 4.

kann, ja soll ungleich behandelt werden. Die Gleichheit wird hier als ein Verbot gerade auch an den Gesetzgeber verstanden, in unserem Sinne sachlich Gleiches ungleich, Ungleiches gleich zu behandeln.

„In unserem Sinne", denn daß andere Zeiten und Völker andere Unterscheidungen für sachlich hielten als wir, bedarf keiner Ausführung. So gilt die vermögensrechtliche, zum Teil auch die politische Ungleichheit von Männern und Frauen noch heute in einigen Ländern als sachgerecht.

Die Gleichheit aller *Menschen* vor dem Gesetz ist nicht älter als Aufklärung und bürgerliche Revolution. Auch darf nicht übersehen werden, daß sie selbst heute nur eine privatrechtliche und (nicht uneingeschränkt) straf- und prozeßrechtliche, nicht aber eine staats- und verwaltungsrechtliche ist. Daß der Ausländer im Inlande nicht wahl- und versorgungsberechtigt, daß er „Devisenausländer" ist und anderen Beschränkungen unterworfen werden kann, ist auch uns geläufig. Daß er, trotz sonstiger Vermögensfähigkeit, im Inlande keine *Grundstücke* erwerben konnte oder höhere Abgaben dafür zu zahlen hatte, kam in Deutschland noch bis ins 19. Jahrhundert vor und ist in der Schweiz geltendes Recht, das einen „Ausverkauf der Heimat" verhindern soll.

X. Die Waage ist uns also Symbol des Rechts und der Gerechtigkeit, weil der Gleichstand ihrer Schalen Gleichheit anzeigt. Dem Recht ist aber nur die formale Gleichheit immanent, die sachliche gehört zum Wesen der Gerechtigkeit. Was formal gleich ist, ist *normbedingt,* was sachlich gleich, *kulturbedingt.* Unter dieser Bedingtheit steht der Inhalt der Gerechtigkeit.

Wiegt also der Richter den Parteien ihr Recht zu, so entnimmt er die Gewichte dem Gesetz. Schweigt dieses, muß er sie selbst bestimmen: aus der Rechtsordnung im Ganzen gemäß dem kulturellen und soziologischen Zusammenhang der Dinge, zu dem nicht zuletzt die herrschenden Anschauungen gehören, nach Sitte, Brauch, Moral (vgl. o. § 12 III 2). Darum muß der Jurist Persönlichkeit sein und das Leben kennen, muß wachsam sein gegenüber der Gefahr von Ideologien. Nichts Menschliches darf ihm fremd sein. „Iuris prudentia est divinarum atque humanarum rerum notitia, iusti atque iniusti scientia"[9] (*Ulpian,* Dig. I, 1, 10). Wozu denn freilich eine Erfahrung gehört, die nicht in sieben Semestern auf der Universität erworben werden kann. Und selbst Erfahrung macht nicht immer zur Persönlichkeit. Daher bindet man auch die Rechtsfindung an Verfahrensgrundsätze, die die Gerechtigkeit des Ergebnisses durch seine Akzeptanz bei den Betroffenen befördern sollen[10].

§ 21. Rechtspositivismus und Naturrecht

I. Wir waren davon ausgegangen, daß dem Menschen die Regeln für das Zusammenleben mit seinesgleichen nicht fertig angeboren sind, daß er sie selber bilden muß. In seinen Rechtsordnungen *hat* er sie gebildet, durch Gewohnheit und Gesetz. Dieses Recht, das gilt, weil es *gesetzt* ist („gesetzt" in einem *weiteren* Sinne, nicht notwendig als *Gesetz!*), nennt man das *positive.*

Das positive Recht aber ist je nach Zeit und Volk *verschieden.* Als Recht von Staaten endet es an deren Grenzen, und als gesetztes muß es sich, über lang oder kurz, stets wieder durch neues ersetzen lassen.

1. Freilich gibt es im einzelnen mancherlei Ähnlichkeiten, ja Übereinstimmungen zwischen den nationalen Rechtsordnungen: Die kontinentaleuropäischen Privatrechtsordnungen weisen wegen ihrer gemeinsamen Herkunft aus der Rezeption des römischen Rechts beträchtliche Familienähnlichkeiten auf. Die Entscheidungen der englischen Rechtsprechung weichen – trotz der ganz anderen historischen Herkunft des englischen Rechts – von denen der kontinentalen Gerichte im *materiellen Ergebnis* nur in der Minderzahl der Fälle ab. Völker gleicher kultureller Entwicklungsstufe und gleicher Sozialstruktur haben auch ähnliche Rechtsordnungen. Im ganzen sind die Rechte der Völker gewiß nicht so verschieden, wie es ihre Sprachen sind.

---

[9] Die Jurisprudenz ist die Kenntnis göttlicher und menschlicher Dinge, das Wissen vom Rechten und Unrechten.

[10] Zu diesen durch den amerikanischen Rechtsphilosophen *John Rawls* (Theorie der Gerechtigkeit, 1975) theoretisch fundierten Bemühungen siehe *Roland Hoffmann:* Verfahrensgerechtigkeit, 1992.

Dennoch sind es verschiedene Rechte, und trotz aller internationalen Angleichungen und Rezeptionen (vgl. o. § 8) werden sie es bleiben, solange es kein Weltrecht gibt. Und selbst wenn es das gäbe, würden immer noch neue „Rechtsdialekte" aufkommen: Das Weltwechselgesetz von 1933 wird nicht in allen Ländern völlig gleich gehandhabt, das BGB in Japan anders als in Deutschland. Und selbst in einem Weltstaat würde es noch wenigstens eben so viele Rechtsprovinzen wie Kulturprovinzen geben. Die Geltung der Rechtsnormen ist also an Staatsgebiete gebunden und jedenfalls kulturgeographisch begrenzt. Was diesseits eines Flusses Recht ist, kann jenseits Unrecht sein[1].

2. Die *zeitliche* Begrenzung des positiven Rechts ist uns nicht weniger geläufig; jedenfalls die einzelner Normen und Gesetze. Jedes spätere Gesetz hebt das ältere auf, soweit es ihm widerspricht. An die kaleidoskopartige Aufeinanderfolge immer neuer Verwaltungsvorschriften haben wir uns resigniert gewöhnt. Nur die plötzliche Ablösung einer ganzen Staatsordnung durch eine neue hinterläßt uns noch einen nachhaltigeren Eindruck.

II. Denn hat sich einmal eine *Staats*ordnung im vollen Sinn entwickelt, hat also der Staat mit seiner Gesetzgebung das Rechtsmonopol erlangt, so steht und fällt die *Rechts*ordnung mit ihm. Zwar pflegen, selbst bei Revolutionen, die Kernbereiche des Rechts praktisch nicht total und nicht mit einem Schlage betroffen zu werden, auch wird der alte Staat sehr bald durch einen neuen abgelöst sein, doch steht es *formal* nun völlig bei diesem, wieviel von den Gesetzen seines Vorgängers er übernehmen (rezipieren) will. Denn die *Entstehung* einer neuen Rechtsordnung liegt selbst stets außerhalb der Sphäre des Rechts und setzt in dieser Sphäre einen Neubeginn.

Zu den aus der gestürzten Ordnung übernommenen Rechtssätzen wird jedoch immer wieder der gehören, daß das schwerste Verbrechen begeht, wer es unternimmt, den Staat zu stürzen. Aber der neue Staat wird diesen Satz kaum je auf die anwenden, denen er den Sturz seines Vorgängers verdankt. Darum ist es die ewige Antinomie des

---

[1] Vgl. den Ausspruch *Pascals* im nachfolgenden Text unter III.

positiven Rechts, daß dem *versuchten* Hochverrat die höchste Strafe zuteil wird, dem *gelungenen* aber höchster Ruhm, weil er selbst neues Recht gesetzt hat. Es ist nicht aus der Welt zu schaffen, daß an diesem Scheitelpunkt des positiven Rechts *allein der Erfolg* über Recht und Unrecht entscheidet.

In derartigen Gefechten
Sind, die siegen, die Gerechten,
Die Besiegten die Verräter[2].

Auch wenn ein Staat in seiner Verfassung den Bürgern ein *Widerstandsrecht* zubilligt, sofern er selbst durch seine Regierung gegen bestimmte Grundsätze verstößt[3], so sind es doch wiederum *seine* Gerichte, die über die versuchte, die seines Nachfolgers, die über die vollendete Tat zu urteilen haben. Die Gerichte des alten Staates werden den Täter jedoch nur dann freisprechen, wenn ihre Richter selbst schon für den Umsturz gewonnen sind und glauben, ihn wagen zu können. Je mehr aber der Staat seine Beseitigung verdient, desto weniger werden sie ihn wagen können; es sei denn, daß er schon zusammengebrochen ist.

Das Los dessen, der einen Staat umzustürzen *versucht* hat, wird deshalb durch das Bekenntnis dieses Staates zum Widerstandsrecht kaum geändert. Nur wird es der neuen Ordnung leichter fallen, ihre Kontinuität mit der alten zu wahren, wenn sie sagen kann, daß die Tat, durch die jene umgestürzt wurde, durch deren eigenes Gesetz erlaubt wurde.

„Man kommt somit nicht um das Skandolon herum, daß, wer gültigen Gesetzen ... den Gehorsam versagt, rechtswidrig und gegebenenfalls auch strafbar handelt, auch wenn er dabei dem Befehl seines Gewissens gehorcht. Jenseits dieses Standpunkts gibt es nur die Utopie und die Anarchie"[4]. Ob aber der Hochverräter ein Held oder ein Gangster war, hängt nicht vom Erfolg und auch nicht von der *Rechts*lage ab. Der moralisch Hochstehende bedarf keiner juristischen Rechtfertigung. Ist er *ethisch* gerechtfertigt, so reicht das

---

[2] En batallas tales / Los que vencen son leales, / Los vencidos los traidores. *Calderon*, Das Leben ist Traum, III, 13.

[3] Siehe GG 20 IV: „Gegen jeden, der es unternimmt, diese Ordnung (d. h. die verfassungsrechtliche Ordnung der Bundesrepublik Deutschland) zu beseitigen, haben alle Deutschen das Recht zum Widerstand, wenn andere Abhilfe nicht möglich ist."

[4] *Arthur Kaufmann:* Vom Ungehorsam gegen die Obrigkeit, 1991, S. 94 f.

Recht gar nicht an ihn heran. Hier steht er jenseits von dessen Sphäre, und die Gefahr seiner Tat erhöht noch ihren sittlichen Wert.

III. Die Relativität des positiven Rechts mit seiner endlosen Vielfalt und Widersprüchlichkeit nach Ort und Zeit hat dem monistischen Zuge des menschlichen Denkens nie genügen wollen. Unvermeidlich müssen wir ja die Dinge – Ungleiches als gleich behandelnd – vereinfachen und typisieren, um sie begreifen, d. h. begrifflich handhaben zu können. Hierin aber möchten wir fortschreiten, soweit es irgend geht. Wir möchten die Fülle der Erscheinungen von wenigen Grundsätzen her, wenn möglich von *einem* Punkte aus erklären können.

Beispiel dafür ist die Entwicklung unseres physikalischen Weltbildes: Kopernikus, Kepler und Galilei erkannten, daß Erde, Planeten und Monde nach denselben Bewegungsgesetzen kreisen, Newton, daß diese Gesetze auch für den fallenden Apfel gelten; die Feldtheorie will dessen Schwere mit der magnetischen Anziehung und der elektrischen zusammen erklären, die Weltformel alle physikalischen Vorgänge in Einem erfassen.

Eben das ist uns *Wissenschaft*. Gäbe es ein Chaos, so würde unser Verstand nicht ruhen, ehe er es geordnet hätte. Der reflektierenden und philosophierenden, mit dem Laufe der Welt kaum je zufriedenen Vernunft erschien aber das positive Recht immer von neuem als ein Chaos:

> Trois degrés d'élévation du pôle renversent toute la jurisprudence. Un méridien décide de la vérité; en peu d'années de possession, les lois fondamentales changent; le droit a ses époques ... Plaisante justice qu'une rivière borne! Vérité en deça des Pyrénées, erreur au delà.
>
> *Pascal*, Pensées, III, 8[5].

So klingt der Hohn des Philosophen über die Nichtigkeit der Menschenwelt. Recht und Unrecht ist ihm dabei eine Sache der Wahrheit (vérité), *justice* „Gerechtigkeit" (denn daß die *Gerichts-*

---

[5] Drei Breitengrade näher zum Pol stellen die ganze Rechtswissenschaft auf den Kopf. Ein Längengrad entscheidet über die Wahrheit; nach wenigen Jahren der Gültigkeit ändern sich grundlegende Gesetze; das Recht hat seine Epochen ... Spaßhafte Gerechtigkeit, die ein Fluß begrenzt! Diesseits der Pyrenäen Wahrheit, jenseits Irrtum.

barkeit an einem Flusse enden kann, wäre wohl auch ihm nicht absurd erschienen). Wandel und Widersprüche darf es hierin für ihn nicht geben; was Recht ist, muß auch ewig und allgültig sein.

Aber außer diesem rationalen lassen noch stärkere emotionale Motive den Menschen nach einem allgültigen Rechte rufen. Erstarrte Rechtstraditionen treten mit gewandelten Sozialverhältnissen immer von neuem in Widerstreit:

> „Vernunft wird Unsinn, Wohlthat Plage;
> Weh dir, daß du ein Enkel bist!
> Vom Rechte, das mit uns geboren ist,
> von dem ist leider! nie die Frage"[6].

Das positive Recht wird immer wieder zum Instrument der Unterdrückung von Klassen, Rassen und Gesinnungen. Der Haß gegen den Unterdrücker muß sich dabei zugleich auf sein Instrument erstrecken: Es kann das wahre Recht nicht sein!

IV. Daher ist denn der Glaube an ein ewiges und allgültiges Recht von Heraklit bis heute immer wiedergekehrt und mit den verschiedensten Begründungen verfochten worden. Und immer wieder hat er als ein ideologisches Kampfmittel gegen etablierte Macht gedient.

Soweit er auf dem Glauben beruht, daß das Recht ein vom Schöpfer der Welt seit Ewigkeit vorausgedachter Gedanke sei, dessen die Menschen, als seine Kinder, nach ihrem Maße teilhaftig zu werden vermögen, ist er dem Urteil des Verstandes entrückt und in sich unanfechtbar. Soweit ihn aber die Vernunft ganz auf sich selber gründen will, ist er gerechtfertigt, soweit die Sittlichkeit seiner Forderungen reicht. Deshalb treten denn auch die wechselnden ideologischen Fassungen und Begründungen des Naturrechtsglaubens hinter seiner historischen Bedeutung und Fruchtbarkeit als sekundär zurück.

Fruchtbar wurde er für uns seit dem 17. Jahrhundert als Reaktion auf die Erstarrung der Rezeption des römischen Rechts mit der Versandung seines Wissenschaftsbetriebes in leerem Subtilitätenkram mit end- und nutzlosen Kontroversen. Hiergegen bäumte sich

---

[6] *Johann Wolfgang von Goethe:* Faust (1. Teil, 1. Szene), in Weimarer Ausgabe XIV (1887), S. 93.

die Vernunft auf, besann sich auf den wahren Sinn der Rechtspflege und wagte es, sich auf die eigenen Füße zu stellen. Das
Ergebnis dieser Reaktion waren dann nach etwa 150 Jahren die
großen Kodifikationen (pr. ALR, Code civil, österr. ABGB).
Auch unser Völkerrecht verdankt dem Naturrecht seine Grundlegung: Was sollte denn, fragte *Hugo Grotius* 1625, wohl sonst
auf der offenen See und *zwischen* den Staaten gelten? Nachdem
die Gemeinschaft der Christenheit (mit der seine spanischen
Vorgänger noch hatten rechnen können) zerfallen war, mußte
die *Vernunft* in diese Bresche treten. Und als die um ihres Glaubens willen Verfolgten und von der Staatsgewalt Verstoßenen
des 17. und 18. Jahrhunderts jenseits des Atlantiks eigene Staaten
gründeten, wollten sie, daß das, was ihnen widerfahren war, nie
wieder geschehen dürfe, weil es für *ewig* Unrecht sei. So kamen
die Menschenrechte, im Kampf um die Religionsfreiheit schon
gegen die Mitte des 16. Jahrhunderts in den Niederlanden durchgesetzt (vgl. o. § 18 VI), in die Verfassungen der Welt. Von der
Generation eines *Locke* und *Thomasius* schreibt *Franz Wieacker*[7]:

„Durch ihr unmittelbares Eingreifen verzüngelten seit dem Beginn
des 18. Jahrhunderts langsam die Scheiterhaufen, verstummte das
Röcheln der Gefolterten und martervoll Hingerichteten, verschwand
die Barberei der alten Leibes- und Ehrenstrafen, wichen die körperliche
Unfreiheit und verjährte Privilegien und setzte sich eine größere Achtung der Rechte der Einzelnen selbst bei den Herrschenden durch;
sogar unter den Kriegführenden hatte das Recht jetzt größeres Ansehen
als jemals zuvor oder später. Was immer ideologischer Eifer gegen die
theologisch-metaphysischen und erkenntnistheoretischen Grundlagen
dieses praktischen Vernunftrechts vorgebracht hat und noch heute vor-
bringt: es bleibt sein unauslöschlicher Ruhm, ein Goldenes Zeitalter der
europäischen Rechtskultur herbeigeführt zu haben."

Das *Naturrecht* ist also aus der abendländischen Rechtsentwicklung nicht wegzudenken, und angesichts dieser seiner Leistungen
ist die Kritik seiner philosophischen Begründungen müßig. Denn

---

[7] Privatrechtsgeschichte der Neuzeit, 2. A. 1967, S. 271.

die Naturrechtsbewegung des 17. und 18. Jahrhunderts ist eine Welle der Versittlichung des positiven Rechts gewesen.

Versittlichung war nicht nur die Idee der Menschenrechte, die Begründung eines allgültigen Völkerrechts und alles sonst schon Genannte. Auch die Ablösung des römischen Rechts durch Kodifikationen ist es gewesen: Ein Recht, das in einer fremden Nachwelt ohnehin nur als die Geheimwissenschaft eines Gelehrtenstandes möglich war, mußte trotz der Großartigkeit seines Normenschatzes entsittlichend wirken, wenn es sich, wie es im 17. und 18. Jahrhundert weithin geschah, in spitzfindigen Streitereien verlor und überdies zum Werkzeug der Mächtigen wurde.

Da wir aber die Gerechtigkeit als die Sittlichkeit der Rechtspflege bestimmt haben (§ 20 III), können wir somit sagen, daß das Naturrecht das positive Recht gerechter gemacht hat.

V. Das heißt aber, daß es die eigentliche Bestimmung des Naturrechts ist, auch wenn es beansprucht, dem positiven Recht *vorzugehen*, im positiven Recht *aufzugehen*. Denn eben dadurch *wird* es erst zu *Recht*; vorher war es nur eine sittliche Forderung an das Recht, etwas, was Recht werden sollte.

Auch das Naturrecht, das *Thomas von Aquino* († 1274) in seiner Summa Theologica (bes. II, 1, Qu. 94 und II, 2, Qu. 57–79) so folgenreich entwickelt hat, macht hiervon keine Ausnahme: Zwischen göttlichem Gesetz (lex aeterna) und menschlichem Gesetz (lex humana) stehend, empfängt es vom ersteren sein allgültiges Grundprinzip, vom letzteren seine konkrete Ausgestaltung. Denn ohne das geoffenbarte Sittengesetz wäre sein Grundprinzip: das Gute ist zu tun und zu erstreben und das Schlechte zu meiden (bonum est faciendum et prosequendum, et malum vitandum), rein formal, ja tautologisch-leer. Der Mensch hat es deshalb, ius positivum setzend, nicht bloß zu ergänzen: jede Anwendung und Konkretisierung seines Grundprinzips ist ein Werk menschlicher ratio practica, und eben aus ihrem richtigen Gebrauch im Einzelfall geht das ius naturale hervor. Es wäre unveränderlich, wenn auch die Dinge es wären, aber sogar der Mensch ist veränderlich (II, 2, Qu. 57: Ad primum ergo dicendum quod illud, quod est naturale habenti naturam immutabilem, oportet quod sit semper et ubique tale. Natura autem hominis est mutabilis). Und was ist dann im Einzelfalle „gut", was „richtig"? – Es leuchtet ein, wie sehr das Naturrecht, obwohl als Richtmaß des positiven Rechts gedacht, doch selbst nach Positivierung verlangt.

Allerdings kann seine Positivierung nicht nur durch den staatlichen Gesetzgeber erfolgen. Es darf nicht übersehen werden, daß

auch Gewohnheit und Rechtsprechung positives Recht schaffen
können (Näheres darüber später, § 25). Auch auf dem Wege über
diese kann sich deshalb, indem sie naturrechtliche Gedanken
rezipieren, seine Positivierung vollziehen. So kann aus *Natur*recht
*Kultur*recht werden.

Und dies ist denn auch überwiegend der Sinn geworden, in dem
man *heute*[8] praktisch von „Naturrecht" spricht. Bezeichnend dafür
war die Rechtsprechung der Nachkriegszeit: Nachdem einige
Gerichte das Naturrecht unter Berufung auf die religiös-ethische
Überlieferung als ein überpositives Recht bejaht, andere seine
Existenz als Recht geleugnet hatten, hat es der Bundesgerichtshof
insoweit anerkannt, als es dem „Bewußtsein aller zivilisierten
Völker", den „Grundsätzen des menschlichen Verhaltens" entspricht, „die sich bei allen Kulturvölkern auf dem Boden übereinstimmender sittlicher Grundanschauungen im Laufe der Zeit
herausgebildet haben"[9].

In der Tat darf ein staatlicher Richter keinen anderen Standpunkt
einnehmen. An „Gesetz und Recht" gebunden und für die Rechtssicherheit verantwortlich, kann er sich auf Deduktionen aus hoch-

---

[8] Gegenwärtig sind es besonders drei Gebiete, in denen auf Naturrecht Bezug
genommen wird, nämlich
   a) bei der Diskussion über Bestehen und Grenzen von Menschenrechten,
   b) bei der sog. Grundwertedebatte im Verfassungsrecht und dem Streit um ein
   Recht auf bürgerlichen Ungehorsam sowie
   c) bei den Diskussionen über die rechtliche Relevanz der life sciences (Soziobiolo-
   gie und Recht), z. B. im Falle von Gentechnologie und Umweltschutz.
[9] BGHSt. 2, 237 ff. Wohin die Gegenansicht führt, zeigt der berüchtigte Kuppeleibe-
schluß des Großen Strafsenats aus dem Jahre 1954 (BGHSt. 6, 46 ff., 53): Der
Geschlechtsverkehr unter Verlobten wurde als „grundsätzlich gegen die geschlecht-
liche Zucht verstoßende Handlung" bewertet, da es die sittliche Ordnung will, „daß
sich der Verkehr der Geschlechter grundsätzlich in der Einehe vollziehe, weil der
Sinn und die Folge des Verkehrs das Kind ist". Diese Norm des Sittengesetzes gelte
aus sich heraus und unabhängig von wirklicher Befolgung oder jeder Änderung der
Anschauungen. Ihre Verbindlichkeit beruhe auf der vorgegebenen und hinzuneh-
menden Ordnung der Werte. Eine Mutter wurde daher bestraft, weil sie den Freund
der volljährigen Tochter im Zimmer derselben übernachten ließ. Das war ein
„Vorschubleisten der Unzucht durch Gewährung von Gelegenheit" i. S. von StGB
180, 181.

kontroversen Dogmen nicht einlassen[10]. Erst wenn eine Norm genügend breite Anerkennung gefunden hat, ist der Richter mit ihr in seinem Element und kann ihr seinerseits den Stempel des Rechts aufdrücken. Freilich sollte man die so rezipierten und positivierten Kulturnormen eben auch „Kulturrecht", nicht aber „Naturrecht" oder auch nur „sekundäres Naturrecht" nennen. Sachlich ist es nicht *ius naturale*, sondern *ius gentium*[11]: es ist das Recht, nach dem die für uns in Betracht kommenden, nämlich die zivilisierten Völker leben.

VI. Der Naturrechtsgedanke ist also, wie die Gerechtigkeit, Ausfluß der Ethik und Kritik des Rechts. Doch kritisiert die Gerechtigkeit (als Billigkeit) auch die *Funktion,* das Naturrecht eigentlich nur die *Normen* des positiven Rechts. Es ist die Ethik, insofern sie im Kampfe gegen Normen des positiven Rechts den Anspruch erhebt, selbst Recht zu sein.

Nur aus dem Verhältnis zu seinen Nachbarerscheinungen: Billigkeit, Gerechtigkeit, Sittlichkeit sowie zur Sitte und zum positiven Recht ist das Naturrecht somit zu erfassen. Auch deren Verhältnis zueinander war zuvor zu klären. Da sich dies indessen über mehrere

---

10 „Ein dem positiven Recht vorgegebenes, immanentes System von Rechtsnormen läßt sich nicht erweisen. Die im Laufe einer 2500jährigen Geschichte des Naturrechtsgedankens als verbindlich behaupteten ‚vorpositiven' Normen beruhen auf Dogmen und sind von solcher Allgemeinheit, daß sie sog. Leerformeln darstellen, die als solche nur politisch brauchbar und vielseitig manipulierbar sind. Deshalb ist der Naturrechtsgedanke ein Kampfmittel der um die Macht ringenden Gruppen, mit dem diese ihr Streben nach Änderung oder Erhaltung einer bestehenden Ordnung durch ideologische Berufung auf ‚das' Naturrecht zu legitimieren suchen. Es gibt in der abendländischen Geschichte kaum ein politisches Regime und kaum einen die wesentlichen Lebensgüter betreffenden Rechtssatz, deren Verbindlichkeit nicht mit einem naturrechtlichen Argument angegriffen oder verteidigt worden wäre", so *Ernst E. Hirsch,* Das Recht im sozialen Ordnungsgefüge, 1966, S. 49.

11 Vgl. Dig. I, I, 1 § 4: Ius gentium est, quo gentes humanae utuntur; quod a naturali recedere facile intellegere licet, quia illud omnibus animalibus, hoc solis hominibus inter se commune sit. Deutsch: Ius gentium (dieser Begriff ist weder mit „Fremdenrecht" noch mit „Völkerrecht" zutreffend übersetzt) ist das Recht, dessen sich alle zivilisierten Völker erfreuen; das, von dem sich leicht einsehen läßt, daß es sich vom Naturrecht abhebt, weil dieses allen Kreaturen, jenes aber allein den Menschen eigen ist.

Abschnitte (§§ 5, 19 und 20) erstreckt hat, sei das Gesagte hier zusammengefaßt:

1. Am Anfang war, ungeformt und unreflektiert, die *Sitte*.

a) Als Gericht und Herrschaft nahm die politische *Macht* sie in die Hand, formte sie durch Richterspruch, ergänzte und gestaltete sie durch Gesetz. So entstand das *positive Recht*.

b) Doch nahm auch das *Denken* sich ihrer an: große Einzelne machten formulierend Unbewußtes bewußt und ordneten es, bejahend, verneinend, Neues ersinnend und lehrend. So schufen sie *Sittenlehre*.

2. Diese, die Ethik, forderte

a) die Sitte kritisierend und Absolutheit beanspruchend *Sittlichkeit* (Moral); soweit sie erfolgreich war, erwuchsen daraus „gute Sitten" (positive Moral);

b) ihr kritisches Denken auf das Recht erstreckend *Gerechtigkeit*.

3. Indem der ethische Impuls in der Gerechtigkeit fortwirkte, forderte er

a) die Ausrichtung der Rechtsnormen nach *Naturrecht,*

b) die Rechtsanwendung nach *Billigkeit*.

4. Doch wirkte auch das positive Recht auf die Gestaltung der Moral ein und sie wieder auf unsere Vorstellungen von Billigkeit. Überhaupt sind alle diese Faktoren, auch in der differenziertesten Gesellschaft, *interdependent*.

VII. Entscheidend für die Gesamtentwicklung war also das Aufkommen der Ethik und ihr Verhältnis zur politischen Macht. Denkende standen damit neben Machthabern, Schau neben Tat. Sie brauchten nicht notwendig in Gegensatz zu treten. Am wenigsten, wo die Sittenlehrer Staatsdenker waren wie Konfuzius und Menzius, deren Spruchweisheit wohl im wesentlichen die altchinesische Sitte mit ihrem Ahnenkult ausgeformt und bestätigt, wenn auch den Staat der eigenen Zeit kritisiert hat. Weniger dort, wo der Religionsstifter als Staatsgründer und Gesetzgeber auftrat, wie Moses und Mohammed es taten. Anders aber, wo er dem Staat entsagte, wie Buddha, oder ein Reich gründen wollte, das nicht von dieser Welt war, und auch der Sitte kritisch gegenübertrat. Hier mußte neben die gewachsene Harmonie von Sitte, Recht und Sittlichkeit, von der wir in § 5 ausgingen, das Spannungsverhältnis treten, das in den §§ 19 ff. deutlich wurde. In eben diesem Spannungsfeld wurde dann der Gedanke des Naturrechts fruchtbar, der vorher in der griechischen Philosophie aus spekulativem Denken entstanden war und den die römischen Juristen aus der Stoa, wenn auch nur als gelehrten Zierat, übernommen hatten (vgl. Inst. I, II pr.; Dig. I, I, 1 § 3; I, 3).

VIII. Trotz seiner langen Geschichte hat aber das Naturrecht als eine *lex aeterna*, die konkrete Normen enthält, nicht verifiziert werden können. Schulen und Theorien darüber haben einander abgelöst und bekämpfen sich noch heute. So hat ein kompetenter Autor nach Durchsicht der Literatur in diesem Zusammenhang allein 9 verschiedene Bedeutungsinhalte des Wortes „Natur" und wiederum 9 Bedeutungsinhalte des Wortes „Recht" unterschieden[12]. Sprachverwirrung dieser Art aber ist nur möglich, weil es keine Natursprache gibt. Und wirklich hat der Mensch Recht und Staat nicht anders von Natur, als wie er Sprache hat: als Fähigkeit nämlich, konkrete Sprachen und so auch konkrete Rechtsordnungen zu bilden (vgl. oben § 1 IV).

IX. So wie mit dem Naturrecht, ist es auch mit der *Ethik:* Das Sollen als Kategorie zwar ist für den Menschen seinsnotwendig (vgl. oben § 10 II), sein Inhalt aber ist es nicht. Auch *Kants* kategorischer Imperativ hat einen Inhalt nicht anzugeben vermocht. Denn wenn die Maxime meines Tuns jederzeit als Prinzip einer allgemeinen Gesetzgebung soll gelten können[13], so bleibt eben der Inhalt dieser allgemeinen Gesetzgebung, die das Naturrecht sein würde, offen; die Weltrechtsgeschichte sowie die Völkerkunde zeigen die bunte Fülle all der Rechte, die wirklich und also auch möglich gewesen sind. „Le larcin, l'inceste, le meurtre des enfants et des pères, tout a eu sa place entre les actions vertueuses" hat schon *Pascal* bemerkt[14].

Doch wenn es auch keine „Naturethik" gibt, sondern nur Sittenlehren, so steht es, aus *historischem* Grunde, um die Ethik

---

[12] *Erik Wolf,* Das Problem der Naturrechtslehre, 3. A. 1964.

[13] „Handle nur nach derjenigen Maxime, durch die du zugleich wollen kannst, daß sie ein allgemeines Gesetz werde" (*Immanuel Kant:* Grundlegung zur Metaphysik der Sitten [1785], in Kants Werke, Akademie-Ausgabe Bd. IV, S. 421).

[14] Pensées III, 9: Der Raub, die Blutschande, der Mord an Kindern und Eltern, alles hatte seinen Ort unter den tugendhaften Handlungen. „Es gibt kein menschliches Verhalten, das als solches, kraft seines Gehalts, ausgeschlossen wäre, Inhalt einer Rechtsnorm zu sein" (*Hans Kelsen:* Reine Rechtslehre, 2. A. 1960, S. 201).

dennoch besser als um das Naturrecht: Die Sitte des Abendlandes
ist von Anbeginn aus derselben antiken und germanischen Kulturtradition und aus derselben christlichen Religion erwachsen.
Gemeinsame politische Schicksale und geistige Erlebnisse vereinen
seine Völker, auch und gerade in unseren Tagen. Es ist ein und
dieselbe Sittlichkeit, deren Verletzung politische Gegner einander
vorzuwerfen pflegen. Und selbst wenn der Vorwurf auch nur
Heuchelei ist, bestätigt er dennoch die Ethik; denn stets bleibt die
Heuchelei die Ehrerbietung, die das Laster der Tugend zollt. Auch
ist dieselbe Ethik, ob erheuchelt oder erfüllt, von Europa aus über
die Meere getragen worden und folgte der Ausbreitung seines
Handels und seiner Technik. Das Ende des Imperialismus wird
diesen Siegeszug nicht hemmen, und unsere Kultur mit ihrer Sitte ist
auf dem Wege, diejenige der Menschheit zu werden. Sie ist in den
Begriff *der* Zivilisation eingegangen. Doch sollten wir nicht vergessen, daß sie nur eine unter möglichen anderen ist.

X. Das Naturrecht aber hat nur seinen Namen, nie seinen Inhalt
der Natur entnehmen können. Soweit sein Inhalt legitim war, ist er
stets Lehngut des positiven Rechts oder der Ethik gewesen. Daher
haben ihm auch nur konkrete Kultur- und Gesinnungsgemein-
schaften wie Scholastik, Humanismus und Aufklärung zu wirkli-
chem, doch eben bloß zeitbedingtem Leben verhelfen können. Die
Faszination des Namens „Natur", allgültige Notwendigkeit bedeu-
tend, hat dabei der Ethik in ihrem Kampf um Normen des positiven
Rechts als Rüstung gedient. Da aber auch der Eigennutz diese
Rüstung anlegen kann, muß vor dem Naturrecht in ähnlicher Weise
gewarnt werden, wie vor „Gerechtigkeit" und „Rechtsgefühl". Es
ist Mephisto, den Goethe das tradierte positive Recht als eine
„ew'ge Krankheit" schmähen und seinem Schüler von dem Rechte
vorschwärmen läßt, „das mit uns geboren ist".

§ 22. Von den allgemeinsten Prinzipien des Rechts und der Ethik

I. Mit der Frage nach dem Naturrecht nicht zu verwechseln ist
die ganz andere, ob sich in den Rechtsordnungen aller Völker und

Zeiten Prinzipien auffinden lassen, die ihnen sämtlich gemeinsam sind. Bei solchen würde es sich also um dauernde und überall wiederkehrende Grundsätze des *positiven* Rechts handeln. Sie würden etwas von dem sein, was die römischen Juristen, die Rechtsbräuche aller Völker ihres weltweiten Reiches miteinander vergleichend, als „ius gentium" bezeichnet haben. Mir scheint, daß sich nur drei derartige materielle[1] Grundprinzipien angeben lassen: Konsequenz, Reziprozität und Verhältnismäßigkeit.

1. Die *Konsequenz* ist eine Grundvoraussetzung des menschlichen Zusammenlebens. Sie hängt mit dem Wesen der Norm zusammen und hat uns deshalb bereits zu Beginn beschäftigt: Zusammenwirken ist nur möglich, wenn jeder sich verhält, wie es die anderen von ihm erwarten. Sie erwarten von ihm, daß er sich so verhält, wie sie selbst (weshalb denn jeder tun *soll*, was *man* zu tun pflegt), und darüber hinaus, daß er den besonderen Erwartungen entspricht, die er erweckt hat. Er kann das durch sein Wort oder auch durch sein Verhalten getan haben. *Unterläßt* er, was demgemäß von ihm erwartet wird, so stört er den Ablauf des Zusammenlebens. Er durchkreuzt die Dispositionen derer, die sich auf ihn verlassen haben; er kann sie dadurch in Gefahr bringen oder schädigen. Er stört die Gemeinschaft, weil er sich zu seinem eigenen vorangegangenen Tun in Widerspruch setzt.

Dieser Gesichtspunkt spielt eine Rolle im allgemeinen Schuldrecht (§ 242 BGB)[2] als *venire contra factum proprium*, ferner als „Verwirkung": der Inhaber eines Rechts hat einen daraus Verpflichteten (der Gläubiger seinen Schuldner, der Gewerbetreibende den unlauteren Konkurrenten) durch sein Verhalten – langes Zuwarten, Duldung von Zuwiderhandlungen – in den Glauben gewiegt, er wolle sein Recht nicht geltendmachen; dieser

---

[1] Als formale Prinzipien hingegen, die nicht zur Begründung bestimmter Rechtsinhalte dienen können, aber ebenfalls allen Rechtsordnungen gemeinsam sind, können die Leitideen der Rollendefinition und des Interessenausgleichs genannt werden, vgl. dazu *M. Rehbinder*, Rechtssoziologie, 3. A. 1993, S. 153–156. Zum Interessenausgleich siehe auch im folgenden Text unter V.

[2] A: ABGB 914; CH: ZGB 2 I. *Erwin Riezler*, Venire contra factum proprium, 1912; *Reinhard Singer:* Das Verbot widersprüchlichen Verhaltens, 1993.

disponiert entsprechend, und der Betreffende verklagt ihn dann doch. Weiter als Haftung für den Vertrauensschaden in den Fällen der §§ 122 und 307 BGB[3]: ich habe mich durch Vertrag zu einer Leistung verpflichtet, aber bei Abgabe meiner Erklärung gemäß § 119 geirrt, oder die Erbringung der Leistung war (wie ich gewußt hatte) schlechthin unmöglich; damit entfällt meine *vertragliche* Verpflichtung (§§ 142 bzw. 306), aber meine Erklärung war doch einmal da, und sofern mein Partner bereits im Vertrauen darauf gehandelt hat, habe ich ihn nun im Wege des Schadenersatzes so zu stellen, wie er gestanden haben würde, wenn ich sie nicht abgegeben hätte (Vertrauensschaden oder negatives Vertragsinteresse). Im Delikts- und Strafrecht begegnet uns der Gedanke als „Verpflichtung aus vorangegangenem Tun" (Garantenstellung, Verkehrssicherungspflicht), auch im Rechtsscheins-Veranlassungsprinzip, zumal des Handelsrechts, findet er sich wieder (Haftung aus Anscheinsvollmacht: §§ 172 II, 370, 405 BGB; §§ 54, 56 HGB; Möglichkeit des gutgläubigen Erwerbes nach dem Hand wahre Hand-Prinzip: §§ 932, 935 BGB, vgl. o. § 15 IV 1)[4].

Freilich hat auch dies, wie alle Rechtsprinzipien, seine Grenzen, die ihrerseits nicht immer prinzipiell bestimmbar sind. So kann, wer ohne mich gefragt zu haben, seine Produktion auf die Erwartung eingestellt hat, daß ich sie ihm auch weiterhin abnehmen werde, von mir nicht Schadensersatz verlangen, wenn diese Spekulation verfehlt war. Hatte ich mich hierzu durch keine besondere Abmachung verpflichtet, so stand es mir frei, meine Bezugsquelle zu wechseln.

Der Satz, daß Verträge zu halten sind – *pacta sunt servanda* – ist der wohl sichtbarste Anwendungsfall des Prinzips der Konsequenz. Für die Verläßlichkeit aller zwischenmenschlichen Beziehungen ist er in gleicher Weise notwendig wie die ihm verwandte Pflicht zur Wahrheit. Ohne Vertragstreue und Wahrhaftigkeit ihrer Mitglieder untereinander kann eine stabile Gemeinschaft nicht bestehen.

Besonders aber muß auf den Staat als Gesetzgeber und Richter Verlaß sein. Darum darf er seine Gesetze nicht ohne Not ändern,

---

[3] In Österreich ist Vertrauensschaden nur bei nichtigen Verträgen geschuldet (ABGB 878), nicht bei Anfechtung wegen Willensmängeln; in der Schweiz hingegen wird Schadenersatz in beiden Fällen aufgrund von OR 41 gewährt (BGE 69 II 238).

[4] A: ABGB 367, 1029, 1030; HGB 54, 56; CH: OR 37 I, 978 I, 164 II, 462, 32; ZGB 933, 934.

muß seine Rechtsübung stetig sein. Deshalb gehört die *Rechtssicherheit* mit ihrer Leitidee der Dauer[5] zum Wesen des Rechts. Ohne Konsequenz ist sie nicht möglich.

2. Die *Reziprozität* erscheint als Dank und Rache, als Gegenseitigkeit und als Vergeltung. Im Sittenrecht ist dieses Prinzip am deutlichsten. Es gibt dort keine Schenkung im Sinne einer „unentgeltlichen Verfügung" (wie in § 516 BGB): jede Gabe verpflichtet; sie muß entgolten werden; sonst gilt sie nicht, und der Schenker kann sie zurückfordern. Nach unserem *Gesetz* zwar kann er es nur dann, wenn der Beschenkte sich „groben Undanks" schuldig gemacht hat (§ 530 BGB)[6]. Doch auch heute noch verlangt die *Sitte*, daß man sich „revanchiert"[7]. Daß man im Leben „nichts geschenkt bekommt", wissen wir ohnehin. Wer ohne eigene Leistungen bestehen will, wird bald am Ende sein. Das gilt für den Einzelnen ebenso wie für soziale Gruppen, und wir beurteilen die Gerechtigkeit einer Gesellschaftsordnung geradezu danach, ob in ihr das Gleichmaß des Gebens und Nehmens gewahrt ist. Und eben dies ist es, was die Waage des Rechts in allen zwischenmenschlichen Beziehungen wägt.

Im Strafrecht wägt sie Schuld und Sühne (Tatstrafrecht, nicht Täterstrafrecht). Bevor es aber eine entwickeltere Staatsordnung gab, gab es nur Verletzung und Rache. Die Rache mußte damals der Verletzung unweigerlich folgen, sie war des Verletzten (oder seiner Gesippen) Recht und heilige Pflicht, denn auf ihrer Unverbrüchlichkeit allein beruhte die Sicherheit der Gruppe. Jeder genoß so viel Sicherheit, wie seine Sippe Furcht einflößte. Die Blutrache ist auf der ganzen Erde die Urform des Rechts gewesen, und jede Verletzung konnte sie auslösen, sofern der Täter den Gegner und dessen

---

[5] „Recht hat primär die Aufgabe, Zukunft festzulegen. Es ist die Planungsmacht schlechthin, die dem Menschen zur Gestaltung seiner sozialen Beziehungen zur Verfügung steht" (*H. Schelsky:* Systemfunktionaler, anthropologischer und personfunktionaler Ansatz der Rechtssoziologie, Jahrbuch für Rechtssoziologie 1 [1970], S. 37–98, 73).

[6] A: ABGB 948 f.; CH: OR 239, 249.

[7] Für zweiseitige Verträge siehe hingegen das sog. schuldrechtliche Synallagma der beiderseitigen Hauptpflichten in BGB 323; ABGB 880, 1435, 1447; OR 119 II.

Sippe nicht durch hinreichende Gaben versöhnte, also damit „sühnte". In einem fortgeschritteneren Stadium der Rechtsbildung aber verlangten viele alte Völker als Sühne, daß der Täter eben das gleiche erdulde, was er dem anderen zugefügt hatte. „Auge um Auge, Zahn um Zahn" lautete, ganz wörtlich genommen, das Gesetz der Talion, der reinsten Form der Vergeltung[8]. Diese war für den Verletzten Genugtuung und, und wenn er einen Vermögensverlust erlitten hatte, Entschädigung zugleich. Die Genugtuung ist heute im Strafanspruch des Staates aufgehoben (vgl. o. § 7), die Entschädigung als Zivilanspruch verfolgbar.

II. Konsequenz und Reziprozität sind also die allgemeinsten Grundprinzipien alles positiven Rechts, die sich empirisch finden lassen (über die Verhältnismäßigkeit sogleich unter V). Naturrecht im überkommenen Sinne sind sie nicht. Sie sind keine Normen, die dazu dienen könnten, die Rechtsnatur geltender Gesetze in Frage zu stellen. Wohl aber läßt sich sagen, daß eine Rechtsordnung, die ihnen radikal zuwiderläuft, keinen *Bestand* haben könnte. Würde sie Wahrhaftigkeit, Vertragstreue und Gegenseitigkeit zwischen ihren Bürgern verunmöglichen, so wäre sie dem Untergang geweiht, weil die Gesellschaft sich gegen sie empören, sie durch Umdeutung wandeln oder sich selbst zersetzen würde.

Mit den Forderungen strenger Ethik decken sich beide Prinzipien allenfalls zum Teil. Die Konsequenz fordert Rechtssicherheit, und eben diese kritisiert die Ethik. Nur ungern will sie Rechtssicherheit als zur Gerechtigkeit gehörig gelten lassen. Von der Reziprozität will sie die Vergeltung des Bösen mit Bösem im zwischenmenschlichen Verkehr streichen. „Ihr habt gehört, daß zu den Alten gesagt ist ... Ich aber sage euch ..." war die Wende zur Hochreligion. Sie hat die grundsätzliche Kritik des Rechts eingeleitet, die dessen Prinzipien modifiziert, gemildert und sublimiert, doch nicht beseitigt hat.

---

[8] 2. Moses 21, 23: „Wenn aber ein bleibender Leibesschaden entsteht, so gilt: Leben um Leben, Auge um Auge, Zahn um Zahn, Hand um Hand, Fuß um Fuß, Brandmal um Brandmal, Wunde um Wunde, Strieme um Strieme!"

In Wahrheit aber sind jene Rechtsprinzipien der Sittlichkeit noch fremder, als es hiernach den Anschein hat. Das zeigt sich, wenn man den Kernsatz jeder Ethik danebenstellt: „Alles nun, was ihr wollt, daß euch die Leute tun sollen, das tuet auch ihr ihnen" (Matth. 7, 12). Zwar ließe sich dabei an das Reziprozitätsprinzip denken: „Gib, wo du empfangen willst" und „enttäusche nicht, wo du selbst nicht würdest enttäuscht werden wollen!" Aber solche Sätze würden nur unscharfes Recht und verwässerte Ethik sein. Sie würden vertuschen, daß die Ausgangspunkte von Recht und Ethik einander in noch ganz anderer und radikalerer Weise entgegengesetzt sind, als oben in § 19 dargelegt wurde.

Das Recht geht von den Ansprüchen und der Freiheitssphäre des Einzelnen (wie der Verbände) aus und fragt, was jeder für sich begehren und also vom anderen verlangen dürfe. Es ist seine Aufgabe, hierfür die *Grenze* zu setzen. Damit ist es

„der Inbegriff der Bedingungen, unter denen die Willkür des einen mit der Willkür des anderen nach einem allgemeinen Gesetze der Freiheit zusammen vereinigt werden kann"[9].

Seine Reziprozität aber würde lauten: „Du kannst vom anderen nicht mehr verlangen, als was du, an seiner Stelle, selbst zu gewähren bereit wärest" und (negativ gewendet): „Du darfst dem anderen nicht antun, was du selbst, an seiner Stelle, nicht würdest erdulden wollen." Eben diese Reziprozität aber kehrt die Ethik um: „Was du, an seiner Stelle, für dich selber begehren würdest, das leiste du dem anderen." Sie denkt also vom anderen, nicht vom Begehrenden her. Würden nun *alle* ihrem Gebote folgen, so würde – auch ohne alle Rechtsordnung – jeder das Seine (suum quisque) erhalten. Aber er würde es nicht sich selbst, sondern den anderen verdanken und würde es „haben", als ob es nicht „das Seine" wäre.

So kann man also zwar sagen, daß Recht und Ethik, wenn man nur auf das Ergebnis sieht, eben dasselbe anstreben: *suum cuique*

---

[9] *Kant,* Metaphysik der Sitten (1797), Einleitung in die Rechtslehre B a. E.: Kants Werke, Akademie-Ausgabe Bd. VI, S. 230: „Eine jede Handlung ist recht, die oder nach deren Maxime die Freiheit der Willkür eines jeden mit jedermanns Freiheit nach einem allgemeinen Gesetze zusammen bestehen kann."

tribuere (jedem das Seine zu gewähren). Weshalb sie denn auch auf weite Strecken, jedenfalls praktisch, miteinander zu harmonieren vermögen. Aber sie streben ihr Ziel (soweit es dasselbe ist) jedes von gleichsam entgegengesetzter Seite an: das Recht, indem es dem Begehrenden gestattet, sich zu nehmen, was ihm zusteht, und seinem Begehren (heteronom) äußere Grenzen setzt; die Ethik, indem sie ihn lehrt, (autonom) für andere zu begehren.

III. Nun gibt es aber wohl keinen Grundsatz, der in Gesellschaft und Recht ganz rein und bis zur letzten Folge durchgeführt werden könnte. Jeder von ihnen bricht sich an einem anderen nicht minder unentbehrlichen, an den Dingen oder auch an sich selbst.

Die Nächstenliebe zerbricht an der Menschennatur. In letzter Konsequenz ist sie uns nicht gegeben. Und würden in einer Gemeinschaft, in der jeder für den anderen begehrt, auch nur einige nichtstuend die Lage nützen, so würden sie die anderen damit zwingen, sich aufzuopfern oder *auch* an sich selbst zu denken.

Die Reziprozität ließe sich, weit ausgelegt, vielleicht am weitesten durchführen. Aber eine Gemeinschaft, in welcher jede Vergeltung ganz unerbittlich genommen würde, in welcher keine Verjährung eintritt, wäre doch zum Untergang verurteilt.

Daß das Prinzip der Konsequenz, auch als solches, seine Grenzen hat, sahen wir schon: wäre ich *jede* Erwartung, die ich durch mein Verhalten geweckt habe, zu erfüllen verpflichtet, so gäbe es keine Freiheit. Auch ist im Privatrecht 2000 Jahre lang daran gearbeitet worden, die Grenzen zu bestimmen, innerhalb derer der Grundsatz pacta sunt servanda Geltung beanspruchen darf. Unbegrenzte Vertragsfreiheit kann nämlich vom sozial Mächtigen dahin mißbraucht werden, daß die ausgetauschten Leistungen ungleichgewichtig sind und damit gegen das Prinzip der Reziprozität verstoßen.

Völlige Gleichheit würde ebenfalls die Freiheit auslöschen. Sie wäre die äußerste Vergewaltigung aller *Natur*, in der es nichts Gleiches gibt. Der Versuch, sie gewaltsam durchzusetzen (hoffnungslos schon an sich, nie und nirgends gelungen), würde zum

Aufruhr führen[10]; äußerste Ungleichheit aber führt schließlich den gleichen Weg.

In der Gerechtigkeit sollten die Ordnungselemente Rechtssicherheit und Zweckmäßigkeit mitumfaßt sein. Der Ausgleich aber zwischen den Rechtsidealen und den Ordnungserfordernissen will nie ganz gelingen. Immer wieder werden die von der Ordnung Bedrückten nach Gerechtigkeit, die vom Aufruhr Bedrohten nach Ordnung rufen. Gelingt der Aufruhr, so stiftet er neue Ordnung – die Elemente der alten Ordnung und die des Aufruhrs in sich aufhebend – und der dialektische Prozeß geht weiter.

IV. Besonders aber liegt die *Freiheit* mit sich selbst im Kampf, und diese Einsicht ist eine der wichtigsten aller Rechts- und Staatskunst. Ist Freiheit nämlich schrankenlos, so enthält sie notwendig auch die Freiheit, die Freiheit abzuschaffen.

Das gilt für die Freiheit des Wettbewerbs: Sie ist der wirksamste Motor des Wirtschaftslebens. Ist sie aber schrankenlos, so führt sie – auf dem Wege über die Vereinigungsfreiheit der Produzenten – unweigerlich zu Kartellbildungen. Können aber Kartelle die Preise diktieren und die kleineren Gewerbetreibenden ruinieren oder in ihren Dienst zwingen, so hat die Wettbewerbsfreiheit sich selbst ausgelöscht. Nur das rechte *Maß* der Freiheit kann die Freiheit retten. Kartellgesetzgebung und Steuerprogression sind bestimmt, dieses Maß zu setzen.

Besonders jedoch gilt dies für die politische Freiheit: Liberalismus kann nur sein, wenn er nicht vollkommen ist. Konsequent könnte er nur durchgeführt werden, wenn jeder Staatsbürger die Freiheit auch des anderen wollte. Da die meisten aber nur ihre eigene Freiheit wollen, darf niemand die Chance haben, die Freiheit der anderen auszulöschen[11]. Denn ist das einem Mächtigen erst einmal gelungen, so kann meist nur ein noch Mächtigerer dessen Macht beseitigen. Von diesem Befreier aber die Freiheit zu erlan-

---

[10] „Das extreme Trachten nach dem, was in der Demokratie als gut gilt, stürzt die Demokratie" (*Platon*: Der Staat, Buch III).

[11] Dazu *Helmut Schelsky*: Mehr Demokratie oder mehr Freiheit?, in ders.: Systemüberwindung, Demokratisierung, Gewaltenteilung, 2. A. 1973, S. 47–82.

gen, ist dann meist noch schwieriger. – Doch ist dieses Problem so alt wie die politische Geschichte, die in Athen und Rom ihren Anfang nahm.

V. Woraus denn folgt, daß haltbares Recht nur eine *Synthese* von Grundsätzen sein kann. Jeder von ihnen muß den anderen und sich selbst einiges nachgeben, um für das Ganze brauchbar zu sein. Prinzipienloses Recht ist ein Greuel, doktrinäres aber ebenfalls. Darum ist die Jurisprudenz kein Tummelplatz für Prinzipienreiterei. Extremansichten sind in ihr verfehlt und führen ad absurdum. Sie ist eine Klugheit des rechten Maßes, d. h. aber der *Grenzen,* und nicht weniger *Kunst* als Wissenschaft.

Diese Einsicht in die formale Aufgabenstellung des Rechts, einen Interessenausgleich zu bewirken, der Extremansichten vermeidet und Prinzipien miteinander zum Ausgleich bringt, hat sich zu einem dritten materiellen Grundprinzip des Rechts verdichtet: dem *Prinzip der Verhältnismäßigkeit.* Dieses wird auch dahin umschrieben, das ganze Recht stehe unter dem Grundsatz von Treu und Glauben. Es findet sich im positiven Recht in den verschiedensten Ausprägungen, z. B. als Verbot der Schikane, als Übermaßverbot, als Grundsatz der Sozialadäquanz, der Zweckmäßigkeit, der Interessenabwägung u. a. Das hier als Maßstab materieller Rechtsregeln vorgeschriebene Kompromißdenken ist auch der Ethik nicht fremd, wie das Phänomen der „gesellschaftlichen Lüge" zeigt, die in angemessenen Grenzen keiner Mißbilligung unterliegt, ja sogar als Pflicht betrachtet wird. Insbesondere wenn das Recht auf die guten Sitten verweist (vgl. o. § 5 II 2), ist ein solcher Durchschnittsstandard der Ethik gemeint, der Extreme vermeidet[12]. Die „politische" Kunst, das angemessene Verhältnis im Ausgleich der Prinzipien zu finden, entzieht sich wie ihr Ziel, die Gerechtigkeit (vgl. § 20 III), weitgehend wissenschaftlicher Analyse[13].

---

[12] Dazu *Theo Mayer-Maly:* Die guten Sitten als Maßstab des Rechts, JuS 1986, S. 596–600.

[13] Siehe aber *Heinrich Hubmann:* Wertung und Abwägung im Recht, 1977.

§ 23. Rechtsidee und Natur der Sache

I. Wir sagten oben (§ 21 VIII), daß uns ein Naturrecht, das aus ewigen und allgemeingültigen Normen besteht, so wenig gegeben ist, wie eine Natursprache. Wir wiesen aber auch schon darauf hin (§ 21 I 1), daß die *Rechte* der Völker dennoch mehr miteinander gemeinsam haben als ihre Sprachen. Es sind die Parallelentwicklungen oder *Konvergenzen*, auf welche die vergleichende Rechtswissenschaft immer wieder auch bei solchen Völkern stößt, die nicht miteinander stammverwandt und deren Rechtsordnungen auch nicht durch Rezeptionen miteinander verbunden sind. Denn die Zahl der Lautkombinationen, die der Sprachbildung als Material zur Verfügung stehen, ist praktisch unbegrenzt; die Zahl der Möglichkeiten, Sozialordnungen zu regeln und typische Konflikte zu entscheiden, ist es nicht. Daß die verschiedensten Völker hierbei in ähnlichen Situationen oft zu ähnlichen Lösungen gekommen sind, kann deshalb nicht verwundern. Das liegt, so sagt man, an der „Natur der Sache" oder an der „Rechtsidee". Was ist darunter zu verstehen?

1. Der Sinn des Wortes *Idee* reicht, wenn wir den heutigen Sprachgebrauch befragen, vom bloßen Einfall (z.B. heute abend auszugehen) bis zum Ding an sich. Seine Grundbedeutung aber ist Erschautes, Bild (gr. *eídos*, auch *idéa*); und nur diese Grundbedeutung läßt das Wort Idee verstehen: Sagt jemand, ihm sei „eine Idee gekommen", so meint er wahrscheinlich das *Bild* von etwas: eines Unternehmens, eines Planes, eines Werkes; es ist dann nichts (oder noch nichts) als sein Gedanke, seine *subjektive* Idee. Vielleicht aber ist es das Bild einer schwer durchschaubar gewesenen Erscheinung, von der er sich nun „ein Bild gemacht" hat: hat er sie mißverstanden, so war auch dies nur seine subjektive *Einbildung*; hat er sie aber richtig erfaßt, so ist es etwas, was der Erscheinung zugehört: es hat sich in ihm *abgebildet*; es ist nun in ihm, aber auch in den Dingen, also *objektiv*; es könnte die *Idee* jener Erscheinung sein: ihr im Bilde geschautes Wesen. Hat er dem Erschauten als Künstler Form gegeben, so könnte es auch sein, daß ihm sein Werk Wirklichkeit wurde, wirklicher als die abgebildete Wirklichkeit.

Und dies ist der Sinn, den *Platon* (427–347 v. Chr.) dem Wort
Idee gegeben hat: *Urbild*. In einer Höhle verbringen wir unser
Leben, gefesselt, das Gesicht zur Wand, den Rücken der Lichtöff-
nung zugekehrt. An der Wand sehen wir flüchtige Formen vorüber-
ziehen: der Urbilder Schatten. Nichts als sie bekommen wir je zu
sehen. Vielleicht schallt auch ein Echo von jener Wand zu uns
zurück: wir meinen, die *Schatten* sprächen, denn *sie* sind uns die
Wirklichkeit. Die Urbilder zu sehen, hindern uns unsere Fesseln,
und könnten wir uns umwenden, so blendete uns das Licht. – Einst
freilich *hatten* wir die Urbilder geschaut: in einem früheren Leben.
Doch als wir in der Höhle wiedergeboren wurden, sanken sie in
unser Unterbewußtsein ab; so können uns die Schatten nur an sie
erinnern. Ist aber jemand in das Reich des Denkens aufgestiegen
und hat er die Ideen dort geschaut, so eignet er sich nicht mehr für
die Höhle:

„Oder wundert es dich, daß sich einer, von der Schau des Göttlichen zur
Menschenwelt zurückkehrend, höchst ungeschickt benimmt und lächerlich wirkt, wenn er, noch wie ein Schwachsichtiger dreinschauend und ehe
er sich wieder hinreichend an die herrschende Finsternis gewöhnt hat,
genötigt wird, sich vor Gerichten oder anderwärts herumzustreiten um des
Rechtes Schatten, ja um die Nachbildungen dieser Schatten und sich
darüber zu ereifern; wie es zu Leuten paßt, die nie die Gerechtigkeit selbst
geschaut haben?"[1]

Wer den mutigen Schritt ins Ungewisse sieht, den diese Lehre
erfordert, der dürfte zögern, das Wort „Idee" routinemäßig in den
Mund zu nehmen; auch wird er zweifeln, ob man mit der *Rechtsidee*
auf so vertrautem Fuße leben kann, daß man sie nur zu zitieren
braucht, um sagen zu können, was Recht und Unrecht ist.

---

[1] *Platon*, Der Staat, Buch VII. Für Platon waren also die Begriffe Idee und Realität,
verglichen mit dem heutigen Sprachgebrauch, vertauscht: Real war ihm die Idee,
die den materiellen Erscheinungen zugrunde liegt. Die Materie hingegen kann
diese Idee nur mehr oder weniger vollkommen abbilden. Diese Sicht hat in der
modernen Evolutionsforschung ihre Entsprechung gefunden. Der Phänotyp ist
danach nur die Erscheinungsform des Genpools und der jeweiligen Kultur.
Genpool und Kultur begrenzen als Datenspeicher den Erscheinungsrahmen und
sind daher real. Populär ausgedrückte Konsequenz im Bild der Abfolge von Ei und
Henne: Die Henne ist nur das Mittel, wie ein Ei ein neues Ei erzeugt (näher Roger
D. Masters: The Nature of Politics, Yale University Press 1989, S. 128).

§ 23. Rechtsidee und Natur der Sache 183

Aristoteles, Platons nüchterner Schüler, hat später den Gedanken der Idee durch den der *Entelechie* ersetzt. Allen Wesen und Naturvorgängen wohnen *Zielstrebigkeiten (télos = Ziel),* Formkräfte, Formgesetze inne. Ob in mikroskopischen Körnchen oder in faustgroßen Gebilden: Quarz kristallisiert immer nach demselben mathematisch ausdrückbaren Formgesetz. Kein Bergkristall ist mit dem anderen kongruent, doch ist das Formgesetz des Quarzes (vorgegeben durch die chemischen Bindungen seiner Atome) an *allen* abzulesen. Kein Baum wächst variabler als die Kiefer: hochragend im Forst, knorrig ausladend auf einsamer Heide, schlangenhaft gewunden auf umwehtem Felsen. Doch immer wächst sie als *Kiefer.* Ihr Formgesetz ist weder chemisch bestimmbar noch mathematisch auszudrücken. Dennoch erkennt man es an jedem Exemplar auf den ersten Blick; in jedem Exemplar erkennen wir das *Urbild* der Kiefer wieder, wie es die *Entelechie* ihrer Gattung stets von neuem hervortreibt.

2. Die Rechtsordnungen der Völker sind nicht weniger verschieden als der Wuchs der Kiefern, doch überall erkennen wir sie als *Recht.* In seinem Typus ist es verschieden nach der Natur der Länder und Völker, ihrem Temperament, ihrer kulturellen Entwicklungsstufe, ihrer Lebens- und Wirtschaftsweise, ihren geschichtlichen Schicksalen; anders als bei Sammler- und Jägervölkern bei Hirten, Ackerbauern, in handeltreibenden Städten, in Großreichen oder in der Industriegesellschaft. Doch überall hat es mit Blutrache, Fehde und Festsetzung von Bußen seinen Anfang genommen, überall formt es Institutionen und Herrschaftsordnungen, manifestiert es sich vor Gerichten, kristallisiert es zu Normen, die gleichmäßige Handhabung fordern sowie überzeugend und zweckmäßig zugleich sein müssen. Überall erstrebt es, daß man sich aufeinander verlassen kann und Schuld und Sühne, Leistung und Gegenleistung einander entsprechen.

Scheinen somit bestimmte Sachlagen und die durch sie entstandenen Rechtsprobleme, wo immer sie auftauchen, bestimmte Lösungen vorzuzeichnen, so kann man sagen, daß diese Lösungen in der *Natur der Sache* liegen. Verschiedene Sachlagen scheinen dann *aus sich selbst* verschiedene, gleiche Sachlagen gleiche Lösungen zu erfordern, unabhängig von der Verschiedenheit der nationalen

Rechtsordnungen im übrigen; so wie die Kiefern unter gleichen Umweltbedingungen gleich, sonst aber verschieden wachsen.

Eines der großen Bücher der Welt-Rechtsgeschichte, *Montesquieus* Esprit des Lois (1748)[2] verfolgt diesen Gedanken. Zwar sei die Rechtsidee vorgegeben wie die Gleichheit der Radien eines Kreises, aber die Rechtsvorschriften seien, und damit beginnt das Werk, die notwendigen Beziehungen, die sich aus der *Natur der Dinge* ergeben. Und in den Regierungsformen, dem Klima, dem Temperament und allen sonstigen Umständen von Völkern und Zeiten findet er die Ursachen für die Verschiedenheit, den *Geist* der einzelnen Rechtsordnungen.

Die „Natur der Sache" führt deshalb auch nicht zur Konzeption des Naturrechts als einer normativen *lex aeterna* zurück, sondern allenfalls zu einem „Naturrecht mit wechselndem Inhalt"[3], dem jeweils *richtigen* Recht nach Zeit und Volk (für den Gesetzgeber), ja von Fall zu Fall (für den Richter)[4].

II. So sehr die Begriffe Rechtsidee und Natur der Sache auch in die Alltagssprache der Juristen eingegangen sind: vor ihrem leichtfertigen Gebrauch muß nachdrücklich *gewarnt* werden. Denn wer sich ihrer bedient, verläßt den Boden der logisch gesicherten Erkenntnis und betritt die Sphäre der Intuition. Daß es etwas wie die Natur der Sache, „sachlogische Strukturen"[5] *gibt*, scheinen die Konvergenzen zwischen kulturell gleichstufigen, sonst aber so verschiedenen Rechten wie dem englischen und den kontinental-europäischen zu beweisen. Ob wir damit aber auch instandgesetzt sind, sie in jedem Fall sicher aufzufinden, ist eine andere Frage.

Radbruch hat in seiner Rechtsphilosophie von 1932 eine „solche Schau der Idee in dem Stoffe, den zu formen sie bestimmt ist",

---

[2] Dtsch. hg. von *Ernst Forsthoff*, 2. A. 2 Bde. 1992.

[3] *Rudolf Stammler*, Wirtschaft und Recht, 3. A. 1914, S. 174 f.

[4] Über den derzeitigen Streitstand im Zusammenhang mit dem Naturrecht unterrichtet *Werner Maihofer* (Hg.): Naturrecht oder Rechtspositionismus? 2. A. 1972. Besonders eindrucksvoll: *Gustav Radbruch*, Die Natur der Sache als juristische Denkform, FS Rudolf Laun, 1948, Sonderausgabe 1964.

[5] So *Hans Welzel*: Naturrecht und Rechtspositivismus (1953), in ders., Abhandlungen zum Strafrecht und zur Rechtsphilosophie, 1975, S. 274 ff.

einen „Glücksfall der Intuition, nicht eine Methode der Erkenntnis" genannt[6]. In der „Natur der Sache"[7] hat er das zwar widerrufen, doch sollte die Berufung auf die Natur der Sache wie auf die
Rechtsidee stets nur *ultima* ratio, nur ein letzter Ausweg sein.
Denn handelt es sich um mehr als um eine leere Redensart, so
besteht der Verdacht, daß hier nur „die subjektive Rechtsansicht
dessen spricht, der seine Weisheit für die esoterische Weisheit der
Dinge selbst hält" (Binding).

III. *Begriffe,* nicht Ideen sind das eigentliche Werkzeug des
Juristen. Seine Aufgabe ist es, *Grenzen* zu ziehen – die Grenzen
der Prinzipien. Die Jurisprudenz ist deshalb *Scheidekunst:* sie soll
zu Entscheidungen verhelfen, und folglich müssen ihre Begriffe
Unterscheidungen liefern. Deshalb strebt sie nach scharfgeschliffe-
nen Definitionen und wird, als eine *dezisionistische* Wissenschaft,
den Charakter der „Begriffsjurisprudenz" nie gänzlich abzustrei-
fen vermögen, sollte es auch nicht allzusehr versuchen.

Der juristische Begriff ist demnach der *abstrakt*-allgemeine, der
durch Begriffsmerkmale Grenzen setzt. Man arbeitet mit ihm
subsumierend, unterordnend. Der Idee, dem *konkret*-allgemeinen
Begriff, dem Typus hingegen, die keine festen Grenzen haben, kann
man nicht *unter*ordnen, nur *zu*ordnen. Da sie aber, statt der
Grenzen, *Inhalt* haben, kann man diesen *ausbreiten, veranschauli-
chen, die Idee sich entfalten* lassen. Das kann höchst fruchtbar,
überzeugend und erhellend sein, ist aber logisch meist schwer
nachzuprüfen. Die Subsumtion demgegenüber ist logisch einfach,
oft banal, gewährt jedoch einen hohen Grad von Sicherheit. Da es
sich beim Umgang mit Ideen um Intuition, *Anschauung des Unan-
schaulichen* handelt, kann man hier eigentlich auch nur im *Gleichnis*
reden, wie *Platon* davon im Mythos sprach. Begriffliche Rede ist
hier nie ganz adäquat und kann zu Mißverständnis Anlaß geben.

IV. Ein lehrreiches Beispiel dafür ist *Gustav Radbruchs*
(1878–1949) Lehre von der Rechtsidee[8]. „Recht", definiert *Rad-*

---

[6] S. 99 der – posthumen – 5. A.
[7] N. 3, S. 14 Anm. 24.
[8] *Radbruch*, Rechtsphilosophie, 8. A. hg. von Erik Wolf u. Hans-Peter Schneider,
1973.

bruch unter der Überschrift *Der Begriff des Rechts,* „ist die Wirklichkeit, die den Sinn hat, dem Rechtswerte, der Rechtsidee zu dienen" (S. 119). „Die Idee des Rechts kann nun keine andere sein als die Gerechtigkeit" (S. 119 f.). Dann entfaltet er (S. 164 ff.) die *Antinomien der Rechtsidee,* deren drei „Bestandteile": Gerechtigkeit, Rechtssicherheit und Zweckmäßigkeit miteinander in Spannungen und Widersprüchen stehen.

Wäre hier von abstrakten Begriffen die Rede, so wäre diese Rede wirr und widersprüchlich: die Gerechtigkeit, die die Rechtsidee wäre, bestünde aus zwei anderen Elementen nebst sich selbst; sie wäre sich selber subsumiert. Und da die Ausgangsdefinition später (S. 123) in der Fassung wiederholt wird, „daß Recht die Wirklichkeit sei, die den Sinn hat, der Gerechtigkeit zu dienen", so müßte man sich fragen, ob denn nun das Recht der Gerechtigkeit als der Rechtsidee oder als einem Bestandteil derselben dienen soll (was einen nicht unerheblichen Sinnunterschied ergäbe).

Aber der Widerspruch ist Schein und löst sich dadurch auf, daß der *Begriff* des Rechts hier als *konkreter* Begriff verstanden wird, das Wort *Idee* jedoch in zweierlei Bedeutung vorkommt: einmal in einer nicht platonischen, sondern neukantianischen, nämlich als Wert, als *Anzustrebendes,* als objektiver Sinn und Zweck (eben des Rechts); zum andern aber in der platonischen als die Dreieinigkeit der antinomischen Trias Gerechtigkeit, Rechtssicherheit und Zweckmäßigkeit, die sie aus sich entfaltet. Innerhalb dieser Trias ist die Gerechtigkeit jedoch nur *Element* des Rechts, nicht selber Rechtsidee (was sie dagegen in der zweiten Fassung der Definition des Rechts wiederum ist). Der *Begriff* des Rechts aber ist eben nicht abstrakt-definitorisch, sondern konkret gemeint: sein Inhalt ist die *Rechtswirklichkeit.*

Einfacher, wenn auch blasser, könnte Radbruchs Gedanke also so ausgedrückt werden: Recht ist, was dazu dienen soll, die Gerechtigkeit im weiteren Sinne zu verwirklichen; die Gerechtigkeit im weiteren Sinne umfaßt die Rechtssicherheit, die Zweckmäßigkeit und die Gerechtigkeit im engeren Sinne. – Auch könnte man sagen: Recht ist, was den Sinn hat, die Gerechtigkeit in sicherer und zweckmäßiger oder: die Sicherheit in gerechter und zweckmäßiger oder: Zwecke in gerechter und sicherer Weise zu verwirklichen.

Die drei letzteren Alternativen lassen freilich zugleich erkennen, daß die drei Seiten der Rechtsidee nicht gleichwertig sind, wie *Radbruch* annahm. Die letzte Alternative jedenfalls wäre abzulehnen: sie würde nur für das Verwaltungsrecht angemessen sein. Ob man die erste oder die zweite wählt, ist, wie Radbruch eindrucksvoll ausführt, eine Sache der Lebensanschauung (vgl. bes. S. 192 ff.).

V. Daß die Juristen unserer Tage aus der Leere des abstrakten Begriffes wie der Subsumtionsmechanik herausstreben und sie durch andere Denkformen zu *ergänzen* suchen, ist ein Fortschritt. Hier sollte lediglich davor gewarnt werden, die Schwierigkeit der Sache zu verkennen, nicht aber, sich ihr *ernsthaft* zuzuwenden.

> Wer sich vor der Idee scheut, hat
> auch zuletzt den Begriff nicht mehr.
>
> *Goethe*, Maximen und Reflexionen 1048

Die praktische Jurisprudenz kann jedenfalls auf das Arbeiten mit Ideen nicht verzichten (z. B. Leitbild der Partnerschaftsehe, sog. offene Tatbestandsmerkmale wie die „Abhängigkeit" des Arbeitnehmers, die Typenlehre bei der Lückenfüllung im Gesellschaftsrecht u. a.)[9].

---

[9] Über die Schwierigkeiten siehe aber *Lothar Kuhlen:* Typuskonzeptionen in der Rechtstheorie, 1977.

Kapitel IV

Recht und Gesellschaft

§ 24. Geltung und Geltungsgrund des positiven Rechts

I. Eine Rechtsordnung, die gilt, ist regelmäßig soziale Realität. Zwar ist sie an sich nur ein Komplex von Normen, gehört somit dem Sollen an. Als positives Recht aber ist sie zugleich ein Sein, nämlich Gegenstand des Bewußtseins der beteiligten Menschen. Solch Dasein im menschlichen Bewußtsein haben wir kennengelernt, als wir nach der Realität der menschlichen Verbände fragten (vgl. o. § 17 II). Wir sahen dort, daß ein Bewußtseinsinhalt soziale Realität hat, sofern er vielen gemeinsam ist und als Motiv wirkend ihr Handeln koordiniert.

Eben dies geschieht bei Sitte und Recht, sofern sie gelten: Das Bewußtsein ihrer Normen wird durch entsprechende Situationen zu Vorstellungen davon aktiviert, wie man handeln soll. Werden sie zum Motiv, so ordnen sie die Gesellschaft. Gelten sie nicht mehr, so können sie nur noch im Kopfe eines Historikers die Vorstellung erzeugen, daß man zu früheren Zeiten so handeln sollte. Und ein Gesetz, das erst zum nächsten Jahresanfang in Kraft treten soll, wirft zwar schon „seine Schatten voraus", indem man sich auf seine künftige Geltung einrichtet, motiviert aber noch nicht als geltendes Recht, da die Vorbereitungsmaßnahmen (sofern sie nicht etwa vom Gesetzgeber bereits vorgeschrieben sind) nicht als gesollt vorgestellt werden. Erst als ein Sollen aber gewinnt das neue Gesetz seinem Sinne gemäß als Recht soziales Dasein.

Freilich kann auch anderes als nur Sollen „gelten". Die Geltung gültigen Geldes beruht zwar auf geltendem Sollen: die „gesetzlichen Zahlungsmittel" *sollen* vom Gläubiger als Tilgung seiner Forderung angenommen werden. Nimmt er sie nicht an, so kann der Schuldner ihn dazu zwingen, indem er den Geldbetrag hinterlegt; unter den Voraussetzungen der §§ 372 und 376 II Ziff. 1 BGB ist die Schuld damit getilgt (§ 378 BGB)[1], was für den Gläubiger bei Inflationen bitter sein kann. Ist andererseits eine Geldsorte vom Gesetzgeber „außer Kurs" gesetzt, d. h. aus dem Umlauf *(cursus)* gezogen, so gilt sie in *diesem* Sinne nicht mehr. Antike Münzen aber „gelten" unter Sammlern und haben bei den entsprechenden Händlern wiederum Kurs. Ihre Geltung und damit ihr Wert beruht jetzt aber nicht auf einem Sollen: er beruht auf der durch Erfahrung gefestigten *Erwartung,* daß sie zu bestimmtem Preise angenommen, d. h. nun aber abgekauft werden. Die Vorstellung ihrer Seltenheit und Schönheit motiviert diese ihre neue Geltung.

II. Die Geltung eines Sollens aber ist nach *Hans Kelsen* (1881–1973)[2] ihrerseits kein Sein, sondern selbst wiederum ein Sollen[3]: daß eine Norm „gilt", würde also besagen, daß ihr Sollen nicht lediglich gedacht, sondern eben auch gesollt ist. Womit sich dann die Frage stellt, aus welchem Grunde diese Geltung gilt.

Führt man den Gedanken, daß das Recht nichts anderes als ein System von Normen, eine normative Ordnung sei, zur letzten Konsequenz, so muß die Antwort lauten, daß eine Rechtsordnung deshalb gilt, weil eine Norm vorausgesetzt wird, die ihre Geltung gebietet. Denn aus bloßem Sein kann eben nie ein Sollen folgen, sofern kein Sollsatz da ist, der es daran knüpft (vgl. o. § 10 II).

Dieser als Geltungsgrund einer jeden Rechtsordnung vorauszusetzende Sollsatz ist nun von *Kelsen* deren *Grundnorm* genannt worden[4] und spielt seitdem in der Rechtslehre eine nicht unerhebliche Rolle. Diese Grundnorm wird als ein Satz gedacht, welcher gebietet, daß die von diesem König, diesem Diktator oder diesem Parlament gegebenen Gesetze (sofern in gehöriger Form erlassen) im Herrschaftsbereich eben dieses Gesetzgebers gelten sollen. Der ordnungsmäßige Erlaß des Gesetzes ist somit (als historisches

---

[1] A: ABGB 1425; CH: OR 92 I.
[2] Einer der berühmtesten Rechtsphilosophen der Welt, „Vater" der Verfassungsgerichtsbarkeit und der österreichischen Bundesverfassung.
[3] *Kelsen,* Reine Rechtslehre, 2. A. 1960, S. 10 und 215 Anm. Daß er die Geltung der Norm zugleich (S. 9 f.) als deren „Existenz" bezeichnet, fällt zwar auf, wäre aber nach existenzialistischem Sprachgebrauch kein Widerspruch.
[4] Ebd. S. 196 ff.

Ereignis) das Faktum, das Sein also, an welches sich das Sollen seiner Geltung knüpft.

Doch ist es zugleich noch an ein anderes Faktum geknüpft: an die *Wirksamkeit* des gegebenen Gesetzes. Ein noch so korrekt erlassenes Gesetz, das niemand respektiert, gilt auch nach *Kelsen* nicht. Seine Grundnorm knüpft die Geltung der ihr gemäß gesetzten Normen an die Bedingung, daß sie *im großen und ganzen* befolgt werden. „Setzung und Wirksamkeit sind in der Grundnorm zur Bedingung der Geltung gemacht[5]."

„Wirksamkeit" erläutert *Kelsen* weiter, „in dem Sinne, daß sie zur Setzung hinzutreten muß, damit die Rechtsordnung als Ganzes ebenso wie eine einzelne Rechtsnorm ihre Geltung nicht verliere." Das kann aber nur heißen, daß die Wirksamkeit eines Gesetzes, als seine Befolgung im großen und ganzen, aufschiebende, seine Nichtbefolgung auflösende Bedingung seiner Geltung ist. Die Folge wäre, genau genommen, daß kein neues Gesetz geltendes Recht ist, ehe nicht die Praxis seine Wirksamkeit ergeben hat. Die Beamten, die mit der Praktizierung eines neuen Gesetzes den Anfang machen, würden also, fürs erste, jedesmal nichtgeltendes Recht anwenden; eine Auffassung, bei der die Gesetzgebung in noch stärkerem Grade den Charakter eines Experimentes annehmen würde, als sie ihn ohnehin schon hat[6].

Die Lösung dürfte sein, daß man sich für das Ingeltungtreten eines neuen Gesetzes damit begnügen muß, daß seine Befolgung allgemein erwartet wird. Funktioniert nämlich eine Staatsordnung im ganzen, so erwarten die Bürger, daß ihren Gesetzen im allgemeinen entsprochen wird. Ein neues Gesetz, auch wenn es noch nicht befolgt wird, nimmt an dieser Erwartung teil und gilt daher schon von dem Augenblick an, in dem es offiziell in Kraft tritt. Erweist sich diese Erwartung später im Einzelfall als irrig, so verliert die unbefolgt gebliebene Norm ihre Geltung; allerdings nicht, ehe nicht auch die Behörden ihre Anwendung aufgegeben haben (wie später, § 25 V, zu zeigen ist). Die Gesetze einer noch nicht anerkannten Revolutionsregierung freilich treten nicht in Geltung, bevor sie nicht befolgt werden.

---

[5] Ebd. S. 219.

[6] Daß jedes Gesetz im Hinblick auf den beabsichtigten Erfolg ein soziales Experiment ist, zeigt eingehend *Frederick K. Beutel*, Die Experimentelle Rechtswissenschaft, 1971, sowie *ders.:* Experimental Jurisprudence and the Scienstate, 1975.

III. Diese bei der Gesetzgebung eines Staates möglichen Zweifel bestehen im Sittenrecht nicht. Hier ist von vornherein klar, daß die Normen ihre Geltung nur deshalb haben, weil man sie befolgt. Seine Grundnorm lautet nach *Kelsen*: „der Einzelne soll sich so verhalten, wie sich die anderen, in der Meinung, sich so verhalten zu sollen, zu verhalten pflegen"[7]. Wir erkennen hier jenen Schluß vom Sein aufs Sollen wieder, den wir in § 10 II dahin formuliert hatten, „daß jeder tun soll, was man zu tun pflegt". Wir halten ihn aber für die Grundmaxime nicht lediglich des Sitten- und Gewohnheitsrechts, sondern allen Rechtes überhaupt und glauben, daß man auch ihn als dessen Grund*norm* ansehen kann. Denn da ja die Geltung auch der Gesetze letzten Endes von ihrer Wirksamkeit und somit davon abhängt, ob sie im großen und ganzen befolgt werden, ob *man* sie also befolgt, so gelten sie letztlich aus demselben Grunde wie das Sittenrecht. Daß in diesem Falle die Macht der Gewohnheit, in jenem die Macht des Staates das formende Element ist, begründet insofern keinen Unterschied. In beiden Fällen soll der Einzelne folgen, weil man zu folgen pflegt.

Kelsens Zusatz: „in der Meinung, sich so verhalten zu sollen", übernimmt die sog. *opinio necessitatis*, die die traditionelle Jurisprudenz als notwendiges Kennzeichen des Gewohnheitsrechts ansieht: die Folgenden müssen selbst schon glauben, folgen zu sollen. Aber die *ersten*, die folgten, *glaubten* es nur, *sollten* jedoch noch nicht, denn ihr Verhalten konstituierte das Sollen erst. Müssen sie dazu ihrerseits Vorgänger gehabt haben, die es selbst schon glaubten?

IV. Für das Rätsel des Geltungsgrundes bietet die Grundnormlehre indessen eine formal-logische Lösung. *Kelsen* versteht sie[8], einen Ausdruck *Kants* übernehmend, als die „transzendentallogische Bedingung" der Gültigkeit einer jeden Rechtsordnung, und sein Gedankengang ist dieser: Die Verfassung X ist gültig; wir erkennen es daran, daß sie im großen und ganzen befolgt wird[9]. Ihre Gebote gelten also als Sollen. Ein Sollen kann seinen Grund

---

[7] Reine Rechtslehre (N. 3), S. 223.
[8] Ebd. S. 204 ff.
[9] Ebd. S. 10.

aber immer nur in einem übergeordneten Sollsatz, einer Norm also haben, die dieses Sollen gebietet. Darum muß es eine Norm geben, die gebietet, daß die Verfassung X befolgt werden *soll*, sofern sie im großen und ganzen befolgt wird. Die Verfassung X *wird* im großen und ganzen befolgt: also *soll* sie befolgt werden. Würde niemand sie befolgen, so ergibt sich aus jener Norm zugleich, daß sie auch nicht befolgt zu werden braucht und also eben nicht gilt.

So setzt die Grundnormlehre ihrerseits die These voraus: „Rechtsnormen gelten, wenn sie wirksam sind"[10], und macht so die Wirksamkeit (als Sein) lediglich zur *Bedingung* des Sollens (was logisch zulässig ist); sie vermeidet es zu sagen, die Wirksamkeit sei der *Grund* der Geltung (womit das Sollen aus einem Sein folgen würde) oder die Geltung einer Norm *sei* ihre Wirksamkeit (womit Sein und Sollen miteinander identifiziert würden). Damit leistet die Theorie zwar, was sie leisten will, entläßt uns aber unbefriedigt; denn warum wir ihre Grundthese voraussetzen sollen, erfahren wir nicht.

V. Allerdings würde die Frage nach dem Grunde solchen weiteren Sollens nur zu einem unendlichen Regreß innerhalb der Kategorie des Sollens führen. Sie würde der Frage nach der *prima causa* (ersten Ursache) innerhalb des Kausalgeschehens entsprechen. *Kelsen* schneidet sie damit ab, daß seine Grundnorm (und damit die ihr vorgeschaltete Geltungsthese) nicht etwa als etwas gesetzt sei, was befolgt werden soll, sondern daß sie eben *voraus*gesetzt sei[11]. So setzt sie also Sollen, ohne selbst gesollt zu sein.

Lassen wir das gelten, so bleibt aber doch die Frage, warum denn diese These in Sitte und Rechtspraxis tatsächlich vorausgesetzt *wird* – die Frage also nach ihrem sozialpsychologischen Sein. Die Antwort darauf haben wir in der soziablen Natur des Menschen gefunden; in seiner Neigung, sich so zu verhalten, wie er die anderen sich verhalten sieht, und das zu seiner wie jedes anderen Pflicht zu machen. Wir haben uns zugleich die Unentbehrlichkeit

---

[10] „Eine Rechtsnorm wird als objektiv gültig nur angesehen, wenn das menschliche Verhalten, das sie regelt, ihr tatsächlich, wenigstens bis zu einem gewissen Grade, entspricht" (ebd.).
[11] Ebd. S. 196 ff.

dieser Verhaltensweise für das menschliche Zusammenleben klar gemacht: daß sie das Verhalten des einen für den anderen voraussehbar macht und so ihr arbeitsteiliges Zusammenwirken ermöglicht; weshalb die Gattung Mensch schwerlich ohne sie würde bestehen können. Daher entspricht der Mensch, indem er Sitte wie Recht bildet und zugleich befolgt, im ganzen der Maxime, daß jeder tun soll, was man zu tun pflegt. Wir haben damit als *Grundmaxime* allen menschlichen Rechtsverhaltens denselben Satz gefunden, den *Kelsen* als die Grundnorm nur des Gewohnheitsrechts, als dessen Geltungsgrund also, angesetzt hat. Wir sehen in ihm jedoch nur eine Grundtendenz des Menschen und lassen die Frage des transzendental-logischen Geltungsgrundes auf sich beruhen.

VI. Freilich sind wir damit im Ergebnis, wenn auch auf einem anderen Wege, nur zu dem gelangt, was *Georg Jellinek* die *normative Kraft des Faktischen* genannt und überzeugend dargetan hat[12]. Nichts anderes ist mit unserem Satz, „daß jeder tun soll, was man zu tun pflegt", recht eigentlich zum Ausdruck gekommen.

Deshalb ist dieser Satz auch in keinem Sinne normativ gemeint: weder sehen wir ihn als eine „Grundnorm" im Sinne *Kelsens* an, noch fordern wir gar jemanden auf, sich selbst nach ihm zu richten. Er ist nichts als die Beschreibung einer faktischen Grundtendenz menschlichen Verhaltens, eine soziologische Feststellung. In *diesem* Sinne also „gilt" er für das positive Recht und noch mehr für die Sitte[13]. Nicht jedoch gilt er für die *Ethik:* deren Normen gelten ohne Rücksicht darauf, ob irgend jemand sie befolgt, und eben darin unterscheiden sie sich von denen des positiven Rechts.

Zu tun, was *man* tut, ist darum auch keine gültige *Lebensregel.* Im Alltag mag sie zwar im ganzen klug, in großen Dingen aber würde sie kläglich sein. Auch ist ihre Umkehrung: „Mißtraue dem Üblichen" zuweilen berechtigt, ja sogar eine Not-wendige

---

12 *Georg Jellinek,* Allgemeine Staatslehre, 3. A. 1913, Neudruck 1960, S. 337 ff.
13 Wenn er auch in der Mode umschlagen kann: wo sie befiehlt, daß man *nicht* tragen soll, was alle tragen, oder gar, was „ordinär" sei; obwohl doch auch dieses Wort von *ordo* kommt!

menschliche Möglichkeit, und zwar als Revolutionsparole[14]. Als Alltagsregel taugt hingegen eher die Maxime der Konsequenz: Sei zuverlässig!

§ 25. Gewohnheitsrecht und Richterrecht

I. Als wir in Kap. I die Entwicklung der Rechtsbildung betrachteten, lernten wir das Gewohnheitsrecht als etwas kennen, das zwischen Sitte und Gesetz die Mitte hält: mit der Sitte hat es gemeinsam, etwas nur Geübtes, mit dem Gesetz hat es gemeinsam, Recht zu sein. Es ist also ein nur geübtes Recht. Woran aber soll man erkennen, daß es Recht und nicht bloß Sitte ist? Bis zum Anfang des 19. Jahrhunderts stritt man hauptsächlich nur darüber, *wie lange* diese Übung, der *usus longaevus*, schon gewährt haben müsse: seit „unvordenklicher" Zeit, d. h. seit über 40 Jahren, der Dauer der längsten spätrömischen Verjährungsfrist? Die Analogie des Gewohnheitsrechts zu Verjährung und Ersitzung schien nahe zu liegen: bei diesen wird durch Zeitablauf subjektives Recht vernichtet oder erzeugt, beim Gewohnheitsrecht objektives Recht (Übungstheorie). Oder mußte angenommen werden können, daß der Gesetzgeber die betreffende Gewohnheit ausdrücklich oder stillschweigend gebilligt hat (Gestattungstheorie)?

Als *Savigny* im Jahre 1814 mit seiner Streit- und Programmschrift „Vom Beruf unserer Zeit für Gesetzgebung und Rechtswissenschaft"[1] die damals aufkommenden Kodifikationsbestrebungen zurückwies, trat das Gewohnheitsrecht in neues Licht. Nun wurde es das dem Gesetz an Würde überlegene *eigentliche* Recht und damit das Lieblingskind der zu seiner Erforschung begründeten historischen Schule. Und indem die Blicke sich von der Aufklärung, der Revolution und Napoleon ab und in die alte Zeit zurückwandten, wandten sie sich dem Gewohnheitsrecht zu. Ein tiefes und dunkles Buch gab seiner damaligen Lehre ihre extrem

---

[14] Siehe *Bertolt Brecht,* Die Ausnahme und die Regel, Vorspruch.
[1] Neuausgabe in *Hans Hattenhauer:* Thibaut und Savigny. Ihre programmatischen Schriften, 1973.

romantische Prägung: *Georg Puchta, Das Gewohnheitsrecht* (2 Bände 1828/37, Neudruck 1965). Dieses Buch würde heute gleichgültig sein, enthielte es nicht einen wichtigen Versuch, das Rätsel der *Rechtsentstehung überhaupt* zu lösen. Sein Gedankengang ist dieser:

Alleinige und eigentliche *Entstehungsquelle* allen Rechts ist die *Volksüberzeugung*. Diese manifestiert sich auf drei Wegen: durch das *Volk unmittelbar selbst*, durch die *Gesetzgebung* und durch die *Wissenschaft*. Diese drei Wege oder Formen seines Hervortretens sind die Rechtsquellen im gewöhnlichen Sinne (I, S. 144). In der Volkstätigkeit selbst erscheint die „rechtliche Überzeugung" als *Sitte*, weshalb das Gewohnheitsrecht besser „Recht der Sitte" heißen sollte (I, S. 145). Die Sitte wird dabei durch das Recht erzeugt (I, S. 167). „Die rechtliche Überzeugung ist es, welche die Sitte bestimmt und hervorbringt, nicht umgekehrt" (I, S. 169). Eine Handlung wird zur Sitte „durch die ihr zu Grunde liegende Überzeugung, die ihre Wiederholung fordert" (I, S. 171); nicht etwa tritt sie in der bloßen Gewohnheit hervor, „der das Einzelne zu Grunde liegt" (wenn auch der alte Terminus „Gewohnheitsrecht" nicht verbannt zu werden brauche, S. 168 f.). Vollends kann das Recht nicht aus der Gewohnheit entspringen: um Anwendung des Rechtes zu sein, muß das Recht der Gewohnheit *vorausgehen* (II, S. 8); denn „daß ein Rechtssatz durch seine Anwendung erst entstehe, das wird kein Verstand begreifen" (II, S. 9).

Was also der eigentliche *Urquell* des Rechts in allen seinen Erscheinungsformen ist, das ist „die natürliche Sinnesverwandtschaft derjenigen ..., deren gemeinsame Überzeugung das Recht ist, des Volks" (I, S. 79). Alle Tätigkeiten nun, die aus ihr hervorgehen, sind solche des *Volksgeistes:* „Es gibt Ansichten und Überzeugungen, welche dem Einzelnen nicht als solchem, sondern als Glied eines Volkes angehören, und die ihm aus diesem natürlichen Grunde mit den übrigen Gliedern desselben gemein sind. Dies heißt nun nichts anderes, als daß die Quelle dieser Ansichten nicht der Geist des Einzelnen, sondern der Volksgeist ist, daß also diese Überzeugungen eine Thätigkeit des Volkes sind." „Das Recht ... ist das Resultat einer Volksthätigkeit, und zwar dergestalt, daß nicht auch zugleich der Einzelne als solcher, oder bloß ... als Glied eines Volkes einer rechtlichen Überzeugung fähig ist, daß also diese Thätigkeit dem Volk ... ausschließlich angehört" (I, S. 139).

Und wie die Überzeugung, so ist auch der *Wille* des Einzelnen unter denselben Voraussetzungen zugleich ein gemeinsamer: „Denn dadurch wird der Mensch in das Recht gestellt und Person, daß sein Wille zugleich einzelner und allgemeiner ist, daß er als ein vollkommen selbständiger, mithin auch um seiner selbst willen und abgesehen von seinem besonderen Inhalt, aber doch nur, weil er zugleich allgemeiner Wille, weil er auf eine gemeinsame Überzeugung gegründet ist" (I, S. 139 f.).

In der Kindheit eines Volkes geht die Formulierung seines Rechts zumal in *Rechtssprichwörtern* aus ihm hervor: „Es ist mit diesen Sprichwörtern wie mit den wahren Volksliedern: für eine Volksansicht, für ein nationelles Gefühl wird in einer glücklichen Stunde das passende Wort gefunden, welches sofort von Munde zu Munde geht und von den Volksgenossen als der echte Ausdruck dessen, was sie unausgesprochen in sich getragen haben, begrüßt wird. Daher liegt darin, daß solche Sentenz zum Sprichwort wird, der vollkommenste Beweis, daß der darin ausgedrückte Satz der gemeinsamen Überzeugung angehört" (II, S. 148 f.).

Die Entstehung dieser gemeinsamen Überzeugung aber liegt weit jenseits der Sphäre der Staatsgewalt: „keine irdische Gewalt überhaupt vermag sie zu erreichen" (I, S. 210). Also kann das Gesetz nur *Ausdruck* dieser Volksüberzeugung sein: „... das Volk in der natürlichen Bedeutung kann keinen Beschluß fassen ..., der Staat dagegen, das geordnete Volk, kann keine Sitte begründen" (I, S. 151). Und auch die *Juristen*, die „natürlichen Repräsentanten des Volks in rechtlichen Dingen", die „Niederlagen des bestehenden Rechts", sind nur *Erkenntnisquellen* von schon entstandenem Recht (I, S. 146 und 166 f.; II, S. 69).

II. Zweierlei springt in die Augen: die Verwandtschaft der Gedankenwelt des romantischen Pandektisten *Georg Puchta* (1798 bis 1846) mit der des Germanisten *Otto v. Gierke* (1841–1921, vgl. o. § 17) sowie der Gegensatz, in dem diese Gedankenwelt zu unserer eigenen Denkweise steht. In der Tat lehrt *Puchta* das genaue Gegenteil dessen, was in diesem Buch über die Grundfragen des Rechts gesagt wird. Eben deshalb wird es hier auch so ausführlich referiert. Es ist der *andere* Zugang zum Rätsel des Rechts, der sich hier auftut, und man muß wissen, daß es ihn gibt. Man darf nicht für einfach halten, was nicht einfach ist.

Denn das Rätsel, um das es sich hier handelt, ist ein ewiges: das Verhältnis des Einzelnen zur Gemeinschaft. Geht man es allein vom Einzelnen an, so erklärt sich nichts und der Ansatz bleibt

unfruchtbar². Robinson ist irreal. Geht man von der Gemeinschaft
aus, so droht der Einzelne von ihr verschlungen zu werden, aber
Sprache, Volkslied, Volksüberzeugung, Volkswille und Verbände
werden zu Realitäten. Und mit dem Ruf „Der Einzelne ist nichts,
die Gemeinschaft ist alles" zerfiel im Dritten Reich das Ethos einer
ganzen Nation zu Pathos und Lüge.

Wir sind vom Einzelmenschen, aber als einem soziablen Wesen,
ausgegangen und glauben, von daher, was *Puchta* für unbegreiflich
hielt, begreifen zu können, daß nämlich „ein Rechtssatz durch
seine Anwendung erst entstehe". Denn dieser Satz ist kein anderer
als der, „daß jeder tun soll, was man zu tun pflegt". In dieser
Maxime zumal des Gewohnheitsrechts haben wir den logisch
unmöglichen Übergang vom Sein zum Sollen soziologisch vollzogen. Wir finden sie in der soziablen Natur des Menschen begründet und sehen das Unbegreifliche in der Praxis der Gerichte, derer
des angloamerikanischen Rechtskreises, doch auch des unseren,
täglich realisiert³.

III. Hatten wir unsere Ausgangsfrage, wie Gewohnheitsrecht
von Sitte unterschieden werden könne, ohne Antwort gelassen, so
können wir sie nun aus *Puchtas* Werk entnehmen: Es gibt keinen
sachlichen Unterschied. Tatbestandsmäßig sind *beide* Übung auf
Grund gemeinsamer Überzeugung. Diese Überzeugung nennt er
bald „Volksüberzeugung", bald „rechtliche Überzeugung" und
sagt, daß es eigentlich „Recht der Sitte" heißen müsse. Unser

---

² Beispiel: *Max Stirner*, Der Einzige und sein Eigentum, 1845, Neuausgabe von
  Hans G. Helms, 3. A. 1970.
³ Auch ist es von anderen schon begriffen worden: „Die ewige Rechtfertigung der
  Geltung des Gewohnheitsrechts liegt ... nur in jener eigenthümlichen psycholo-
  gischen Erscheinung, daß ein normal denkender Mensch die Vorstellung, daß
  eine rechtliche Ordnung *gelte*, dann erzeugt, wenn er das längere thatsächliche
  Herrschen dieser Ordnung beobachtet und erwartet, daß dieses thatsächliche
  Herrschen auch noch länger andauern werde" (*Zitelmann*, Gewohnheitsrecht
  und Irrthum, in AcP 66 [1883], S. 459). Vgl. auch oben § 24 VI *(Georg Jellinek)*
  und, von soziologischer Seite, *Arnold Gehlen*, Studien zur Anthropologie und
  Soziologie, 1963, S. 229: Die Institutionen erlebt der Einzelne „zugleich als
  seiend und seinsollend. Eine Trennung von Sein und Sollen findet hier nicht
  statt".

Ausdruck „Sittenrecht" ist dem nachgebildet, um das zu bezeichnen, was der Scheidung von Recht und Sitte historisch voraufging.
Bei *Puchta* ist diese Scheidung nicht zu finden, und in Wirklichkeit
ist sie nur eine solche der *Rechtsfolgen:* Gewohnheitsrecht kann
gerichtlich erzwungen werden, Sitte nicht.

Die Lage ist hier die gleiche wie beim subjektiven Recht (oben
§ 14 II): zwischen begünstigender Reflexwirkung des objektiven
Rechts und subjektivem Recht läuft keine sichere Grenze. Wo nicht
das Gesetz Ansprüche (oder Einreden) präzisiert hat, kann nur der
Richter sie ziehen. Die Theorie hat ihm nicht zu sagen vermocht, wo
er sie ziehen soll. Ebensowenig hat sie ihm je sagen können, wo die
Sitte aufhört und das Gewohnheitsrecht beginnt. Auch diese
Grenze kann nur *judge-made* sein.

Die noch immer mitgeschleppte gemeinrechtliche Krücke der
opinio necessitatis (oder *iuris!*) hilft nicht weit: ich empfinde es als
ebenso „notwendig", meine Nachbarn zu grüßen, wie meinen
Bürgersteig rein zu halten. Von der letzteren Pflicht vermute ich,
daß sie auf einem (mir unbekannten) Ortsstatut beruht. Außerdem
nehme ich an, daß sie, im Gemeininteresse, auch ohnedies erzwingbar sein müsse. Darum ist sie bei mir *opinio iuris.* Doch könnte ich
mir Zeitgenossen denken, die anderer Meinung wären. Was käme
also, in Ermangelung eines Ortsstatuts und in einem *wirklichen*
Zweifelsfalle, dabei heraus, wenn man Beweis über die *opiniones* der
Beteiligten durch deren Zeugenvernehmung erheben wollte?[4]

Nur die *Staatstätigkeit* kann hier also, in Ermangelung einer
natürlichen Grenze, die Scheidelinie demarkieren. Daß sie es als
Gesetzgebung tausendfach getan hat, ist kein Problem. Wie aber
kann sie es als *Rechtsprechung?* Die Frage geht also für uns in dem
Problem auf, wie *Gerichtsgebrauch* Recht erzeugen kann.

---

[4] Man lese, was Juristen, die noch eigene Erfahrung mit derartigen Beweiserhebun-
gen hatten, darüber schreiben, z. B. *Rudolph v. Jhering* (1818–1892) in seinem
Geist des römischen Rechts, 4. A. II 1, S. 33 f.
Literatur und Judikatur spiegeln im allgemeinen die Ratlosigkeit der Lehre wider,
z. B. *Armin Ehrenzweig,* System des österreichischen allgemeinen Privatrechts,
2. A. 1951, I § 11, S. 58 ff., wo die Ununterscheidbarkeit von Sitte und Gewohnheitsrecht erläutert und registriert wird.

IV. Vergegenwärtigen wir uns noch einmal die Bedeutung der Rechtsprechung für die Rechtsentwicklung: Wir sahen in § 2 V, wie es die Gerichtsbarkeit war, die die ursprüngliche Einheit des ungeformten Sittenrechts (*Puchtas* „Recht der Sitte") in Sitte und Recht trennte, indem sie zu einer festen Einrichtung wurde, in der fixierte Texte und bestimmte Normen (wenn auch zunächst dem alten ungeformten Bestand entnommen und aus ihm ergänzt) zur Geltung kamen. Freilich war diese Rechtsprechung, solange sie die des Things war, *zugleich* auch etwas wie *Gesetzgebung:* Das Thing war *die* Versammlung des gesamten Volkes und damit, nach modernen Begriffen, allzuständig. Es war *das* Volk, Gericht und Gesetzgeber in einem, wenn auch der Begriff der Gesetzgebung damals noch nicht voll bewußt war.

Dann trennte sich die Gesetzgebung von der Gerichtsbarkeit. Aber wir sahen in § 15 III, wie der römische *Prätor*, ohne Gesetzgebungskompetenz zu haben, neues Recht geschaffen hat. Das römische Amtsrecht (ius honorarium), das Recht also, aus dem unser heutiges Privatrecht im wesentlichen hervorgegangen ist, ist somit *judge-made law* gewesen.

Auch heute hat die Rechtsprechung rechtschöpfende Wirkung, und zwar keineswegs nur in England. So schreibt ein österreichischer Rechtslehrer:

„Die Kraft des Gerichtsgebrauches ist eine andere als die des Gesetzes; sie ist geringer und sie ist größer. Geringer, weil der Gerichtsgebrauch den Richter nicht bindet, und größer, weil die Kraft des Gesetzes selbst, seine Wirksamkeit und seine Bedeutung davon abhängt, ob und wie es angewendet wird: denn nach der behördlichen Praxis, nicht unmittelbar nach dem Gesetze und nicht nach den Meinungen der Schriftsteller richtet die Bevölkerung ihr Verhalten ein[5]."

Als der Verfasser der österreichischen Zivilprozeßordnung, *Franz Klein*, nach dem Inkrafttreten des von ihm entworfenen Gesetzbuches Vorlesungen darüber hielt, sagte er, nach der Einführung eines Gesetzes finde „eine Art Plebiszit der Praxis statt, die erst über die effektive Geltung des Gesetzes endgültig entschei

---

[5] *Armin Ehrenzweig* (N. 4), § 12, S. 62.

det, diesem seine volle Kraft gibt und ihm dauernde Wirksamkeit sichert"[6]. Auch in Deutschland[7] gibt es *judge-made law*. Man schlage einen beliebigen Kommentar zu den §§ 138, 157, 242, 826 BGB oder zu § 1 UWG auf, und man hat es vor sich. Freilich nicht *nur* solches; aber doch vorgeschlagenes, werdendes und auch gewordenes.

Abgesehen von den Urteilen unseres Verfassungsgerichtshofes[8], eines Gerichtes, das Gesetze aufheben kann (vgl. § 31 BVGG), haben wir keine gesetzlichen Bestimmungen, nach denen irgendein gerichtliches Urteil mehr wäre als die Entscheidung eines konkreten Rechtsstreits: *dieses* Streites *dieser* Parteien. Nur hierfür gilt seine Rechtskraft. Es entscheidet über Rechte (dieser Parteien), nicht über *das* Recht. Aber jenseits dieser bloßen Rechtskraftwirkung hat das Urteil *freie Autorität*, die um so größer ist, je höher der Rang des urteilenden Gerichts[9]. Wie bereits in § 8 II im Zusammenhang mit der Rezeption über Ursachen und Wirkungen des *Normenhungers* gesagt: Es würde den Richter belasten und sozialschädlich sein, wenn er von den Urteilen seiner Kollegen, zumal von denen der oberen Gerichte, keine Notiz nehmen wollte. Er würde Zeit, Kraft und Geld der rechtsuchenden *Parteien* vergeuden, wenn er ohne besondere, schwerwiegende (und in seiner Urteilsbegründung eingehend darzulegende!) Gründe Entscheidungen fällt, bei denen er damit rechnen muß, daß die höhere Instanz sie wieder aufhebt. Ganz generell sind *Stetigkeit* und *Einhelligkeit* der Rechtsprechung von hohem Gemeinschaftswert.

---

[6] Vorlesungen über die Praxis des Zivilprozesses, Wien 1900, S. 1. Auch beim Franzosen *Planiol* heißt es: La loi n'a de valeur que si on l'applique et par la façon dont on l'applique (Droit civil I, 122).

[7] A: ABGB 879 I, III, 914, 1295; UWG 1; CH: ZGB 1 II, 4; OR 18, 20, 41; UWG 1.

[8] A: B-VG 140; die Schweiz kennt keine Verfassungsgerichtsbarkeit. Gemäß BV 113 III sind Gesetzgebungsakte der Bundesversammlung für das Bundesgericht maßgebend.

[9] Auch ist die präjudizielle Wirkung eines Gerichtsentscheids größer, je notwendiger die darin entschiedene Rechtsfrage für die Lösung des Streitfalles war. Man unterscheidet daher innerhalb der Urteilsbegründung die essentielle Begründung *(ratio decidendi)* von einer nur beiläufigen Erwägung *(obiter dictum)*.

Noch weniger als der Einzelne, dürfen die *Gerichte* Erwartungen enttäuschen. Es muß Verlaß darauf sein, daß sie morgen zu dem stehen werden, was sie gestern im gleichen Falle gesprochen haben.

In der Tat kann das Abgehen der Gerichte von einer ständigen Rechtsprechung bedenklichere Auswirkungen haben als eine Änderung des Gesetzes. Das neue Gesetz pflegt nur für die Zukunft (ex nunc) zu wirken, die Änderung der Rechtsprechung hingegen wirkt automatisch zurück (ex tunc). Führt also z. B. der Gesetzgeber für eine Vertragsart ein neues Formerfordernis ein, so hat das auf die schon *geschlossenen* Verträge im Zweifel keine Wirkung mehr. Haben aber zwei Partner – beraten von Anwälten und Notaren – im Vertrauen auf die bisherige ständige Rechtsprechung einen Vertrag geschlossen, der hiernach unbedenklich war, und ändert sich die Rechtsprechung danach, indem sie das bestehende Formerfordernis strenger handhabt als bisher – oder etwa Verträge dieser Art für unsittlich und deshalb gemäß § 138 BGB für nichtig erklärt –, so ist jener Vertrag damit praktisch ex tunc ausgelöscht[10]. Die Rechtsprechung fungiert nämlich *formal* nur als Auslegung des schon bestehenden Gesetzes. Das Formerfordernis oder die „guten Sitten" seien, sagt das neue Urteil implicite, immer schon so gewesen, wie nunmehr festgestellt[11].

Angesichts der generellen Ordnungsaufgabe zumal der höchstrichterlichen Rechtsprechung hat der Gesetzgeber im übrigen Vorkehrungen getroffen, um ihre *Einhelligkeit* zu sichern: Will ein Senat des *Bundesgerichtshofes* von der Entscheidung eines anderen abweichen, so hat der *Große Senat* (für Zivil- bzw. Strafsachen) zu entscheiden; geraten Privat- und Strafrecht miteinander in Widerspruch, so sind es die *Vereinigten Großen Senate* (§§ 132, 136 ff.

---

[10] Sofern ihn die Parteien nicht gleichwohl einzuhalten bereit sind; denn wo kein Streit ist, ist kein Richter!

[11] Um negative Auswirkungen einer solchen Rechtsprechungsänderung zu verhindern, gehen die höheren Gerichte gelegentlich dazu über, künftige Änderungen in ihren Urteilen vorher anzukündigen oder die Wirkungen des Urteils auf die Zukunft zu beschränken; leider jedoch noch viel zu selten.

GVG)[12]. Und zur Koordinierung der Rechtsprechung aller obersten Gerichtshöfe des Bundes (Bundesgerichtshof, Bundesverwaltungsgericht, Bundesfinanzhof, Bundesarbeitsgericht und Bundessozialgericht) sieht Art. 95 Abs. 3 GG einen Gemeinsamen Senat dieser obersten Gerichtshöfe vor. Die hiermit erstrebte Einheitlichkeit der Rechtsprechung setzt aber auch ihre *Stetigkeit* voraus.

V. Rechtsprechung, Gerichtsgebrauch, ist aber nicht *Gewohnheitsrecht;* auch ständige Rechtsprechung nicht. Bei allem Bedürfnis nach Stetigkeit und Voraussehbarkeit der Entscheidungen muß sie dem Wandel der Lebensverhältnisse offen bleiben, *freie* Autorität sein können. Doch *kann* sie Gewohnheitsrecht sein und *kann* sie solches werden. Sie *ist* es, wenn sie *Sitte* als rechtsverbindlich anerkennt, sie *wird* es, wenn sie in der Öffentlichkeit eine solche *Zustimmung* oder doch so wenig ernsten Widerspruch findet, daß ihre Fortsetzung mit Recht erwartet werden darf. Dann sind die Gerichte an ihre eigene Rechtsprechung als an *Recht* gebunden.

Lehrreich ist hier ein entsprechender Gedanke der *amerikanischen* Jurisprudenz: Auch die amerikanischen Richter messen ihren Präjudizien *im ganzen* nur *freie* Autorität bei. Trotz des Präjudizienprinzips (des *stare decisis*) halten sie sich für befugt, ihre bisherige Rechtsprechung zu verlassen (to overrule it), wenn die Verhältnisse sich geändert haben. Für gebunden halten sie sich aber, sofern das Präjudiz (precedent) die *Auslegung eines Gesetzes* betrifft. Hätte nämlich, sagen sie, der Gesetzgeber jenes Präjudiz mißbilligt, so würde er dessen weitere Auslegung in diesem Sinne durch eine Neufassung seines Gesetzes verhindert

---

[12] A: OGH-Gesetz 8: Verstärkter Senat; CH: OG 16 I: „Wenn eine Gerichtsabteilung eine Rechtsfrage abweichend von einem früheren Entscheid einer anderen Abteilung oder mehrerer vereinigter Abteilungen oder des Gesamtgerichtes entscheiden will, so darf es nur mit Zustimmung der anderen Abteilung oder auf Beschluß der Vereinigung der beteiligten Abteilungen oder des Gesamtgerichts geschehen. Dieser Beschluß wird ohne Parteiverhandlung und in geheimer Beratung gefaßt; er bindet die Abteilung bei der Beurteilung des Streitfalles." Siehe *R. Hauser,* Die Wahrung der Einheit der Rechtsprechung in rechtsvergleichender Sicht, FS K. H. Schwab, 1990, S. 197–212.

haben. Sie setzen den Gesetzgeber also als weiterredend voraus und folgern damit aus seinem Schweigen Billigung der richterlichen Gesetzesauslegung. Diese hat somit für sie *Gesetzeskraft*[13].

Kann diese Praxis uns unmittelbar auch nur den Unterschied des Case Law-Systems von dem des kodifizierten Rechts deutlich machen, so haben wir doch gute Verwendung für den demokratischen Gedanken, die Rechtsprechung gleichsam als einen *Gesprächspartner* des souveränen Volkes anzusehen, das als Staat Gesetze, unmittelbar als solches aber Sitte und öffentliche Meinung hervorbringt. Wie also drüben Recht entsteht, wenn der Gesetzgeber auf den Vorschlag der Rechtsprechung billigend schweigt, so entsteht es bei uns, wenn die Rechtsprechung in die Volkssitte oder die öffentliche Meinung in die Rechtsprechung *einstimmt*[14].

Die öffentliche Meinung ist dabei *nicht* die *opinio necessitatis* der Beteiligten, sondern das Urteil einer gleichsam neutralen Instanz. Sie dürfte deshalb typischerweise unbefangener und heute überdies auch leichter festzustellen sein (Presse, Standesvertretungen, Fachverbände). Hinsichtlich spezifisch juristischer Fragen ist sie aber als die *communis opinio doctorum* zu denken, als die in Büchern und Fachzeitschriften zutage getretene „herrschende Lehre" der *Wissenschaft*[15].

---

[13] Die Verfassungsgeber setzt man dagegen nicht als weiterredend voraus: „They did their work when the words were put down" (*Edward H. Levi*, An Introduction to Legal Reasoning, University of Chicago Law Review 15, 1948, S. 541).

[14] Ebenso BAGE 33, 140 ff.: „Auch die Bezeichnung ,Richterrecht' darf nicht zu dem Trugschluß verführen, als könnten die Gerichte Normen setzen." Ständige Rechtsprechung kann vielmehr Gewohnheitsrecht nur dann erzeugen, „wenn sie in das allgemeine Rechtsbewußtsein übergeht und von den Rechtsgenossen überwiegend als geltende Norm anerkannt wird". Siehe näher zur Einstimmungstheorie *Klaus F. Röhl*: Das Dilemma der Rechtstatsachenforschung, 1974, S. 172 ff.

[15] Dazu *Thomas Drosdek*, Die herrschende Meinung. Autorität als Rechtsquelle, 1989. „Herrschend" bemißt sich hier nach dem Schiller-Wort: „Man soll die Stimmen wägen und nicht zählen" (Demetrius). Zum Juristen als Repräsentanten des Volkes siehe bereits *Savigny*: Vom Berufe unserer Zeit ... (1814), in *Hans Hattenhauer* (Hg.): Thibaut und Savigny, 1973, S. 104, und *Puchta*: Gewohnheitsrecht I, 1828, S. 166.

Freilich kann danach Gewohnheitsrecht ohne die Mitwirkung der Rechtsprechung nicht entstehen. Das entspricht aber schon längst unserer Wirklichkeit: alle ernsthaften Beispiele von heutigem Gewohnheitsrecht ergeben sich aus dem *Gerichtsgebrauch*. Erkennt man dies und trägt dem durch die hier vertretene *Einstimmungstheorie* Rechnung, so verschwindet denn endlich das ungreifbare Gespenst des außergerichtlichen Gewohnheitsrechts, das nach der Willenstheorie, die auf die opinio necessitatis abstellt, eigentlich existieren müßte. Es ist kein Verlust. Man lese, was *Rudolf v. Jhering* über dieses Fluidum, „die sittliche Substanz im Zustande der Flüssigkeit, das Chaos" zu sagen hatte, dessen „unvertilgbares Muttermal" die *Unbestimmtheit* sei[16]. Es ist auch kein Zufall, daß der Begründer des deutschen Verwaltungsrechts, *Otto Mayer* (1846–1924), es aus seinem Gebiete gänzlich verbannte[17], und bei dem berühmten englischen Rechtsdenker *John Austin* (1790–1859) heißt es von der bloßen Übung (zugleich mit wissenschaftlichen Schlußfolgerungen und außergerichtlicher Praxis): "Now till the legislator or judge impress them with the character of law, the custom is nothing more than a rule of positive morality[18]."

Diese Feststellung trifft genau, was vor sich geht: die Rechtsprechung prägt die Sittlichkeit, die sich als „gute Sitte" niedergeschlagen und damit positiviert hat, in positives Recht um. Das aber steht dem Richter frei. Das Gesetz hat ihn ohnehin auf die Sitte verwiesen (vgl. o. § 5 II 1). Nirgends hat es ihm verboten, sie gutzuheißen, wenn sie ihm gut erscheint. Wir haben ihm längst schwerere Entscheidungen anvertraut als diese. Es ist nicht zu befürchten, daß er deshalb der „Klage auf den ersten Walzer"[19] stattgeben wird.

---

[16] N. 4, § 25.
[17] Deutsches Verwaltungsrecht, 3. A. I, S. 87 ff. Andererseits heißt es bei *W. Jellinek*, Verwaltungsrecht, 3. A. 1948, S. 123 ff.: „Gewohnheitsrecht liegt eben dann vor, wenn der Richter überzeugt sein muß, daß mit der Anerkennung des gewohnheitsmäßig Geübten der Idee der Einhelligkeit der Rechtsfindung besser gedient ist, als mit der Ablehnung."
[18] Lectures on Jurisprudence, 5. A. I 1929, S. 36.
[19] *Jhering* (N. 4), III 1 S. 343 Anm. 452.

Damit ist die unerforschliche Überzeugung der Beteiligten aus dem Spiel, und der sonst mystisch bleibende Rechtsgeltungswille der Gemeinschaft gewinnt greifbarere Gestalt. Die Einstimmungstheorie ist aber auch nicht die absolutistisch-obrigkeitsstaatliche Gestattungstheorie: das Volk kann zwar nur als Gesetzgeber und sonst nicht ohne die Gerichte Recht erzeugen. Die Gerichte können es aber auch nicht ohne das Volk als Öffentlichkeit. Die Initiative kann von jedem der beiden Partner kommen, und *einig* sind sie stärker als der Gesetzgeber: eine gesetzliche Bestimmung, die von den Gerichten mit Billigung der Öffentlichkeit nicht mehr angewendet wird, hat damit kraft Gewohnheitsrechts ihre Geltung verloren, ist in *desuetudo* geraten, derogiert.

VI. Der Fall der *Revolution* dagegen hat hier auszuscheiden: wenn der Staat stürzt, zerbricht das positive Recht, und was geschieht, liegt jenseits der Maße jeder bestehenden Ordnung (vgl. o. § 21 II). Das Gewohnheitsrecht ist *Evolution* in *bestehender* Ordnung. Auch ist die Maxime der Revolution der des Gewohnheitsrechts gerade entgegengesetzt: alle sollen jetzt das *Gegenteil* dessen tun, was man bisher zu tun pflegte. Ihre Abhängigkeit vom Früheren ist somit *dialektisch*, nicht bejahend wie die konservative Haltung, der das Case Law entspricht.

Eher steht das Gewohnheitsrecht der *Rezeption* nahe: das römische Recht ist von uns in einem Jahrhunderte dauernden sozialen Prozeß durch *Gerichtsgebrauch* aufgenommen worden. Aus unserer Zeit vergleiche man die gewohnheitsrechtliche Aufnahme des Aufopferungsanspruchs der §§ 74, 75 Einl. z. Pr. ALR[20] im außerpreußischen Deutschland (vgl. BGHZ 9, 83 [85 f.], 16, 366 [374]) sowie die in § 8 III erwähnten Rezeptionen fremder Rechtsprechung. Umstürzende Rechtsänderungen durch Einzelentscheidungen, wie die des Reichsgerichts vom 28. November 1923, als es

---

[20] § 74. Einzelne Rechte und Vortheile der Mitglieder des Staates müssen den Rechten und Pflichten zur Beförderung des gemeinschaftlichen Wohls, wenn zwischen beiden ein wirklicher Widerspruch (Collision) eintritt, nachstehn.
§ 75. Dagegen ist der Staat denjenigen, welcher seine besondere Rechte und Vortheile dem Wohle des gemeinen Wesens aufzuopfern genöthigt wird, zu entschädigen gehalten.

gegen Ende der Inflation nach dem Ersten Weltkrieg die schuldtil-
gende Wirkung der alten Währung (Mark = Mark) unter Berufung
auf § 242 BGB aufhob und die Aufwertung einleitete (RGZ 107,
S. 78 ff.), sind demgegenüber selten. Im ganzen ist der Gang der
Gewohnheitsrechtsbildung, auch in der Hand der Gerichte, gedul-
dig tastendes Summieren kleiner Veränderungen von Fall zu Fall,
organisches Wachstum. Das langsam gewachsene Holz ist dann
zumeist das dauerhafteste, und mit ihrem derart entstandenen
Case-Law haben sich Engländer und Amerikaner bekanntlich bis
in unsere Tage weitgehend begnügt.

Fünf Gründe sind es, die für eine Beschränkung des Richters auf
eine Rechtsfortbildung der kleinen Schritte sprechen, nämlich

1. ein starkes Einfließen von persönlichen Vorurteilen und
   subjektiven Anschauungen,
2. der ungenügende technische und personelle Apparat für die
   notwendige Problemverarbeitung,
3. das problemorientierte, auf den Einzelfall ausgerichtete
   Blickfeld,
4. die rückwirkende Kraft der Urteile und
5. die ungenügende demokratische Verankerung der Rechtsfortbildung.

Man hat daher zwischen der Veränderung der Mittel des Rechts
(Taktik) und der Veränderung des grundlegenden Planes des
Rechts (Strategie) unterscheiden und die Entscheidungskompetenz
über die Strategien dem Gesetzgeber vorbehalten wollen[21]. Diese
Aufteilung mag zwar in der Theorie richtig sein. Es steht aber
kaum zu erwarten, daß sich die Gerichte in der Praxis auch daran
halten („Richterstaat"). Richter wählen nämlich ihre Methode der
Rechtsfindung weitgehend nach ihrem „Vorverständnis"[22]. Nicht
umsonst ist man so darauf bedacht, die Richterposten „politisch"
zu besetzen.

---

[21] So A. Meier-Hayoz: Strategische und taktische Aspekte der Fortbildung des
Rechts, JZ 1981, S. 417–423 (421 f.).
[22] Siehe Josef Esser: Vorverständnis und Methodenwahl in der Rechtsfindung, 2. A.
1972.

§ 26. Kodifiziertes Recht und Case Law

I. Gegenüber dem Case Law ist unser Recht dadurch gekennzeichnet, daß es kodifiziert ist. Kodifizierung bedeutet aber nicht lediglich Gesetzgebung. Gesetze gibt es – sogar in großer Zahl – auch in England und in den USA. Eine Kodifikation ist vielmehr ein Gesetz*buch* und erhebt den Anspruch, das gesamte Recht oder doch eine umfangreiche Teilmaterie nicht bloß in sich *widerspruchsfrei*, sondern überdies auch *ausschließlich* und *vollständig* geregelt zu haben.

Das große Vorbild einer solchen Kodifikation, das Beispiel, dem alle Kodifikationen des europäischen Kontinents letztlich ihren Ursprung verdanken, ist das Corpus iuris Justinians[1]. Nachdem die Erlasse *(rescripta, constitutiones)* der früheren Kaiser gesichtet und in einem Codex Justinianus neu redigiert worden waren und nachdem die Gesetzgebungskommission unter dem Vorsitz des Ministers Tribonian die 3 Millionen Zeilen der gesamten römischen Rechtsliteratur zu den 150 000 Zeilen der „Allesenthaltenden" *(Pandekten,* lat. *Digesten)* zusammengestrichen und Widersprüche ausgemerzt, endlich noch eine „Einführung in die Rechtswissenschaft", die *Institutionen* hinzugefügt hatte, sollte das Gesamtwerk die römische Rechtsentwicklung in ewiger Gültigkeit krönen und abschließen. Wer es deshalb vom 30. Dezember 533 ab als Richter oder Anwalt wagen werde, die alten Texte zu verwenden, oder sich unterfangen sollte, die neuen zu kommentieren, sei als Fälscher zu bestrafen. Frühere Kommentare hätten Verwirrung genug gestiftet.

All dies ist in dem Einführungsgesetz *(confirmatio)* vom 16. Dezember 533 enthalten, das nach seinen Anfangsworten: Tanta circa nos divinae humanitatis est providentia … die *Constitutio tanta* genannt wird. Freilich verhehlte sich der Gesetzgeber nicht, daß das Leben weitergehen würde: emsig bringe die Natur neue Formen hervor, und er bezweifle nicht, daß auch späterhin Fälle auftreten würden, die noch nicht von den Schlingen des Gesetzes erfaßt seien, denn alles Menschenwerk sei unvoll-

---

[1] Vgl. o. § 8 I. Siehe: *Corpus iuris civilis.* Text und Übersetzung, hg. von Okko Behrends u. a. Bd. 1: Institutionen, 1990.

kommen. Dafür habe Gott des Kaisers Macht als Heilmittel verordnet, dessen künftiger Regelung solche Fälle zu überlassen seien. Im übrigen stehe die analoge Anwendung des Gesetzes offen.

Justinian ist in den folgenden dreißig Jahren von seinen Richtern noch oft um Rechtsweisung gebeten worden und hat Gelegenheit genommen, sein Werk selbst auszulegen, zu erläutern und zu verbessern. Seine Auskünfte (die „Selbstherrlichkeiten", *Authentica*) sind später gesammelt und als *Novellae* seinem Gesamtwerk (für das sich erst im 16. Jahrhundert die Bezeichnung *Corpus iuris* einbürgerte) als dessen vierter Teil angegliedert worden. – Von der Empfehlung der analogen Anwendung seiner Sätze (später *secundum similitudinem* genannt) hat die Nachwelt reichlich Gebrauch gemacht. Um sein Kommentierverbot hat sie sich nicht gekümmert: Eben aus der Kommentierung dieser Kodifikation und immer kühneren Analogieschlüssen ist im Werke der Glossatoren und Kommentatoren (vgl. o. § 8 I) die europäische Rechtswissenschaft entstanden[2].

II. Zwar ist die Justinianische Kodifikation nicht unmittelbar nachgeahmt worden. Aber ihre Rezeption erhielt den Kodifikationsgedanken lebendig, und im 17. Jahrhundert wuchs ihm neue Kraft aus der *Naturrechtsbewegung* zu, die ihrerseits gerade als Reaktion auf die Rezeptionsjurisprudenz der Kommentatoren zur Macht gekommen war (vgl. o. § 21 IV). Als Vernunftrecht und als eine Wissenschaft, die den Ehrgeiz hatte, es der eigentlichen Naturwissenschaft, der neu erblühten Physik *more geometrico* (nach Art der Geometrie) deduzierend gleichzutun, forderte sie ein aus Begriffen logisch abgeleitetes *System*. Auch ein System aber will *widerspruchsfrei, ausschließlich* und *vollständig* sein. In den Werken *Samuel Pufendorfs* (1632–1694) und *Christian Wolffs* (1679–1754), seit Beginn des 19. Jahrhunderts unter neuem Aspekt auch in denen der *Pandektisten*, entstanden nun solche Systeme. Damit war der Kodifikationsgedanke dem Systemwillen des abendländischen Denkens unterworfen worden, wie er aus der rationalen Theologie und Philosophie der Scholastik hervorgegangen war. Freilich standen selbst die Denker des Vernunftrechts

---

[2] Siehe *Hans Hattenhauer*: Europäische Rechtsgeschichte, 2. A. 1994.

(und schon gar die Pandektisten) nicht nur auf den Schultern der Scholastiker und der – gleichfalls scholastisch arbeitenden – Kommentatoren und Glossatoren, sondern letzten Endes eben doch auch wieder auf denen der Römer: das Corpus iuris hatte ihnen großenteils das empirische Fallmaterial, die darin überlieferte Gedankenarbeit der römischen Juristen hatte ihnen wichtige Grundbegriffe und Einteilungsprinzipien für ihre Systembauten geliefert.

Diese Systembauten aber wurden nun wiederum wichtige Vorarbeiten für die Gesetzgebungswerke des 18. und 19. Jahrhunderts. Denn in ihnen war die Stoffsammlungsweise des Corpus iuris mit seiner noch fast zufällig-willkürlichen Materienfolge geistig überwunden worden, und die mit logischer Strenge gegliederten, eben *systematischen* Kodifikationen unserer Zeit konnten jetzt an seine Stelle treten, gleichviel ob sie nun römischen, germanischen oder neugebildeten Rechtsstoff in sich aufnahmen.

III. Das Gesamtrecht eines Staates in allen seinen Materien mit einer einzigen systematischen Kodifikation zusammenzufassen, ist freilich nur noch einmal unternommen worden: in dem mehr als 19 000 Paragraphen zählenden preußischen Allgemeinen Landrecht.

Dem Corpus iuris zwar sonst nach Form und Inhalt durchaus ungleich, ähnelte es ihm nicht nur in seinem materiellen Umfang (lediglich das Prozeß- und Hypothekenrecht war vorab, nämlich 1781/93 bzw. 1783, kodifiziert worden), sondern auch in seinem Geltungsanspruch: Alles frühere Recht soll mit dem 1. Juni 1794 – vorbehaltlich nur bestimmter provinzieller Besonderheiten – „gänzlich aufgehoben und abgeschafft" sein, den neuen Gesetzen kein anderer Sinn beigelegt werden, „als welcher aus den Worten, und dem Zusammenhange derselben, in Beziehung auf den streitigen Gegenstand, oder aus dem nächsten unzweifelhaften Grunde des Gesetzes, deutlich erhellet" (Einl. § 46). Die Weiterbildung des Rechts wird allein vom Gesetzgeber erwartet: „Findet der Richter den eigentlichen Sinn des Gesetzes zweifelhaft, so muß er, ohne die prozeßführenden Parteien zu benennen, seine Zweifel der Gesetzcommission anzeigen, und auf deren Beurtheilung antragen" (§ 47). Auch wenn er „kein Gesetz" findet, „welches zur Entscheidung des streitigen Falles dienen könnte", muß er „diesen vermeintlichen Mangel" dem Chef der Justiz sofort anzeigen, doch ist er in *diesem* Falle zugleich befugt, nach

Analogie – „nach den in dem Landrecht angenommenen allgemeinen Grundsätzen, und nach den wegen ähnlicher Fälle vorhandenen Verordnungen" – seiner besten Einsicht gemäß zu erkennen (§§ 49, 50). Auf die fernere Rechtsgestaltung sollen derartige Analogieentscheidungen aber gleichwohl ebensowenig Einfluß gewinnen dürfen, wie die gelehrten Spitzfindigkeiten etwaiger Kommentatoren, denn: „Auf Meinungen der Rechtslehrer, oder älterer Aussprüche der Richter, soll, bey künftigen Entscheidungen, keine Rücksicht genommen werden" (Einl. § 6).

IV. Diese Bestimmungen wurden freilich schon im Laufe der nächsten drei Jahrzehnte wieder aufgehoben, und die späteren Gesetzgeber sind bescheidener gewesen. Sie kodifizierten nur noch *Teilmaterien*, und das napoleonische Beispiel der *Cinq Codes*: Code civil, Code de procédure civile, Code de commerce, Code pénal und Code d'instruction criminelle machten auf dem europäischen Kontinent Schule. Bürgerliches Gesetzbuch, Zivilprozeßordnung, Handelsgesetzbuch, Strafgesetzbuch und Strafprozeßordnung sind auch unsere klassischen Kodifikationen geworden. Die Kommentierung seines Werkes hat sich kein Gesetzgeber mehr verbeten, das Gebot seiner Anrufung durch den zweifelnden Richter in dieser Form nicht mehr wiederholt. Keiner hat auch mehr versucht, die Richter in die Rolle zurückzudrängen, die *Montesquieu* ihnen zugedacht hatte: nichts zu sein als „la bouche qui prononce les paroles de la loi, des êtres inanimés qui n'en peuvent modérer ni les paroles ni la rigueur"; denn die Freiheit sei bedroht, wenn der Richter selbst zum Gesetzgeber werde[3].

Das deutsche Gesetz begnügt sich damit, den Richter als „nur dem Gesetz unterworfen" zu bezeichnen (Art. 97 I GG, § 1 GVG). Wie er sich zu verhalten habe, wenn er glaubt, daß das Gesetz ihn im Stich läßt, hat es ihm nicht gesagt. Napoleon hat ihn mit harten Worten auf sich selbst gestellt: „Le juge qui refusera de juger, sous prétexte du silence, de l'obscurité ou de l'insuffisance de la loi, pourra être poursuivi comme coupable de déni de justice" (Art. 4 Code civil). Das aber heißt: „Mein Gesetz gibt dir, was du brauchst; also hast du damit fertigzuwerden!" Das österreichische

---

[3] Esprit des Lois L. XI, ch. VI (vgl. o. § 18 VII 1).

ABGB von 1811 verweist ihn in seinem § 7 auf das Naturrecht: „Läßt sich ein Rechtsfall weder aus den Worten, noch aus dem natürlichen Sinne eines Gesetzes entscheiden, so muß auf ähnliche, in den Gesetzen bestimmt entschiedene Fälle, und auf die Gründe anderer damit verwandten Gesetze Rücksicht genommen werden. Bleibt der Rechtsfall noch zweifelhaft, so muß solcher mit Hinsicht auf die sorgfältig gesammelten und reiflich erwogenen Umstände nach den natürlichen Rechtsgrundsätzen entschieden werden." Nobel und mutig aber hat der schweizerische Gesetzgeber von 1907 seinen Richtern Vertrauen geschenkt:

„Das Gesetz findet auf alle Rechtsfragen Anwendung, für die es nach Wortlaut oder Auslegung eine Bestimmung enthält.

Kann dem Gesetze keine Vorschrift entnommen werden, so soll der Richter nach Gewohnheitsrecht und, wo auch ein solches fehlt, nach der Regel entscheiden, die er als Gesetzgeber aufstellen würde.

Er folgt dabei bewährter Lehre und Überlieferung" (Art. 1 ZGB).

V. Damit haben der schweizerische und der österreichische Gesetzgeber – wie vor ihnen schon Justinian – offen zugegeben, daß ihr Werk unvollständig sein könne. Und doch hat die Vorstellung von einem logisch geschlossenen, in sich widerspruchslosen und vollständigen *Rechtssystem,* das unseren Kodifikationen zugrunde liege, unser kontinentales Rechtsdenken geprägt. Unsere Gesetzbücher haben für uns praktisch die unwiderlegbare Vermutung der Vollständigkeit für sich. Jede vermeintliche „Lücke" muß aus dem Gesetze selbst zu schließen sein: aus den in ihm enthaltenen Grundsätzen und den Analogien, die es darbietet. Sind diese aber gefunden – und sie *müssen* zu finden sein! – so *ist* die „Lücke" keine Lücke mehr. Unser jeweiliges Recht ist uns dabei gleichsam ein geometrisches Bezugssystem, mit dem wir jeden Punkt im Raume orten können.

Hier nun entsinnen wir uns des Richters, dem eine soziologisch-realistische Rechtswissenschaft allenfalls zu sagen vermochte, wie er entscheiden *werde,* nie aber, wie er entscheiden *solle,* und den wir in § 10 I seiner Ratlosigkeit überlassen hatten: Gibt es für ihn ein Rechtssystem, so muß er in *jedem* Falle ermitteln können, was er tun soll. Andernfalls macht ihn das Fehlen eines den Fall treffenden Gesetzes oder Präjudizes zum Gesetzgeber.

VI. Der Schluß, daß der Richter in Wahrheit Gesetzgeber ist, liegt nun aber besonders im Präjudizienrecht sehr nahe. Die Engländer haben sich ihm allerdings durch die Theorie zu entziehen versucht, daß auch ihr Common Law ein Rechtssystem sei: Obwohl als case law in Erscheinung tretend, sei es dennoch nicht judge-*made*. Vor allen Richtersprüchen sei es, bloß eben noch unerkannt, schon existent und werde deshalb von den Richtern nicht *gemacht,* sondern nur – von einem Fall zum andern – *offenbart.*

Die frühe Vorstellung vom „alten Recht", das von den Vorfahren überkommen ist und von den Lebenden bloß „gewiesen" werden kann (vgl. o. §§ 2 IV, 4 I), vereinigt sich hier mit naturrechtlichem Denken zu einem Zirkelschluß: weil die Richter keine Gesetze geben *dürfen, können* ihre Sprüche eben nichts Neues setzen; also *muß* die von ihnen gewiesene Norm schon vorher dagewesen, ihre Neuheit bloßer Schein sein. Es lohnt sich jedoch zu lesen, wie ein schärfer blickender englischer Rechtsdenker die Rechtschöpfung durch Richterspruch, den eigentlichen Entstehungsakt des Case Law, analysiert hat:

"When a group of facts come before an English Court for adjudication, the whole course of the discussion between the judge and the advocates assumes that no question is, or can be, raised which will call for the application of any principles but old ones, or of any distinctions but such as have long since been allowed. It is taken absolutely for granted that there is somewhere a rule of known law which will cover the facts of the dispute now litigated, and that, if such a rule be not discovered, it is only that the necessary patience, knowledge, or acumen is not forthcoming to detect it. Yet the moment the judgment has been rendered and reported, we slide unconsciously or unavowedly into a new language and a new train of thought. We now admit that the new decision *has* modified the law. The rules applicable have, to use the very inaccurate expression sometimes employed, become more elastic. In fact they have been changed."[4]

---

[4] So *Sir Henry Sumner Maine* in dem Kapitel Legal Fictions seines klassischen Buches: Ancient Law, London 1861, Nachdruck 1930, S. 26.

Es ist also eigentlich immer der jeweils *folgende* Richter, der die neue Norm in dem Urteil seines Vorgängers findet (und so miterfindet!), indem er sich auf sie stützt. Es kommt deshalb in Wahrheit gar nicht darauf an, was der Vorgänger selbst für die Norm, die *rule* seines Spruches gehalten hat:

"The judge in the present case may find irrelevant the existence or absence of facts which prior judges thought important. It is not what the prior judge intended that is of any importance; rather it is what the present judge, attempting to see the law as a fairly consistent whole, thinks should be the determining classification. In arriving at his result he will ignore what the past thought important; he will emphasize facts which prior judges would have thought made no difference."[5]

Was wir hier beobachten, ist also nicht die Offenbarung eines präexistenten Systems schon vorhandener Normen: es ist die kollektive Rechtsneuschöpfung durch Gemeinschaftsarbeit der Richter. Keiner von ihnen ist dabei schon für sich allein Gesetzgeber, aber ein Nachfolger kann ihn dazu machen, indem er in seinem, des Vorgängers Urteil neue Normen findet.

VII. Kehren wir noch einmal zu unserem ratlosen Richter von § 10 I zurück: Im Besitze eines kodifizierten Normensystems würde sich der kontinentaleuropäische Jurist zutrauen, ihm sagen zu können, wie er zu entscheiden *habe*. Der amerikanische würde ihm nur *raten;* jenseits der Präjudizien kann es für ihn kein Wissen geben. Freilich kann es leicht geschehen, daß dem Europäer von einem Kollegen widersprochen wird, der auf Grund desselben Systems mit ebenso untadeliger Logik zu gänzlich anderen Ergebnissen kommt. Auch werden die beiden vermutlich ebenfalls anfangen, miteinander über die Anwendbarkeit mehr oder weniger *ähnlicher* Präjudizien (und um Literaturstellen) zu streiten. Aber die Antwort „There is no case!", die der Amerikaner unbeschadet seiner Berufsehre gelassen geben könnte (und zuweilen, sogar vom Katheder, wirklich gibt!), würde doch keiner von ihnen über sich bringen.

VIII. Kodifiziertes Recht und case law führen also zu zwei verschiedenen Arten des Rechtsdenkens. Dafür ist aber nicht

---

[5] *Edward H. Levi:* Introduction to Legal Reasoning, Chicago Law Review 15, 1948, S. 502.

schon entscheidend, ob in einem Staate Gesetze vorhanden sind oder nicht. So zahlreich auch die Einzelgesetze sein mögen, ergeben sie doch keine Kodifikation und auch kein System. Das Vorhandensein oder Nichtvorhandensein eines handgreiflich formulierten (nicht bloß fingierten) Rechtssystems – gedruckt und in den Köpfen der Juristen – ist es, was den Unterschied ausmacht. Deshalb wird selbst die unaufhaltsame Zunahme der Gesetze auch in England und den USA nicht schon als solche eine Angleichung des dortigen Rechtsdenkens an das unsere herbeiführen. Ohne ein kodifiziertes System würden noch so viele Einzelgesetze nur gleichsam ebenso viele neue *cases* sein und würden Argumentation, Rechtstechnik und Rechtsunterricht dennoch anders bleiben.

Doch darf man den Unterschied zwischen den beiden Rechtskreisen auch nicht überschätzen: Auf den ersten Blick ist er zwar ungeheuer, aber der erste Blick fällt eben auf das Technisch-Formale und Organisatorische. Der materielle Inhalt beider Rechte ist viel weniger verschieden. Wohl 85 % der angloamerikanischen Zivilrechtsfälle würden – wenn auch mit oft ganz anderer Begründung! – von unseren Gerichten im *praktischen Ergebnis* ganz oder fast ebenso entschieden werden. Bei Völkern gleicher Kulturstufe und gleicher Sozialstruktur ist ja auch nichts anderes zu erwarten.

Auch der seit Montesquieu immer wieder verworfene Gedanke, den Richter – genauer die Richterschaft – als „Gesetzgeber" fungieren zu sehen, ist nicht so beängstigend, wie er uns zunächst erscheint: Nur wenn und soweit eine wirkliche Lücke zu füllen war, kann der Richterspruch neues Recht erzeugen. Gegen bestehendes Gesetz vermag er nichts, es sei denn, daß er öffentliche Meinung und Wissenschaft auf seiner Seite hat (vgl. o. § 25 V). Im *Grundsatz* dürfte es damit auch im angloamerikanischen Rechtskreis kaum anders sein.

Daß der *Akzent* dort anders liegt, ist freilich nicht zu übersehen: Wir lernten in § 25 V die amerikanische Auffassung kennen, daß gesetzauslegende Entscheidungen durch Schweigen des Gesetzgebers Gesetzeskraft erlangen. Das klingt wie höchster Respekt vor dem Gesetzgeber, führt aber praktisch dazu, daß die Gesetze ein (für unsere Begriffe) seltsam verborgenes Dasein führen: Da ihre Interpretation durch die Rechtsprechung als authentisch gilt, sind sie schon bald von dieser überwuchert und werden selbst nicht mehr befragt, weil nunmehr eben alle aus ihnen praktisch entstandenen Fragen durch Urteile entschieden sind, die selbst schon wieder Gesetze und ihrerseits Grundlage weiterer Rechtsprechung geworden sind. Neben einer *derartigen* Interpretation hat der Gesetzestext dann keine praktische Bedeutung mehr. Weshalb der unsere Praxis beherrschende Buchtyp, der Gesetzeskommentar, dort eine nur bescheidene Rolle spielt.

Übrigens kann jenes Prinzip nur sinnvoll sein, wo das Gesetz eben doch noch Ausnahme, die Rechtsprechung, das Case Law aber eine selbständige, sich selbst erneuernde Rechtsquelle ist. Auf unsere Verhältnisse übertragen, wo *jede* Entscheidung – wenigstens formal – auf gesetzlichen Bestimmungen beruht, würde es die gesamte Rechtsprechung zur Erstarrung bringen[6].

§ 27. Volksgericht und Juristengericht

I. Daß der Richter, der Recht schöpft, ein Fachmann und kein Laie ist, versteht sich nicht von selbst. Auch in unserem Kulturkreis gibt es noch heute Ausnahmen: in den meisten Einzelstaaten der USA werden die Richter von den Einwohnern der Gerichtsbezirke (unter Führung der politischen Parteien) gewählt. Daß die Kandidaten Juristen sind, ist erst in den letzten Jahrzehnten üblich geworden und noch immer nicht völlig durchgedrungen. Ähnlich ist es in den Schweizer Kantonen. In England wird die Masse der kleinen Strafsachen und ein Teil der kleineren Ehestreitigkeiten von Friedensrichtern (justices of the peace) abgeurteilt (deren es im Jahre 1981 25 665 gab). Noch heute sind sie überwiegend ehrenamtlich tätige Laien, die von dem rechtskundigen Gerichtsschreiber (clerk) nur angeleitet und beraten werden.

Im Gegensatz zu ihnen sind die Richter der hohen englischen Gerichtsbarkeit (im Jahre 1981: nur 515 im Gegensatz zu 16 657 in der BRD[1]) Fachleute ersten Ranges; ihr Ansehen und ihre gesell-

---

[6] Siehe die psychologische Charakterisierung des Unterschiedes der beiden Rechtsprechungsstile durch *Albert A. Ehrenzweig:* Psychoanalytische Rechtswissenschaft, 1973, S. 161 f.: „Der common law-Jurist behandelt ein Gesetz als gültig, weil der Richter es ihm erlaubt, während der civil law-Jurist ein Urteil als rechtsetzend anerkennt, weil der Gesetzgeber es ihm erlaubt."
[1] *Marcel Berlins / Clare Dyer:* The Law Machine, Pelikan Books 1982.

schaftliche Stellung sind einzigartig, ihre Leistung ist bewunderns-
wert. Dennoch sind sie, nach kontinentalen Vorstellungen, nicht
notwendig auch „Juristen". Für diese gibt es nicht einmal eine
einheitliche Bezeichnung (denn nur die Anwälte werden *lawyers*
genannt, die Richter nicht), und ein Universitätsstudium ist für sie
nicht obligatorisch. Der auf Vorschlag des Ministerpräsidenten
oder des Lord Chancellor von der Krone ernannte und an ihrer
Souveränität teilhabende Richter entstammt der Elite des Anwalt-
standes; er war ein führender *barrister* und ist damit vor allem ein
ausgezeichneter Praktiker. Denn die Qualifizierung des künftigen
Anwalts (ob er nun *solicitor*, Geschäftsanwalt, oder *barrister,*
Gerichtsanwalt werden will[2]; Richter kann man in England nicht
„werden wollen"!) liegt in den Händen der Standesorganisationen
(der *Law Society* für die solicitors, einer der vier Londoner *Inns of
Court* für die barrister).

Ob der Bewerber sein Wissen durch Privatstudium, in Privatschulen, bei
einem Anwalt oder aber auf einer Universität bezogen hat (noch heute hat
das nur eine Minderzahl der solicitors und etwa die Hälfte der künftigen
barrister) ist der Organisation gleichgültig, aber sie übt eine strenge
Examensauslese. Streng jedenfalls bei den Geschäftsanwälten, in deren
Händen die unmittelbare Beratung und Betreuung des rechtsunerfahrenen
Publikums liegt und die im allgemeinen in größeren „Firmen" assoziiert
sind. Dem künftigen Gerichtsanwalt macht es seine Innung weniger schwer:
die *bar-examination* ist leichter; dafür hat er es schwerer, sich durchzusetzen. Er darf sich nicht assoziieren, steht also allein, und seine Auftraggeber
sind die solicitors; trauen die ihm nichts zu, bekommt er keine Sachen. So
wartet denn mancher von ihnen vergebens, während ein anderer durch den
Titel eines *Kings,* jetzt *Queens counsel* (K. C. bzw. Q. C.) geehrt wird und
dann eine seidene Robe trägt. Daß sich in dieser kleinen Spitzengruppe der
sog. *silks,* aus der die Richter genommen werden, ganz überwiegend Schüler
der alten Universitäten zusammenfinden, spricht für deren Leistung. Auch
ergibt sich aus diesem Werdegang zugleich ein hohes Lebensalter der
Richter: vor seinem 50. Lebensjahr wird kaum jemand ernannt, meist erst
später, und die Altersgrenze liegt bei 75 Jahren.

Auch in den USA wird der künftige Lawyer von der *Bar
Association* des Einzelstaates, also der Organisation der Anwälte

---

[2] Siehe *Frauke Rawert:* Die Zweiteilung der englischen Anwaltschaft, 1994.

geprüft; zwar hat er dort fast stets auf einer *law school* studiert, aber auch sein Wissen ist praktisch-empirische Rechtskunde, nicht Rechtswissenschaft (was nicht hindert, daß sie von bedeutender Qualität sein kann und in der sozialen Wertschätzung hoch steht)[3]. Die Auffassung der Jurisprudenz als einer „Wissenschaft" und der von ihr getragene Typ des dogmatisch gelehrten „Juristen" reicht eben eigentlich nicht weiter als die Rezeption des römischen Rechts, besser: der italienischen Rechtswissenschaft (vgl. § 8 I).

II. Und wie der Jurist eine Schöpfung der Rezeption, so ist das Juristengericht eine Schöpfung des absoluten Fürstenstaates: Die italienischen, später auch die übrigen Universitäten des Kontinents hatten im Juristen einen neuen intellektuellen Berufsstand geschaffen, der neben den des Theologen und des Arztes trat. Als Stadtschreiber (syndici) und Ratgeber der Fürsten beginnend setzte er sich aufgrund seines Sachverstandes und seiner dialektischen Schulung immer mehr durch. Gesellschaftlich erlangte der Doctor iuris recht bald die Standesgleichheit mit dem schöffenfähigen Ritter und in der Reichskammergerichtsordnung von 1495 die Parität: die Hälfte der Urteiler (assessores) des neuen Gerichts sollte „der Recht gelert und gewirdigt, darzu die fürbrachten rechtlichen Sachen zu referirn geschickt und der ander halb Tail aus der Ritterschaft geboren seyn, auch der Recht gelert, sofern man die gehaben kan, vor andern; so man aber der nicht genug bekommen möcht, die von der Ritterschaft, so sunst gerichtlicher Übung erfahren und gebreuchig" (Fassung von 1521).

„Die Recht" waren hier „des Reichs gemaine Rechte", die Reichskammergerichtsordnung eine offizielle Anerkennung der Rezeption. Sie folgte damit dem Zuge der Zeit und verstärkte ihn, indem sie den Landesfürsten für die Gestaltung von Gerichtsverfassung und Prozeß zum Vorbild wurde. Dabei war dann die Aufnahme der Rechtsgelehrten in die Gerichte implicite eine

---

[3] Jedoch: „Die Ausbildung an amerikanischen Law Schools ist charakterisiert durch Training statt Bildung, Common Sense statt Wissenschaft, Konkretheit statt Abstraktheit und Topik statt Systematik – das kann für uns kein Vorbild sein" (*M. Martinek*, JZ 1990, 881).

solche auch des (materiellen) römischen Rechts, die ihrerseits wiederum den gelehrten Richter nötig machte:

„Das römische Recht ist zur Herrschaft gelangt, weil es dem Rationalisierungswillen des Staates der frühen Neuzeit den Juristen bereitstellte, dessen Vorherrschaft schließlich auch die gelehrte Besetzung der Gerichte und den gelehrten Prozeß nach sich zog... Wie die meisten Erscheinungen der Rezeption wirkte auch diese im allgemeinen von oben nach unten: Zentralgerichte zwangen Obergerichten, diese den Niedergerichten ihre Rechtsanwendung und ihr Verfahren auf, selbst wenn diese noch lange mit ungelehrten Männern besetzt bleiben"[4].

Zugleich wurde damit aber auch die alte ständische Gesellschaftsordnung an einer wichtigen Stelle durchbrochen: jeder hatte bis dahin verlangen können, von *Standesgenossen* oder solchen, die standesmäßig über ihm standen, gerichtet zu werden; in Sachen, die an Leib und Leben, Ehre oder Grundbesitz gingen, brauchte niemand sich von Untergenossen aburteilen zu lassen. Eben das aber wurde nun anders: ein promovierter Bürgerssohn konnte über Adelige zu Gericht sitzen. Um das Unmögliche gleichsam doch möglich zu machen, billigte man ihm zwar persönlichen Adelsrang zu, aber eines änderte sich dadurch nicht, nämlich daß der neue Mann nicht mit dem eingesessenen Adel versippt war und keine Familie hinter sich hatte, die mitzählte. Nahm deshalb ein Fürst einen solchen Emporkömmling in seinen Dienst, so blieb dieser von ihm abhängig und konnte von ihm auch *gegen* den Adel ausgespielt werden. Es war deshalb nicht lediglich ihr Fachwissen, das den Juristen vom 16. bis zum 18. Jahrhundert den Weg in den Rat, die Verwaltung und die Gerichte der Fürsten öffnete: daß sie von eben dem Stande unabhängig waren, durch dessen Entmachtung die absolute Monarchie errichtet wurde, hat nicht wenig dazu beigetragen. Neben den Schwertadel, die alte *noblesse de sangue*, war in ihnen eine neue *noblesse de robe* getreten, der Lehnsmann durch den Fachbeamten abgelöst. Spätestens nach der französischen Revolution mußten dann die letzten Rechtshonoratioren alten Stils den beamteten Juristen die Richterstühle räumen.

---

[4] *Franz Wieacker:* Privatrechtsgeschichte der Neuzeit, 2. A. 1967, S. 175 f.

III. Jedoch wurde diese zum Justizmonopol der Juristen führende Bewegung später von einer bürgerlich-demokratischen Gegenbewegung abgefangen, die auf die Beteiligung von *Laienrichtern* hinwirkte: mit der napoleonischen Gerichtsverfassung waren die Kaufmanns- und Gewerbegerichte (conseils de prud'hommes) ins Rheinland gelangt, in denen Kaufleute bzw. Arbeitgeber und Arbeitnehmer zu Gericht saßen. Unsere Kammern für Handelssachen bei den Landgerichten und unsere Arbeitsgerichte wurden später deren Nachfolger. Auch die französischen Schöffengerichte und die Schwurgerichte, schon 1848 in der Paulskirchenverfassung gefordert und seitdem in den meisten deutschen Einzelstaaten eingeführt, wurden 1877 in die Gerichtsverfassung des Deutschen Reiches übernommen.

IV. Die *Schwurgerichte* sind aber in Deutschland mit der Justizreform von 1924 der Sache nach wieder abgeschafft worden. Ihr Name wurde auf ein Gericht übertragen, das – mit drei Berufsrichtern und bloß noch sechs Laien besetzt, die über Schuld- und Straffrage gemeinschaftlich beraten und entscheiden – eigentlich nur ein großes Schöffengericht ist (vgl. §§ 79 ff. GVG). Ebenso ist es ihnen 1941 in Frankreich ergangen. In ihrer Heimat England und in den USA bestehen sie aber fort. Ihre Zuständigkeit wird freilich immer mehr eingeschränkt und kann in manchen Fällen abgedungen werden. Dem deutschen Publikum sind sie von Film und Fernsehen her geläufig. Weniger bekannt, aber nicht unwichtig ist, daß die angloamerikanische Jury nicht nur über schwere Verbrechen, sondern auch über zivilrechtliche Schadensersatzansprüche zu urteilen hat.

Die angloamerikanische *Jury* also ist das letzte Gericht, in welchem Laien *selbständig* in großen Sachen öffentliche Gerichtsbarkeit ausüben. Sie ist Volksgericht im eigentlichen Sinne und sehr verschieden vom Schöffengericht; denn die Schöffen beraten und urteilen eben mit den Berufsrichtern gemeinschaftlich, und ihr unmittelbarer Einfluß auf die Entscheidung ist im allgemeinen gering; meist überzeugt sie die Meinung der Juristen[5]. Die Jury

---

[5] *Christoph Rennig:* Die Entscheidungsfindung durch Schöffen und Berufsrichter in rechtlicher und psychologischer Sicht, 1991.

aber, die echte Geschworenenbank, entscheidet nach Anhörung der Beweisaufnahme, der Plädoyers und einer öffentlichen Rechtsbelehrung durch den vorsitzenden Richter – wenn auch nur über die Tatfrage – in eigener Beratung allein. Der Richter hat danach aus ihrem „Wahrspruch" (engl. *verdict*) nur noch die Rechtsfolgen zu ziehen: den Angeklagten zu entlassen oder die Höhe seiner Strafe zu bestimmen. Und in Schadensersatzklagen entscheidet die Jury über Grund *und* Höhe des Anspruchs, so daß dem Richter nur die Ausfertigung des Urteils bleibt.

Daß die Schwurgerichte sich bei uns nicht bewährt haben und schließlich zu Recht abgeschafft worden sind, ist kein Zufall: im kodifizierten Recht und bei formfreier, auf den Juristen als Urteiler zugeschnittener Beweisaufnahme sind sie ein Fremdkörper:

1. Das kodifizierte Recht stellt den Richter unvermeidlich vor die Aufgabe, den Sachverhalt, den er gefunden zu haben glaubt, unter einen festen Gesetzestext zu subsumieren; das aber will gelernt sein und kann der Laie nur selten leisten. Um den Geschworenen diese Aufgabe zu erleichtern, wurden ihnen früher gemäß dem Gesetzestext formulierte konkrete Fragen auf einem nach Abschluß der Beweisaufnahme formulierten Fragebogen zur Beantwortung vorgelegt. Es ließ sich dabei aber oftmals nicht vermeiden, daß diese Fragen so zahlreich und verzwickt ausfielen, daß sie die Geschworenen völlig verwirrten; worauf gewissenlose Anwälte es überdies oft anlegten. So kamen gerade dadurch nicht selten wirklich unsinnige Wahrsprüche heraus.

2. Im Case Law scheidet diese Schwierigkeit natürlich aus. Auch ist der angloamerikanische Prozeß in der *Beweiserhebung* ganz auf die Jury zugeschnitten: für die Vernehmung von Parteien und Zeugen gelten strenge Regeln, die darauf hinauslaufen, daß sie nur auf präzise Fragen der Anwälte antworten, nicht aber im Zusammenhang erzählen dürfen. Das mutet wie eine Zwangsjacke und eine Beleidigung des gesunden Menschenverstandes an, findet aber seine Erklärung eben darin, daß sie die Jury als Urteilsfinder voraussetzen: nur aus unmittelbar berichteten relevanten Fakten, nicht aus Erzählungen vom Hörensagen (by hear-say), Stimmungen und Mutmaßungen der Beteiligten soll sie ihr Urteil schöpfen

können. Ein Juristengericht voraussetzend, stellen *wir* dem Vorbringen solcher Dinge kein formales Hindernis entgegen und sehen darin keine Gefahr; dem Juristen trauen wir zu, sich dadurch nicht beirren zu lassen. Der Laienjury soll es erst gar nicht zu Ohr gebracht werden dürfen.

Die Anwälte bemühen sich freilich nach Kräften, dieses Hindernis zu umgehen, und oft gelingt es ihnen auf den kunstvollen Umwegen ihrer Fragetechnik. Ihre Triumphe feiert diese Fragetechnik vor allem bei der Vernehmung der Partei (des Klägers, des Beklagten, des Angeklagten) *in eigener Sache:* niemand *braucht* in seiner eigenen Sache auszusagen, der Ankläger jedenfalls darf es nicht gegen ihn ausspielen, wenn er es unterlassen hat; er kann auch eine uneidliche Erklärung abgeben. Macht er aber von seinem Recht Gebrauch, das, was er sagen will, auf seinen Eid zu nehmen, so muß er sich auch dem Kreuzverhör *(cross-examination)* unterwerfen. Zuerst befragt ihn sein eigener Anwalt; er fragt aus seinem Klienten kunstvoll heraus, was dieser ihm selbst erzählt hat. Danach examiniert ihn der Gegenanwalt: harmlos-liebenswürdig fängt er an, bemüht, den Gegner sich festlügen zu lassen; dann beginnt er ihn zu fragen, was dessen Anwalt ihn *nicht* gefragt hatte, und ihn in Widersprüche zu verwickeln, um ihn am Schluß (vielleicht noch eine überraschende Urkunde aus der Tasche ziehend) dramatisch zu entlarven. – Viel hängt hier von den Nerven, der Kaltblütigkeit, Geistesgegenwart und Geschicklichkeit des Gegners ab; Skeptiker sind geneigt zu meinen: alles. Unleugbar hat die *cross-examination* etwas von einem sportlichen Wettkampf an sich. Daß der Richter während des Prozesses lediglich auf die Einhaltung der Spielregeln durch die Anwälte zu achten hat, verstärkt noch diesen Eindruck.

V. Ob die Schwurgerichte, die in der Revolution von 1848 als ein Ausdruck der Volkssouveränität verstanden und gefordert worden waren, historisch wirklich ein Abkömmling des germanischen Volksgerichtes, der alten Thinggemeinde sind und nicht vielmehr eine Schöpfung des Amtsrechtes der normannisch-englischen Könige (wie es heute als wahrscheinlich gilt), ist in der Forschung umstritten. Jedenfalls aber wurde die Geschworenenbank in *unserer* Zeit als *Volks*gericht, als der Justiz organisatorisch einverleibte „öffentliche Meinung" verstanden. Auf dem Kontinent hat sie sich nicht bewährt und wurde 1924 in Deutschland von einer demokratischen Regierung (wenn auch nur mit der Begründung, daß sie zu teuer sei) beseitigt. Schon lange hatten ihre „Wahrsprüche" nicht mehr überzeugt.

Auch in England und in den USA wird sie nur solange gut sein, wie sie überzeugt. Die dortigen Juristen zeigen noch keine Neigung, sie abzuschaffen. Dort kann man übrigens auch erkennen, was die Teilnahme des Volkes an der Rechtspflege bedeutet: Wohl die meisten älteren Amerikaner sind schon einmal Geschworene gewesen und wissen von den Fällen zu erzählen, die sie damals erlebt haben. Diese Zeit ist ihnen nicht nur eine stolze und interessante Erinnerung: sie haben dadurch auch Verständnis für die Aufgaben der Rechtspflege erworben, denn sie haben in eigener Person erlebt, wie schwer Richten ist. Auch haben sie Vertrauen zu ihren Einrichtungen gewonnen, denn sie sind mit dabei gewesen.

Unsere Juristen hingegen haben für dergleichen „Betriebsbesichtigungen", wo sie noch vorgeschrieben sind, oft wenig Verständnis. Laien in der Rechtspflege erscheinen ihnen als Bremsklötze, die ihnen ein langsameres Arbeitstempo aufnötigen, und als unnütze Staffage. Amüsant das Bonmot aus dem Munde eines hohen deutschen Richters: „Die Schöffen sind die Mannequins im Schaufenster der Justiz." Mag der Einfluß auf den Ausgang der einzelnen Sache auch nicht groß sein, mag die Beteiligung von Laien auch zu höheren Kosten und zu Verzögerungen führen: Laien zwingen den Richter, verständlich zu bleiben. Verliert die praktische Handhabung des Rechts für den Laien alle Verständlichkeit, so hört es auf zu überzeugen. Dann aber wird nichts mehr *richtig* sein, was immer in seinem Namen gesprochen wird.

§ 28. Das geltende Recht in der sozialen Wirklichkeit

Abschließend wollen wir nun versuchen, uns ein Bild davon zu machen, in welcher Weise Recht und Rechtsbildungsfaktoren in das Leben unserer eigenen Umwelt verflochten sind. Wir ziehen damit, Bisheriges teilweise wiederholend, gleichsam Bilanz:

I. In unserer heutigen Welt wird das Recht vom Staat beherrscht. Recht sind die von ihm erlassenen Gesetze, ergänzt durch die Normen, die seine Gerichte, ohne ernsten Widerspruch zu finden, in ständiger Rechtsprechung als verbindlich anwenden. Ohne sie kann als Recht nichts gelten. Was Recht ist, bestimmt somit formal der Staat. Er hat das Rechtsmonopol. So gut wie alle Rechtsverhältnisse hat er – so scheint es – seiner Regelung unterworfen. Sein Gesetz dominiert. Im Rechtsunterricht erlernt man, jede Entscheidung aus dem *Gesetz* abzuleiten. Die Jurisprudenz erscheint dem Anfänger als die Kunde von den Gesetzen sowie dem technischen Umgang mit ihnen.

Das ist in gewissem Maße unvermeidlich und überdies insofern gut, als es das Denken übt und diszipliniert. Doch führt es zu der unter den Juristen – zumal den beamteten – recht stark verbreiteten Überschätzung der Wirksamkeit des Staates und seiner Gesetze. Man sollte sich deshalb folgendes klarmachen:

1. Daß die Gesetze vom Staat erlassen werden, bedeutet nicht notwendig zugleich, daß auch ihr *Inhalt* das Werk des Staates ist. Bei näherem Zusehen zeigt sich häufig, daß selbst Gesetze nicht nur gemacht, sondern auch geworden sind. Oft waren ihre von den Gesetzgebungsorganen beauftragten Verfasser bloße Redaktoren, die aus voraufgegangenen Entwicklungen nur das Fazit zogen.

Beispielhaft deutlich ist das beim BGB. Sein Inhalt entstammt ganz überwiegend älterem Recht. Vor allem dem römischen, d. h. der Arbeit einer Kette von Juristengenerationen, die bis zur späten Republik hinabreicht – über die der früheren, noch mehr der späten Kaiserzeit, die Redaktionskommission des Kaisers Justinian (527–565 n. Chr.), die italienischen Glossatoren (11.–14. Jhdt.) und Kommentatoren (15.–16. Jhdt.) und schließlich die deutschen Pandektisten des 19. Jhdts. Doch auch das pr. ALR, der Code civil und sogar der Sachsenspiegel haben dazu beigesteuert.

Dies ist freilich die längste Ahnenreihe, die ein deutsches Gesetz aufzuweisen hat, aber kaum eines der bedeutenderen ist eigentlich ganz ohne eine solche. Zumal die der übrigen deutschen „Reichsjustizgesetze" (HGB, GVG, ZPO, KO, StGB, StPO) reicht jedenfalls bis ins frühe 19. Jahrhundert zurück. Die wenigsten sind ausschließlich in Berlin „gemacht" worden. Allgemein: auch Gesetze sind Kulturgut, in dem sich die Arbeit von Generationen und Nationen kumuliert.

Es ist freilich ohnehin eine Binsenweisheit, daß keine geistige Leistung voraussetzungslos erbracht wird und jede immer – mehr oder weniger – nur *Weiter*arbeit ist. Im ganzen pflegen die *Praktiker* den Neuheitswert der Gesetze zu überschätzen, während die *Historiker*, umgekehrt, möglichst in allem Ableitungen aus Altem sehen wollen. Sie unterschätzen leicht die Bedeutung der Neubildungen, zu deren Gewicht noch der Umstand beiträgt, daß Altes in neuem Zusammenhange einen anderen Sinn bekommen und zu ganz anderen praktischen Ergebnissen führen kann.

2. Die Änderungen und Ergänzungen (Novellen) zu älteren Gesetzen sind oft nur das Ergebnis dessen, was aufgrund der in der Zwischenzeit gemachten Erfahrungen von Rechtsprechung und Literatur erarbeitet worden ist. Nicht selten bestätigen sie praktisch nur die „ständige Rechtsprechung". Auch werden die dispositiven Bestimmungen des Gesetzes, die durch abweichende Vereinbarungen ersetzt werden können (vgl. o. § 5 II 3), in der Praxis häufig in Teilbereichen durch Regelungen verdrängt, die über den Einzelfall hinaus Bedeutung erlangen, insbesondere durch *Allgemeine Geschäftsbedingungen*, die für eine Vielzahl von Verträgen entworfen werden, und durch *Tarifverträge*, die von den Gewerkschaften mit der Arbeitgeberseite geschlossen werden, um die Arbeitsverhältnisse ihrer Mitglieder zu regeln. In den Grenzen, die das staatliche Recht diesen Regelungsinstrumenten gezogen hat (AGB-Gesetz, Tarifvertragsgesetz[1]), werden dort neue Rechtsgedanken niedergelegt und erprobt. Der Staat benutzt dann die dort bewährten neuen Rechtsgedanken häufig, um sein Gesetzesrecht – nunmehr für alle verbindlich – den Bedürfnissen der Praxis anzupassen.

3. Das Gesetz ist für die Praxis nur das, was die Rechtsprechung aus ihm zu machen weiß. In ihren Erkenntnissen schlagen

---

[1] A: KonsumentenschutzG, ArbeitsverfassungsG; CH: ZGB 2, OR 356 ff.

sich dabei die sich ständig wandelnden Lebensbedürfnisse und Verkehrsgepflogenheiten nieder. Denn ihre Aufgabe ist es, das Gesetz auf eben diese anzuwenden. Und immer wieder muß sie es dem Leben *anzupassen* wissen. Sie hat dabei die schwere Aufgabe, gesetzestreu, stetig und dennoch lebensnah zu bleiben; was ohne *schöpferische* Gedanken nie zu leisten ist.

4. Nicht umsonst wird deshalb die praktische Tagesarbeit des Juristen von Entscheidungssammlungen beherrscht. Doch auch von Kommentaren. Freilich sind die Kommentare oft selbst bloß Entscheidungsnachweise. Die besseren unter ihnen jedoch *verarbeiten* die Entscheidungen, ziehen die anderweitigen Juristenschriften – Lehrbücher, Monographien, Aufsätze – mit heran, in denen die Probleme selbständiger und distanzierter durchdacht worden sind (oder es doch sein sollten), und formen daraus *Leitsätze;* wie sich auch die Entscheidungen oder ihre Herausgeber, Lehrbücher, Monographien und Abhandlungen alle um derartige verallgemeinernde, den Stoff übersehbar machende und das Gedächtnis entlastende Sätze bemühen – Vorläufer zuweilen neuer Normen.

II. Auch im modernen Gesetzgebungsstaat also vollzieht sich die Weiterentwicklung des Rechts, die materielle Rechtsbildung, im *Zusammenwirken* von Verkehrs- und Lebenspraxis, Rechtsprechung und Wissenschaft mit dem staatlichen Gesetzgeber. Rechtsprechung und Rechtswissenschaft sind demgemäß nicht lediglich Rechtsanwendung und Rechtskunde. Sie sind zugleich Rechtsfortbildung und somit *Rechtschöpfung.*

Im kodifizierenden Gesetzgebungsstaat wird das am deutlichsten, wo *Lücken* des Gesetzes zu schließen sind. Auch wo der Gesetzgeber Vollständigkeit seiner Regelung anstrebte, ergeben Wandlungen der Verhältnisse sie immer wieder von neuem. Weniger leicht, wenn der Gesetzgeber sich sehr allgemein gefaßt hat; doch überläßt er dann ohnehin der Praxis das meiste. Hat er aber – wie der des pr. ALR – alles ganz minutiös selbst regeln wollen, so wird sich früher oder später zeigen, daß eben das unmöglich war.

Im übrigen hat unser Gesetzgeber auch bewußtermaßen Lücken gelassen. Immer wieder liest man in den Gesetzgebungsmaterialien (den „Motiven" und „Protokollen" zum BGB z. B.), daß die Entscheidung dieser oder jener Frage „der Rechtsprechung" oder „der Wissenschaft" überlassen bleiben solle. Lücken im Gesetz sind aber im Grunde auch die „Generalklauseln", die im Privatrecht eine so große Rolle spielen. Wenn der Gesetzgeber auf „Treu und Glauben" und „die guten Sitten" Bezug nimmt, gibt er dem Richter in Wahrheit den Weg zur eigenen Rechtschöpfung frei. Man schlage einen beliebigen Kommentar zu den betreffenden Bestimmungen auf. Man wird dort sehen, wie sich in einem gleichsam freigelassenen Raum des Gesetzesgebäudes durch Zusammenarbeit von Wissenschaft und Rechtsprechung in ständiger Auseinandersetzung mit den sozialen Realitäten neue Rechtssätze bilden. In diesen Leerräumen bildet sich bei uns in der gleichen Weise Recht, wie es im Case Law überhaupt entsteht.

Lediglich im Strafrecht sind der Rechtsneubildung durch den Richter enge Grenzen gesetzt. Hier ist er auf ein festes Gesetz *angewiesen*, denn der Fundamentalsatz des kontinentalen Strafrechts lautet: *nulla poena sine lege* (keine Strafe ohne Gesetz). Die Eingriffe in die Existenz des Bürgers, zu denen das Strafrecht den Richter befugt, sind eben derart schwer, daß man sie jeder Möglichkeit zu willkürlicher Verhängung entzogen sehen möchte; auch soll der Täter sie als Folge seiner Tat haben voraussehen können. Und beides erfordert einen präzisen Gesetzestext, aus dem sich die Strafe klar ergab, bevor noch die Tat begangen wurde. Zu Recht hat man daher das Strafgesetzbuch als die „Magna Charta des Verbrechers" bezeichnet[2]. Nur dem Gesetz, das einen scharf präzisierten Tatbestand mit einer Strafdrohung verknüpft, gestehen wir im Rechtsstaat die Wirkung zu, einen Strafanspruch des Staates zu begründen.

Der totale Staat dachte hierüber anders. Durch ein Gesetz vom 28. VI. 1935 faßte der nationalsozialistische Gesetzgeber § 2 StGB wie folgt: „Bestraft wird, wer eine Tat begeht, die das Gesetz für strafbar erklärt oder die nach dem Grundgedanken eines Strafgesetzes und nach gesundem Volksempfinden Bestrafung verdient. Findet auf die Tat kein bestimmtes Strafgesetz unmittelbar Anwendung, so wird die Tat nach

---

[2] *Franz v. Liszt:* Strafrechtliche Aufsätze Bd. II, 1905, S. 80.

dem Gesetz bestraft, dessen Grundgedanke auf sie am besten zutrifft." –
Indem man es hier genügen ließ, daß eine Tat dem *Grundgedanken* eines
Strafgesetzes zuwiderlief, gestattete man dem Richter dessen *analoge*
Anwendung; indem man diese Gestattung zugleich an einen vagen Wert-
begriff, die Verletzung des *gesunden Volksempfindens* knüpfte, schuf man
für das Strafrecht eine Generalklausel. Damit erübrigte sich für den
Gesetzgeber hinfort die Schaffung von Sondertatbeständen, wie sie für die
strafrechtliche Erfassung z. B. solcher mit der technischen Entwicklung
neu aufgekommenen Unredlichkeiten wie Entziehung elektrischer Ener-
gie, unbefugter Gebrauch von Fahrzeugen (§§ 248 c, 248 b, 265 a StGB)
u. a. m. erforderlich gewesen war.

Allerdings bestehen rechtsstaatliche Bedenken nur gegen Analogien zu *Lasten* des Angeklagten: zulässig bleibt, seine Lage
durch analoge Rechtsanwendung zu *erleichtern*, selbst durch
Anwendung generalklauselartiger Begriffe. So sind die Notstands-
bestimmungen des Gesetzes (§§ 53, 54 a. F.³ StGB, 228, 904 BGB)
durch den Gedanken des übergesetzlichen Notstandes (Erhaltung
eines höherwertigen Rechtsgutes durch Aufopferung eines minde-
ren) ergänzt worden: RGSt. 61, 242; 62, 137 (Rettung der Schwan-
geren durch Tötung des keimenden Lebens) u. a. m. Nur in dieser
Richtung also steht in unserem Strafrecht der Weg zu richterlicher
Rechtschöpfung offen. Freilich kann das Verbot analoger Rechtsanwendung zu Lasten des Angeklagten den Richter nicht daran
hindern, Strafbestimmungen erweiternd, Entlastungsvorschriften
einengend auszulegen, und die Grenze zwischen Auslegung und
Analogie liegt ja nicht allzu fest⁴.

III. Das Gesetz herrscht also in Wahrheit nicht allein auf
einsamer Höhe. Sitte und Tradition haben es mit Leben erfüllt,
Wissenschaft und Rechtsprechung weitergebildet und stehen als
rechtsbildende Faktoren ständig neben ihm. Dabei kommt der
Rechtsprechung eine besondere Bedeutung zu: Hat sich zu einer

---

³ Heute ist der „übergesetzliche" Notstand in § 34 StGB gesetzlich anerkannt.
⁴ Wie beliebig sie gezogen wird, zeigt BVerfGE 73, 206: 4 Verfassungsrichter
hielten es für eine zulässige Auslegung, unter dem Gewaltbegriff der Nötigung
nach § 240 I StGB auch die „gewaltlose" Blockade von Armee-Einrichtungen
durch Armeegegner zu verstehen, 4 Verfassungsrichter hielten das für verbotene
Analogie.

Frage – zumal einer solchen, über die das Gesetz schweigt – erst eine „gefestigte", dann eine „ständige" Rechtsprechung entwickkelt, so *kann* daraus *Gewohnheitsrecht* entstehen.

Gute Beispiele hierfür liefert die ständige Rechtsprechung zum Wegfall oder Fehlen der *Geschäftsgrundlage,* zur *culpa in contrahendo* und zur sog. *positiven Vertragsverletzung,* durch die empfindliche Lücken im System unserer Zivilgesetzbücher ausgefüllt wurden. In allen drei Fällen waren es aber Schriften bedeutender Juristen, die den Stein ins Rollen brachten: *Oertmann,* Die Geschäftsgrundlage, 1921; *Rudolf v. Jhering,* Culpa in contrahendo, Jherings Jahrb. 4 (1861), S. 1 ff.; *Staub,* Die positiven Forderungsverletzungen, 1904 (2. Aufl. 1913). Indem die Rechtsprechung die Gedanken dieser Monographien (und der sich daran anschließenden Literatur) übernahm und praktisch anwendete, ist daraus – ohne Zutun des Gesetzgebers – praktisch *neues Recht* entstanden. Daß über die Abgrenzung der genannten Prinzipien im einzelnen sowie über ihre Begründung (und darüber, inwieweit sie etwa im Gesetz doch schon mitenthalten waren) gestritten wird, ändert daran nichts, daß ihre Anwendung heute *Gewohnheitsrecht* ist. Die *Einstimmung* der öffentlichen Meinung war hier das Votum der *Wissenschaft.*

Doch nicht nur die Gedanken der Juristen können Recht erzeugen, indem sie in eine ständige Rechtsprechung eingehen, sondern auch die Verkehrssitten. Daß der Gesetzgeber oft selbst auf sie verweist, sahen wir (§ 5 II 1). Eine *Sitte,* die in ständiger Rechtsprechung anerkannt wird, kann damit in den Bereich des Rechts eingehen.

Beispiele hierfür sind die mannigfachen *Treuhandverhältnisse* und vor allem die *Sicherungsübereignung,* die das echte Pfandrecht an beweglichen Sachen in einer für den Verkehr nicht unbedenklichen und den Absichten des Gesetzgebers durchaus zuwiderlaufenden Weise praktisch verdrängt hat[5].

Das Rechtsmonopol des Staates besteht also darin, daß er die Gesetze gibt und daß ohne das Zutun seiner Gerichte kein anderes Recht existiert. Aber die Gerichtstätigkeit ist es andererseits, die das Rechtsgebäude offen hält: In Generalklauseln und Lücken läßt

---

[5] Anders in Österreich, wo die Rechtsprechung für die Sicherungsübereignung die Einhaltung der Publizitätsvorschriften für das Pfandrecht verlangt. Der schweizerische Gesetzgeber hat die deutsche Entwicklung durch ZGB 717 verhindert.

sie die Wandlungen der Rechtsanschauungen und der gesellschaftlichen Verhältnisse zur Geltung kommen und bildet so das Gesetz,
ohne seinen Text zu ändern, weiter fort, und oft übernimmt dann
der Gesetzgeber in seinen Text, was auf diese Weise entstanden ist.

IV. Doch muß nicht nur das *Gesetz* in richtiger Proportion
zum übrigen Recht gesehen werden, sondern auch das *Recht
überhaupt* zur Gesamtheit der außerrechtlichen sozialen Ordnun-
gen. Auch und gerade der Jurist darf nicht glauben, daß Gesetz
und Recht schon alles seien.

1. Wir haben gesehen, daß das Recht sich von Sitte, Sittlichkeit,
Brauch und Anstand dadurch unterscheidet, daß der *Staat* seinen
Bereich bestimmt. Er bestimmt ihn als den Bereich seiner eigenen
Entscheidungsmacht, und um seinen Entscheidungen Geltung zu
verschaffen, stellt er seine Behörden und Organe als *Zwangsappa-
rat* zur Verfügung. Nur zur Durchsetzung von *Recht*sansprüchen
– der Bürger oder des Staates selbst – kann er eingesetzt werden.

Wer für verkaufte Waren nicht bezahlt wird, kann bei Gericht klagen
(oder einen Mahnbescheid erwirken) und das Urteil (bzw. den Vollstrek-
kungsbefehl) durch den Gerichtsvollzieher vollstrecken lassen[6]. Dem aber,
der für ein wertvolles Geschenk den Dank nicht erntet, auf den er nach
Sitte, Brauch und Anstand den unzweifelhaftesten „Anspruch" hat, steht
hingegen (soweit der Beschenkte nicht die Grenze des groben Undanks –
§ 530 BGB – überschritten hat) kein Zwangsmittel zur Verfügung.

Eben deshalb wird vielfach die *Erzwingbarkeit* als das eigentliche
Kriterium des Rechts angesehen (vgl. o. § 9 II), und in der Tat sind
auch nur *Recht*sansprüche – und diese typischerweise – erzwingbar.
Doch sind sie es, schon nach dem Gesetz, nicht alle.

Unter den zivilrechtlichen Ansprüchen z. B. werden durch § 888 II
ZPO mehrere eherechtliche sowie der Anspruch auf Arbeitsleistung aus
einem Dienstvertrag von der Vollstreckbarkeit ausgenommen[7]. Aber auch
der Anspruch aus einer verjährten Forderung gehört hierher: Die Verjäh-

---

[6] Statt Mahnbescheid und Vollstreckungsbefehl in Österreich: Zahlungsbefehl und
Exekutionstitel, in der Schweiz: Zahlungsbefehl und Betreibungstitel.
[7] In der Schweiz ist die Lage nach kantonalem Vollstreckungsrecht die gleiche. In
Österreich entspricht es einhelliger Lehre, daß die sog. ehelichen Pflichten nicht
einklagbar und der Anspruch auf Arbeitsleistung nicht real durchsetzbar sind.

rung läßt ja den Rechtsanspruch als solchen (wenigstens nach herrschender Lehre) bestehen, nur kann der Schuldner – wenn er will – die Leistung verweigern, braucht sich also nicht verurteilen zu lassen (vgl. o. § 15 II und § 222 BGB).

Aber auch manches andere läßt sich *praktisch* durch Vollstrekkungsmaßnahmen kaum erzwingen, und die Zwangsvollstreckung erweist sich einem böswilligen, dazu geschickten und nervenstarken Schuldner gegenüber nur allzu oft als stumpfe Waffe. – Im *Staatsrecht* endet die Möglichkeit des Zwanges jedenfalls bei den obersten Staatsorganen: zur Erfüllung ihrer Amtspflichten kann sie niemand zwingen. Im *Völkerrecht* gibt es Zwang überhaupt nur in der unorganisierten Form der Repressalien und des Krieges.

2. Aber auch wenn man die Erzwingbarkeit, weil im übrigen doch typischerweise vorhanden, als Kennzeichen des Rechts gelten lassen will, darf man daraus nicht etwa schließen, daß die Furcht vor ihr der Motor des sozialen Lebens ist. Denn wird im Leben die überwältigende Mehrzahl aller Verträge erfüllt, insbesondere fleißig und sorgfältig gearbeitet, so doch nicht aus Furcht vor Zwangsmaßnahmen, sondern weil

a) der Unternehmer und Geschäftsmann seinen guten Ruf, seinen Kredit, seine Kundschaft und seine Beziehungen (den „Goodwill") behalten will. Denn sie sind seine Existenz, und er weiß – bewußt wie unbewußt – daß er sie verlieren wird, wenn er sich als unzuverlässig und unanständig erweist. Böswillige und nervenstarke Schuldner wird nicht der Gerichtsvollzieher, wohl aber, sofern sie Gewerbetreibende sind, der Kreditverlust in die Knie zwingen.

b) Gearbeitet wird – trotz § 888 II ZPO –, weil gute Arbeit innere Befriedigung wie die Achtung der Kollegen einbringt. Der Arbeitnehmer ist stolz auf seine Arbeitsleistung und arbeitet im allgemeinen sorgfältig und sachgerecht selbst dann, wenn er sich praktisch unkündbar weiß. Er will seinen Lohn *verdient* haben. Ausnahmen hiervon werden gering geachtet und bestätigen die Regel.

Wer etwa als ungeduldiger Bauherr meinen sollte, er könne mit Lieferanten, Handwerkern und Arbeitnehmern durch Klageandrohungen besser und schneller zum Ziele kommen, dürfte bald merken, daß ihm das gar

nichts nützt, wohl aber empfindlich schadet. Mit dem bloßen „Druck der
Rechtsordnung" *allein* ist gewiß noch nie auch nur *ein* Haus erbaut
worden.

3. Tatsächlich ist Furcht vor Rechtszwang, jedenfalls in allen
privaten Rechtsbeziehungen, als Motiv unserer Handlung selten:
Meist folgen wir – ganz unreflektiert – der Sitte, ohne dabei an die
„Rechtslage" zu denken. In seinem privaten Alltagsleben macht es
selbst der Jurist nicht anders. Erst wenn ein *Konflikt* entsteht, fragt
man nach der Rechtslage und dem Juristen.

Anders ist es freilich mit der Befolgung vieler *Verwaltungsvorschriften*
und besonders der Steuergesetze. Hier steht die Furcht vor dem Rechtszwang im Vordergrund. Ohne sie würde nicht viel an Steuern und
Abgaben eingehen. Einsicht, Bürgersinn und Sittlichkeit versagen hier in
aller Regel.

Recht und Rechtswissenschaft sind am Konflikt erwachsen. Er
ist ihr eigentliches Element, und zu seiner Beseitigung sind Rechtsnormen von den *Gerichten* geschaffen worden. Gerichte aber
müssen sein, weil die Menschheit nur zwischen Gericht und
Gewalttätigkeit zu wählen hat.

4. Recht und Justiz schützen also die Gemeinschaft gegen
Unfrieden und innere Feinde. Doch sind sie nicht ihr Lebensnerv.
Ohne die *sittlichen* Bindungen von Familie, Liebe, Freundschaft
und gegenseitiger Achtung würde sie sich auflösen. Keine Rechtsordnung könnte sie dann zusammenhalten. Denn die Sittlichkeit
ist es, die als Motiv das Alltagsleben der Menschen bestimmt, dazu
der schlichte (doch oft durch Weitblick der Tugend ähnelnde)
Eigennutz, nicht hingegen Recht und Gericht.

Diese können sogar zeitweilig und partiell völlig fehlen. Von 1945 bis
1948 war das deutsche Alltagsleben großenteils illegal und ging auch ohne
Rechtsschutz weiter. Der Schwarzmarkt funktionierte auf seine Art trotz
der Nichtigkeit aller auf ihm geschlossenen Geschäfte (§§ 134, 125 und
§ 817 S. 2 BGB), weil sich, wer eine Abrede brach, sofort selbst vom
weiteren Geschäft ausschloß.

Vom 1. 4. 1953 bis 1. 7. 1958 waren wichtigste Teile des deutschen
Familienrechts ersatzlos außer Kraft, weil das Gleichberechtigungsgesetz
nicht fristgerecht fertiggestellt wurde (vgl. Art. 3 II und 117 I GG). Nur
die Richter, die nun ohne Gesetz entscheiden mußten, haben unter dem

Gesetzesvakuum gelitten; das Familienleben nicht. Denn es waren eben
nur die Entscheidungsnormen für die Richter, die da fehlten, nicht die
Verhaltensnormen für die Bürger: Wie man sich innerhalb seiner Familie
verhält, entnimmt man nicht dem BGB. Fragen Eheleute nach dem
Gesetz, so ist ihre Ehe schon zerrüttet. Gerade diese Sphäre ist der
Einwirkung des Gesetzgebers am allerwenigsten zugänglich.

Aber auch im weiteren Bereiche des Privatrechts wird das Recht
unmittelbar und bewußt fast nur von den Richtern, Notaren und
Anwälten angewendet, die zur Entscheidung (bzw. Vermeidung)
von Konflikten der Bürger tätig werden. Für die Bürger *selbst* ist
es nur selten unmittelbare Richtschnur ihres Verhaltens. Am meisten noch dann, wenn sie bei der Gestaltung ihrer Geschäfte
bemüht sind, sich auf das voraussichtliche Verhalten von Gerichten und Behörden einzurichten. Tatsächlich ist das Recht aber
meist nur die Summe der Verhaltensnormen für den Staatsapparat
und beeinflußt das Verhalten der Bürger somit nur indirekt.

Dies entspricht freilich in gewissem Maße ohnehin der Herkunft und der Bestimmung des Rechts im Unterschied zur Sitte
(vgl. o. § 2 VI) und ist überdies heute auch die unausbleibliche
Folge der steten Zunahme von Umfang und Zahl der Gesetze – der
Rotation der Gesetzgebungsmaschine –, nachdem schon seit der
Rezeptionszeit die Rechtskenntnis unvermeidlich zur Geheimwis-
senschaft wurde. Die dadurch vergrößerte Rechtsentfremdung des
Volkes ist aber auch eine notwendige Begleiterscheinung der *Kul-
turdifferenzierung* und der damit verbundenen Verteilung aller
Funktionen und Tätigkeiten auf Spezialisten.

Sie ist deshalb z. B. in England und USA – ohne Rezeption und ohne
das Maß unserer Gesetzesproduktion – ebenfalls eingetreten; wegen des
ungeheuren Umfanges und der Unübersichtlichkeit der Entscheidungssammlungen vielleicht sogar noch stärker. Darum ist es auch utopisch zu
glauben, die Rechtsentfremdung könne durch Verbreitung von Rechtsunterricht, Staatsbürgerkunde und dergleichen durchgreifend behoben werden. Man kann nur versuchen, sie zu *mildern* und die aus ihr oft folgende
Rechts- und Staatsverdrossenheit zu bekämpfen, indem man für den
schicksalhaften Zusammenhang der Dinge Verständnis weckt[8].

---

[8] Dazu näher *M. Rehbinder:* Rechtssoziologie, 3. A. 1993, S. 189 ff.

Für die heutige arbeitsteilig differenzierte Spezialistengesellschaft muß also als Ergebnis hingenommen werden, daß das Recht, weil dem Bürger als „Laien" unbekannt, nicht mehr unmittelbar und als solches befolgt werden *kann* und deshalb nur mittelbar befolgt wird. Einmal infolge der Einwirkung der Behördentätigkeit, für die das Recht die Richtlinien und Entscheidungsnormen liefert, zum anderen aber als gleichgerichtet mit Sitte, Moral, Anstand und praktischer Klugheit. Sie sind es, nach denen sich der Bürger in Wahrheit richtet[9].

Darum wäre es auch für den angehenden Juristen ein Irrtum, zu meinen, nur das sei man zu tun verpflichtet, was das *Gesetz* verlangt. Wer glaubt, sich bei allem auf den „Rechtsstandpunkt" stellen zu können, wird sich zum Abscheu seiner Mitmenschen machen und zum Scheitern verurteilen. Im Leben gilt es, mehr und ganz andere Normen zu erfüllen als die unserer Gesetze. Der Jurist hat zwar gelernt, wie man Fälle löst, d. h. Rechtsstreit entscheidet. Aber er wird oft mit Beschämung feststellen, daß der Laie besser weiß, wie man zu *handeln* hat.

---

[9] Dazu *Ernst E. Hirsch*: Zum sogenannten Gesetzesgehorsam, JZ 1983, S. 1–6.

Anhang

Einige Grundregeln für die Anfertigung
rechtswissenschaftlicher Arbeiten

Das eigentlich Juristische an der Arbeit des Juristen spielt sich im wesentlichen schriftlich ab. So muß der Jurist bei der Rechtsfindung Geschriebenes zu Rate ziehen und muß meist auch Geschriebenes produzieren. Dafür sind besondere Regeln entwickelt worden, die zum Handwerkszeug juristischer Arbeit gehören. Im folgenden sollen die wichtigsten dieser Regeln behandelt werden, und zwar beschränkt auf die Auswertung juristischer Texte und die Anfertigung theoretischer Arbeiten. Als theoretische Arbeiten kommen für den Studenten insbesondere die Seminararbeit und die Dissertation in Betracht. Für die Arbeit am praktischen Fall im Rahmen von Universitätsübungen in den einzelnen Fächern sowie im Rahmen der praktischen Ausbildung in den einzelnen Berufszweigen steht eine Fülle spezieller Unterrichtsliteratur zur Verfügung, auf die von den jeweiligen Universitätslehrern und den Ausbildern in der Praxis hingewiesen wird. Als allgemeine Einführung sei dem Anfänger das Buch von Dieter Schmalz: Methodenlehre für das juristische Studium, 3. A. 1992, empfohlen. Die meisten der folgenden Regeln gelten, wie sich von selbst ergibt, auch für die Arbeit am praktischen Fall.

I. Wenden wir uns zunächst der Auffindung des Rechtsstoffes sowie einigen Fragen seiner Verarbeitung zu. Der Rechtsstoff besteht aus Gesetz, Literatur und Rechtsprechung.

1. Unter Gesetz wird hier nicht nur die Verfassung und das vom Parlament erlassene Gesetz (sog. Gesetz im formellen Sinne), sondern jede abstrakt-generelle Regelung verstanden, die von einem Hoheitsträger erlassen wurde (sog. Gesetz im materiellen

Sinne, z. B. auch die Verordnung einer Verwaltungsbehörde). Die wichtigsten Gesetze finden sich in den beiden großen Loseblattsammlungen Schönfelder und Sartorius. Die meisten dieser Gesetze sind auch in Einzelausgaben, insbesondere als Taschenbücher erschienen. Doch enthalten Schönfelder und Sartorius nur das Bundesrecht. Für das Recht der einzelnen Bundesländer gibt es ähnliche Sammlungen, z. B. Günter Dürig: Gesetze des Landes Baden-Württemberg. Im übrigen muß mangels Sammlung oder Einzelausgaben auf die ursprüngliche Fundstelle der Gesetze zurückgegriffen werden, nämlich die Gesetzblätter des Bundes und der Länder.

Das Bundesgesetzblatt (BGBl.)[1], früher: Reichsgesetzblatt (RGBl.), ist in drei Teile eingeteilt, die nur mit römischen Ziffern bezeichnet werden. Teil I betrifft das innerstaatliche Recht. Teil II betrifft das Völkerrecht und das Recht der Zolltarife. Seit einiger Zeit ist dem ein Teil III hinzugefügt worden, der das heute noch geltende Recht abschließend zusammenstellt. Sobald dieser Teil vollendet ist, wird er negative Rechtskraft in dem Sinne erlangen, daß anderes als dort veröffentlichtes Recht des Bundes keine Geltung mehr hat. In diesem Teil findet sich eine sehr durchdachte Systematik, die das Auffinden des relevanten Rechtsstoffes erleichtert. Bei allen weniger bekannten Gesetzen sind beim erstmaligen Zitieren des Gesetzes in der eigenen Arbeit die Fundstelle im Gesetzblatt und der genaue Titel des Gesetzes anzugeben, z. B. Gesetz über die öffentliche Berufsvertretung, die Berufspflichten, die Weiterbildung und die Berufsgerichtsbarkeit der Ärzte, Zahnärzte, Tierärzte, Apotheker und Dentisten (Kammergesetz) vom 31. 5. 1976, GesBl. Bad.-Württ. 1976, 473. Da das Datum des Gesetzes Bestandteil seines Titels ist, erübrigt sich die Wiederholung der Jahreszahl bei der Fundstelle im Gesetzblatt, falls es sich um dasselbe Jahr handelt, z. B. Milchgesetz vom 31. 7. 1930, RGBl. I 421. Erst bei weiteren Zitaten des Gesetzes wird die Fundstelle weggelassen und nur ein Kurztitel angeführt,

---

[1] A: BGBl.; CH: AS = Amtliche Sammlung der bundesrechtlichen Erlasse (chronologisch) und SR = Systematische Sammlung (nach Sachbereichen geordnet).

der bei modernen Gesetzen meist im Titel selbst angegeben ist.
Für alle gebräuchlichen Gesetze kann hingegen auf die Angabe
der Fundstelle verzichtet und sogleich die übliche Abkürzung
benutzt werden, die sich im Schönfelder oder Sartorius findet,
z. B.[2]

GG   = Grundgesetz für die Bundesrepublik Deutschland
          vom 23. Mai 1949
BGB   = Bürgerliches Gesetzbuch für das Deutsche Reich
          vom 18. August 1896
HGB   = Handelsgesetzbuch für das Deutsche Reich vom
          10. Mai 1897
StGB   = Strafgesetzbuch in der Fassung vom 2. Januar 1975
ZPO   = Zivilprozeßordnung in der Fassung vom 12. September 1950

Zu diesen und anderen Abkürzungen ist grundsätzlich zu bemerken, daß sie nicht mit Punkten geschrieben werden, wenn sie mit einem großen Buchstaben aufhören, also: BetrVerfG (Betriebsverfassungsgesetz) und *nicht* BetrVG. oder Betr.V.G. Auch werden solche Abkürzungen nicht dekliniert, also: „des StGB", *nicht* „des StGBs".

---

[2] A: B-VG   = Bundes-Verfassungsgesetz in der Fassung von 1929
     ABGB = Allgemeines Bürgerliches Gesetzbuch vom 1. Juni 1811
     HGB   = Handelsgesetzbuch vom 10. Mai 1897 (in Österreich eingeführt am 24. Dez. 1938)
     StGB = Strafgesetzbuch vom 23. Jänner 1974
     ZPO   = Zivilprozeßordnung vom 1. August 1895
CH: BV   = Bundesverfassung der Schweizerischen Eidgenossenschaft vom 29. Mai 1874
     ZGB   = Schweizerisches Zivilgesetzbuch vom 10. Dez. 1907
     OR   = Bundesgesetz betr. die Ergänzung des ZGB (Fünfter Titel: Obligationenrecht) vom 30. März 1911
     StGB = Schweiz. Strafgesetzbuch vom 21. Dez. 1937
     OG   = Bundesgesetz über die Organisation der Bundesrechtspflege vom 16. Dez. 1943
     VwVG = Bundesgesetz über das Verwaltungsverfahren vom 20. Dez. 1968

Jedes Gesetz ist entweder in Artikel (Art.) oder Paragraphen (§)[3] unterteilt (*engl.* section = sect.). Werden mehrere Paragraphen zusammen zitiert, so steht anstelle einzelner Zeichen am Anfang ein Doppelzeichen, also: §§ 280, 284 BGB, *nicht:* § 280, § 284 BGB. Die früher in diesem Falle verbreitete Verdoppelung von Art. in Artt. ist jetzt hingegen nicht mehr üblich, wenn auch zur Vermeidung von Mißverständnissen gelegentlich nützlich, siehe Artt. 1 Abs. 1 und 2 GG. Eine Verdoppelung von f. = folgende zu ff. ist hingegen stets nötig, wenn statt nur einer (folgenden) Ziffer noch weitere folgende Ziffern gemeint sind, also statt § 985 und § 986 (= §§ 985 f.) die §§ 985–1007 BGB (= §§ 985 ff.). Wer ff., was leider selbst bei Professoren verbreitet ist, dann fälschlich als „*fort*folgende" ausspricht, zeigt, daß ihm der Sinn solcher Doppelzeichen nicht bekannt ist. Oft werden die Artikel oder Paragraphen mit amtlichen Überschriften oder (so verbreitet in der Schweiz) mit Randtiteln versehen (sog. Marginalien; Einzahl: das Marginale oder die Marginalie). Amtliche Überschriften oder Marginalien sind Bestandteil des Gesetzestextes und daher für seine Auslegung rechtsverbindlich.

Artikel oder Paragraphen können in Absätze (*frz.:* alinéa, *engl.:* §), Sätze, Halbsätze, Ziffern oder Buchstaben unterteilt sein. Die dafür üblichen Abkürzungen sind Abs., S., Hs., Ziff. und lit. (von *lat.:* littera = Buchstabe). Also z. B. § 1 Abs. 1 Ziff. 2 HGB oder § 817 S. 2 Hs. 2 BGB. Absätze und Sätze können auch einfach durch römische und arabische Ziffern gekennzeichnet werden, z. B. § 812 I 2 BGB. Steht die herangezogene Regelung im Gesetz, so bedarf es außer der Gesetzesstelle keiner weiteren Belege mehr durch Rechtsprechung oder Literatur. Insbesondere darf das Gesetzeszitat nicht etwa durch eine Kommentarstelle ersetzt werden. Die Verpflichtung z. B. zur Zahlung des Kaufpreises ergibt sich aus § 433 Abs. 2 BGB und nicht etwa aus Palandt-Putzo, § 433 Anm. 5.

---

[3] Ebenso in Österreich; hingegen wird in der Schweiz das Bundesrecht ausschließlich in Artikeln numeriert, während das kantonale Recht vorwiegend Paragraphen verwendet.

2. Den ersten Zugang zu den jeweiligen Rechtsfragen findet der Verfasser rechtswissenschaftlicher Arbeiten jedoch nicht durch Blättern in den Gesetzessammlungen, sondern durch erste Orientierungen in der Literatur. Die Literatur besteht aus selbständigen und unselbständigen, d. h. als Bestandteil anderweitiger Veröffentlichungen erschienenen Schriften.

Die selbständigen Schriften sind systematische Darstellungen oder Kommentare. Kommentare übernehmen die Gliederung des Gesetzes und behandeln den Rechtsstoff jeweils nach Abdruck der betreffenden Vorschrift (Bsp.: Palandt: Bürgerliches Gesetzbuch, 53. A. 1994)[4]. Nehmen sie größeren Umfang an, spricht man von Handkommentaren (Bsp.: Erman: Handkommentar zum Bürgerlichen Gesetzbuch, 9. A. 1993) und bei vielbändigen Werken von Großkommentaren (Bsp.: Staudinger: Kommentar zum Bürgerlichen Gesetzbuch, 12. A. 1978 ff.)[5].

Systematische Werke behandeln hingegen den Rechtsstoff zusammenhängend, nach seinem inneren System. Bearbeiten sie ganze Rechtsgebiete, so bezeichnet man sie als Lehrbücher (Bsp.: Alfred Söllner: Grundriß des Arbeitsrechts, 10. A. 1991)[6] und – falls sie größeren Umfangs sind – als Handbücher (Bsp.: Günther Schaub: Arbeitsrechts-Handbuch, 7. A. 1992)[7]. Zu Lernzwecken verkürzte systematische Gesamtdarstellungen werden auch als Kurzlehrbücher oder als Grundrisse bezeichnet. Werden einzelne Rechtsfragen systematisch behandelt, so spricht man von Monographien oder Abhandlungen. Eine besondere Form der Monographie, nämlich die zur Erlangung der Doktorwürde erforderliche Schrift, nennt man Dissertation.

Unselbständig erschienene rechtswissenschaftliche Literatur findet man in Sammelwerken, die mehrere Beiträge vereinigen.

---

[4] A: Rummel: ABGB-Kommentar, 2 Bde., 2. A. 1990/92; CH: M. Rehbinder: Arbeitsgesetz, 4. A. 1987.
[5] A: Klang-Kommentar zum ABGB, 2. A. 1948 ff.; CH: Berner Kommentar zum schweizerischen Privatrecht (unterschiedl. Auflagen).
[6] A: Floretta/Spielbüchler/Strasser: Arbeitsrecht, 3. Aufl. 1990; CH: M. Rehbinder: Schweizerisches Arbeitsrecht, 12. A. 1995.
[7] A: Fritz Schwind: Internationales Privatrecht, 2. A. Wien 1990; CH: Peter Tuor / Bernhard Schnyder: Das Schweizerische Zivilgesetzbuch, 10. A. 1986.

Sind die einzelnen Beiträge längeren Umfangs, spricht man auch hier von Abhandlungen, sind sie kürzeren Umfangs von Beiträgen oder (bei Zeitschriftenbeiträgen) von Aufsätzen. Sammelwerke können Beiträge desselben Autors vereinigen (z. B. Carl Hermann Ule: Beiträge zur Rechtswirklichkeit im Dritten Reich, 1987) oder Beiträge mehrerer Autoren (sog. Sammelbände, z. B. Isensee/ Kirchhoff, Hg.: Handbuch des Staatsrechts, Bd. I ff., 1987 ff.). Eine besondere Form des Sammelbandes sind die Festschriften oder Festgaben, die aus Anlaß eines denkwürdigen Ereignisses entstehen, wie dem 70. Geburtstag eines angesehenen Gelehrten (z. B. Öffentlicher Dienst. Festschrift für Carl Herrmann Ule zum 70. Geburtstag, 1977) oder dem Jubiläum einer Institution (Bundesverfassungsgericht und Grundgesetz. Festgabe aus Anlaß des 25jährigen Bestehens des Bundesverfassungsgerichts, hg. von Christian Starck, 2 Bde. 1976); ferner die Nachschlagewerke, die ihre Beiträge nach alphabetischen Stichworten ordnen (z. B. Evangelisches Staatslexikon, 3. A. 1987). Sammelwerke mit periodischer Erscheinungsweise sind Jahrbücher (z. B. Juristen-Jahrbuch), Archive (z. B. Archiv für civilistische Praxis) oder Zeitschriften (z. B. Juristenzeitung). Die gebräuchlichsten Periodika werden nur mit ihren Abkürzungen angeführt[8], z. B.

---

[8] A: | DRdA | = Das Recht der Arbeit
| | GesRZ | = Der Gesellschafter
| | JBl. | = Juristische Blätter
| | ÖBl. | = Österr. Blätter für gewerbl. Rechtsschutz u. Urheberrecht
| | ÖJZ | = Österreichische Juristen-Zeitung
| | RZ | = Richterzeitung
| | ZAS | = Zeitschrift für Arbeitsrecht und Sozialrecht
| | ZfRV | = Zeitschrift für Rechtsvergleichung
| | ZVR | = Zeitschrift für Verkehrsrecht
| CH: | AJP | = Aktuelle Juristische Praxis
| | BJM | = Basler Juristische Mitteilungen
| | JAR | = Jahrbuch des Schweizerischen Arbeitsrechts
| | SJZ | = Schweizerische Juristenzeitung
| | SZW | = Schweizerische Zeitschrift für Wirtschaftsrecht
| | ZBJV | = Zeitschrift des bernischen Juristenvereins
| | ZBl. | = Schweiz. Zentralblatt für Staats- u. Verwaltungsrecht
| | ZSR | = Zeitschrift für schweizerisches Recht
| | ZStrR | = Schweiz. Zeitschrift für Strafrecht

AöR   = Archiv des öffentlichen Rechts
ARSP   = Archiv für Rechts- und Sozialphilosophie
DRiZ   = Deutsche Richterzeitung
DVBl.   = Deutsches Verwaltungsblatt
JbIntR   = Jahrbuch für Internationales Recht
JR   = Juristische Rundschau
MDR   = Monatsschrift für Deutsches Recht
NJW   = Neue Juristische Wochenschrift
UFITA   = Archiv für Urheber-, Film-, Funk- und Theater-
           recht
ZStW   = Zeitschrift für die gesamte Strafrechtswissenschaft

Auch hier werden wie immer die Abkürzungen ohne Punkt geschrieben, wenn sie mit einem großen Buchstaben enden, also ZStW, aber DVBl.

Die Zahl der Abkürzungen, die für Periodika, aber auch für Gesetze und Rechtsprechungssammlungen verwendet werden, ist so groß, daß selbst erfahrene Juristen bei weniger gebräuchlichen Abkürzungen oder beim Einarbeiten in ein fremdes Rechtsgebiet häufig mit der Entschlüsselung Schwierigkeiten haben. Wenn die betreffenden Publikationen keine gesonderten Abkürzungsverzeichnisse verwenden, so hilft im Zweifel stets Hildebert Kirchner: Abkürzungen für Juristen, 2. A. 1993. Für andere Länder wird dieses Werk gut ergänzt durch A Uniform System of Citation, hg. von The Harvard Law Review Association, 15. A. Cambridge (Mass.) 1991, den amerikanischen Juristen wegen seines Umschlags bekannt als „the Blue Book".

Will man feststellen, welche Literatur zu einer bestimmten Frage existiert, so wird man eine erste Orientierung durch die entsprechenden Hinweise in Handbüchern und Kommentaren finden. Im übrigen ist man auf die Kataloge der Bibliotheken angewiesen, die neben einem alphabetischen Katalog (Verfasserverzeichnis) einen systematischen Katalog je nach Sachgebieten und darüber hinaus meist noch einen Stichwortkatalog aufweisen. Im übrigen muß man auf die einschlägigen Bibliographien zurückgreifen, d.h. auf besondere Literaturzusammenstellungen. Am umfassendsten ist die Deutsche Bibliographie (Frankfurt/M.), für das Ausland zum Teil ergänzt durch die Internationale Bibliogra-

phie der Zeitschriftenliteratur (Osnabrück; in Sonderfällen wichtig
die Internationale Bibliographie der Rezensionen wissenschaftli-
cher Literatur, Osnabrück). Speziell für rechtswissenschaftliche
Literatur erscheinen die Karlsruher Bibliographie und die NJW-
Fundhefte (letztere weisen neben Literatur auch Rechtsprechung
nach). Für das ausländische Recht hilft besonders die von der
Harvard Law School herausgegebene Annual Legal Bibliography.
Daneben existieren für eine Reihe von Spezialgebieten gesonderte
Bibliographien, z. B. *Ulf Ehrlich:* Recht – Nationalsozialismus.
Eine Bibliographie nebst Registern, 1990.

    3. Da Recht nur das ist, was die Gerichte aus ihm machen,
müssen sich rechtswissenschaftliche Arbeiten in erster Linie mit
der Rechtsprechung auseinandersetzen. Diese findet sich teils in
den rechtswissenschaftlichen Zeitschriften, teils in eigenen Orga-
nen oder Rechtsprechungssammlungen. Die Bezeichnung des
Gerichts erfolgt bei der Publikation des Entscheidungsmaterials in
der Regel in Abkürzungen[9], also

Bundesverfassungsgericht	= BVerfG
Bundesgerichtshof	= BGH
Bundesverwaltungsgericht	= BVerwG
Bundesfinanzhof	= BFH
Bundesarbeitsgericht	= BAG
Bundessozialgericht	= BSG
Bundespatentgericht	= BPG
Reichsgericht	= RG

Soweit es sich nicht um Bundesgerichte handelt, muß jeweils
neben der Abkürzung des Gerichtstyps die Ortsbezeichnung hinzugefügt werden, z. B. OLG Karlsruhe, LG Freiburg, AG Em-
mendingen.

---

[9] A: VfGH   = Verfassungsgerichtshof
      OGH   = Oberster Gerichtshof
      VwGH = Verwaltungsgerichtshof
 CH: BGer. = Bundesgericht (BG = Bundesgesetz!)
      OGer. = Obergericht (OG = BG über die Organisation der Bundes-
             rechtspflege)

Jedes obere Bundesgericht und die Oberlandesgerichte in ihrer
Gesamtheit geben die Rechtsprechung, die sie für wichtig halten,
in einer amtlichen Sammlung heraus[10]. Steht ein Urteil in dieser
amtlichen Sammlung, so ist in erster Linie diese Fundstelle zu
zitieren. Daneben kann dann noch auf weitere Fundstellen hingewiesen werden. Erfolgt neben der Angabe des Gerichts nur noch
ein Hinweis auf Band und Seite, so ist die amtliche Sammlung
gemeint. Häufig wird jedoch noch der Buchstabe E als Abkürzung
für die amtliche Sammlung hinzugefügt, also z. B. BVerfG 15, 23
oder BVerfGE 15, 23. Die amtlichen Sammlungen des BGH und
der OLG sind in Strafrecht und Zivilrecht unterteilt. Hier erfolgt
die Zitierung daher als BGHSt und BGHZ oder OLGSt und
OLGZ, wobei trotz kleinem Endbuchstaben kein Punkt hinter St
gesetzt wird.

Kennt man von einer Entscheidung nur eine Fundstelle an
anderem Orte, z. B. BGH JZ 1977, 510, so läßt sich eine eventuelle
Fundstelle in der amtlichen Sammlung leicht dadurch feststellen,
daß man von Datum und Aktenzeichen ausgeht, unter dem die
veröffentlichte Entscheidung ergangen ist. In der amtlichen Sammlung werden nämlich am Ende jedes Bandes und im Generalregi-
ster die Entscheidungen je nach zeitlicher Reihenfolge und Aktenzeichen aufgeführt. Auch die Zeitschriften weisen in ihren Registern spätestens im kommenden Jahrgang auf eventuell erfolgte

---

[10] A: VfSlg   = Sammlung der Erkenntnisse u. wichtigsten Beschlüsse
                          des VfGH
         SZ   = Entscheidungen des OGH in Zivilsachen
         SSt   = Entscheidungen des OGH in Strafsachen u. Diszipli-
                          narangelegenheiten
         VwSlgNF: = Erkenntnisse u. Beschlüsse des VwGH
    CH: BGE   = Entscheide des Bundesgerichts, z. B. BGE 78 II 36
         I a: Verfassungsrecht
         I b: Verwaltungsrecht und Internationales Öffentliches Recht
         II: Zivilrecht
         III: Schuldbetreibungs- u. Konkursrecht
         IV: Strafrecht und Strafvollzug
         V: Sozialversicherungsrecht
         Die kantonalen Obergerichte geben keine gemeinsame Entscheidungs-
         sammlung heraus.

Veröffentlichungen der von ihnen publizierten Entscheidungen in den amtlichen Sammlungen hin. BGH JZ 77, 510 wurde dort als Entscheidung VIII ZR 18/76 vom 25.5.1977 veröffentlicht. Sie findet sich in der amtlichen Sammlung BGHZ 68, 391. Ein Zitat mußte daher wie folgt aussehen:

BGHZ 68, 391 = JZ 77, 510.

Außerhalb der amtlichen Sammlung und der Zeitschriften findet man Rechtsprechung auch in besonderen Rechtsprechungssammlungen[11] veröffentlicht wie Lindenmaier/Möhring (= LM): Nachschlagewerk des BGH, Arbeitsgerichtliche Praxis (= AP) oder Schulze: Rechtsprechung zum Urheberrecht.

Die bloßen Fundstellen von veröffentlichten Entscheidungen, eventuell angereichert durch die jeweiligen Leitsätze, findet man in den NJW-Fundheften, der NJW-Leitsatzkartei oder mit Hilfe der einschlägigen Kommentare. Die einer Urteilsveröffentlichung vorangestellten Leitsätze werden vom Gericht selbst oder nachträglich vom Redakteur des Publikationsorgans formuliert und geben den Urteilsinhalt in gesetzesähnlich knappen Sätzen wieder. Ihre autoritative Bedeutung ist größer, wenn sie von Amts wegen formuliert wurden.

II. Steht der Rechtsstoff zur Verfügung und ist er für die Zwecke des Themas gedanklich verarbeitet, dann tauchen Fragen der äußeren Gestaltung der schriftlichen Ausarbeitung auf.

1. Seminararbeiten und Dissertationen beginnen, genau so wie selbständig zu publizierende Monographien, mit einem *Titelblatt*. Für die Dissertationen haben die Fakultäten jeweils ein Muster entworfen, das im Dekanat erfragt oder einer neueren von der Fakultät abgenommenen Dissertation entnommen werden kann. Seminararbeiten sollten die folgenden Titelangaben enthalten: Thema, darunter: Referat für das Seminar im (z.B. Arbeitsrecht) oder über (z.B. „Recht und sozialer Wandel") im Sommer-(Winter-)Semester 1983 bei Professor Dr. XY, darunter: vorgelegt von

---

[11] z.B. A: EvBl   = Evidenzblatt der Rechtsmittelentscheide (Bestandteil der ÖJZ)

      CH: Pra   = Die Praxis des Schweizerischen Bundesgerichts

stud. iur. (6. Semester) Vorname NACHNAME, Adresse, Telefon-Nr.

2. Selbständige Monographien können nach Bedarf eine kurze Vorbemerkung (nicht mehr als eine Seite) oder – bei größeren Arbeiten – ein kurzes Vorwort (nicht mehr als zwei Seiten) enthalten. Es hat den Charakter eines „Begleitbriefes des Verfassers". Hier kann er zur Themenwahl, zur Entstehung, zum Sinn und Zweck der Arbeit sowie ihres Adressatenkreises Stellung nehmen und auf besondere Schwierigkeiten oder Unvollkommenheiten hinweisen. Hier kann er auch Dank für Anregungen und Hilfen aussprechen. Die immer noch in Publikationen anzutreffenden Widmungen an die Eltern oder an die „liebe" Frau, die die Öffentlichkeit nicht im geringsten interessieren, gleichwohl aber häufig eine ganze Druckseite sowie eine Leerseite in Anspruch nehmen und dadurch die Bücher verteuern, haben hier ihren Platz, sollten sie schon nicht ganz unterdrückt werden können. (Es steht schließlich jedem Autor frei, ein schön eingebundenes Exemplar mit einer *handschriftlichen* Widmung zu verschenken.)

3. Längeren Abhandlungen, insbesondere selbständig zu publizierenden Monographien, ist ein Inhaltsverzeichnis voranzustellen. Dieses enthält außer den Angaben über ein eventuelles Vorwort sowie das anschließend zu besprechende Schrifttumsverzeichnis und ein eventuelles Abkürzungsverzeichnis als Kernstück die Gliederung des Textteils sowie bei selbständig erscheinenden Monographien zum Schluß die Angaben über ein eventuelles Autorenregister und Stichwortverzeichnis.

Für die Bezeichnung der einzelnen Gliederungspunkte des Textes empfiehlt sich das traditionelle System. Dieses unterteilt die Abhandlung je nach Bedarf in Teile, Kapitel (deutscher Ausdruck: Abschnitt), §§ sowie große und kleine Buchstaben und römische und arabische Ziffern. Die Reihenfolge ist dann gewöhnlich

Erster Teil; Erstes Kapitel (Erster Abschnitt); § 1

A I 1 a) aa) (1) (oder: α))

Die §§ werden durch die gesamte Abhandlung fortlaufend gezählt, nicht jeweils nach jedem Kapitel neu. Es können auch einzelne Gliederungspunkte weggelassen werden, doch darf die Reihenfolge zwischen I und (1) nicht vertauscht werden, z. B. a)

vor I erscheinen. Auch muß die Stufenfolge stets einheitlich sein. Hinter kleinen Buchstaben kommt, wenn die Überschrift folgt, nie ein Punkt, sondern stets eine Klammer.

Seit längerem ist allerdings die Gliederung nach dem Dezimalsystem im Vordringen, z. B.

1.	1.2.2
1.1	2.
1.2	2.1
1.2.1	2.1.1

Diese Form scheint auf den ersten Blick den logischen Aufbau besser verfolgen zu lassen, ist jedoch bei stärkeren Untergliederungen, z. B. 3.1.4.2 nur verwirrend und einer geisteswissenschaftlichen Arbeit nicht angemessen.

„Wer a sagt, muß auch b sagen." Kommt es also zur Untergliederung eines Punktes, so müssen mindestens zwei Untergliederungspunkte erscheinen. Keine Gliederungszeichen tragen im Textteil die Einleitung und die Schlußbemerkung oder Zusammenfassung sowie ein eventueller Anhang. Hinter jedem Gliederungspunkt ist die betreffende Seite anzugeben, auf der der Text beginnt.

4. In längeren Abhandlungen kann ein *Literaturverzeichnis* nützlich sein. Es dient der Dokumentation und kann zur Vereinfachung der Zitate benutzt werden (vgl. u. 10). Diese können sich im Falle eines solchen vorangestellten Verzeichnisses auf den jeweiligen Namen des zitierten Autors und bei Heranziehung mehrerer Werke dieses Autors in der betreffenden Abhandlung auf die Anführung eines Kurztitels beschränken, der in dem Verzeichnis als Klammerzusatz erscheint, z. B.

Rehbinder, Manfred: Einführung in die Rechtswissenschaft, 8. A. 1995 (Rehbinder, Einführung).

Das Literaturverzeichnis enthält nur und ausschließlich die zitierten Werke, und zwar in alphabetischer Reihenfolge der Verfassernamen, keine Gesetze und Entscheidungen. Kommentare, Lehrbücher und Monographien werden mit Verfassernamen, Titel der Arbeit, eventuell Band und Auflage, sowie mit Erscheinungsjahr zitiert, z. B.

Palandt: Bürgerliches Gesetzbuch, 53. A. 1994
Jescheck: Lehrbuch des Strafrechts, 4. A. 1988
Spiro, Karl: Die Begrenzung privater Rechte durch Verjährungs-, Verwirkungs- und Fatalfristen, Bd. 1, 1975
Beim Namen sind akademische Titel wie Prof. und Dr. wegzulassen, hingegen Adelstitel als Namensbestandteile nach dem Vornamen aufzuführen, z. B.
Heydte, Friedrich August Frh. von der
Vecchio, Giorgio del
Das Wort „van" ist jedoch kein Adelskennzeichen, daher
Van Geldern, Alfons
Zwischen Auflage und Jahreszahl steht kein Komma. Die Angabe des Verlages ist nur in den angelsächsischen Ländern üblich. Die bei uns früher übliche Angabe des Verlagsortes ist heute nicht mehr notwendig, da unsere Bibliothekskataloge für das Auffinden der Bücher den Verlagsort nicht voraussetzen. Nur in besonderen Fällen kann der Verlagsort von Interesse sein, so wenn aus dem Titel nicht hervorgeht, daß das Buch eine bestimmte Frage auf der Grundlage des schweizerischen Rechts behandelt, z. B.
Hegnauer, Cyril: Grundriß des Kindesrechts, 3. A. Bern 1989
Gibt es mehrere bekannte Autoren gleichen oder ähnlichen Namens (z. B. Erik Wolf, Hans Julius Wolff, Martin Wolff), so ist stets der Vorname hinzuzusetzen, wenn dieser nicht – was zu empfehlen ist – ohnehin grundsätzlich genannt wird, z. B.
Blomeyer, Jürgen: Schadensersatzansprüche des im Prozeß Unterlegenen wegen Fehlverhaltens Dritter, 1972
Ist ein Werk von mehreren Autoren verfaßt oder ist es von einem anderen Autor neu bearbeitet worden, wird dessen Namen zur Vermeidung des Anscheins eines Doppelnamens mit einem Schrägstrich hinzugesetzt, z. B.
Maunz/Zippelius: Deutsches Staatsrecht, 28. A. 1991
Aber:
Meier-Hayoz, Arthur: Der Richter als Gesetzgeber, Zürich 1951
Bei Kommentaren ist es noch überwiegend anders, z. B.
Palandt-Putzo.

Eine Unterteilung des Literaturverzeichnisses in verschiedene Literaturformen erschwert unnötig die Übersicht. Unselbständig erschienene Arbeiten werden daher zusammen mit den selbständigen Arbeiten nach Verfasser, Titel und Fundstelle angeführt, z. B.

Kaiser, Joseph H.: Verbände, in Isensee/Kirchhof: Handbuch des Staatsrechts II, 1987, S. 149–170

Coing, Helmut: Bemerkungen zum überkommenen Zivilrechtssystem, in: Vom deutschen zum europäischen Recht, Festschrift für Hans Doelle, Bd. 1, 1963, S. 25–40

Hirsch, Ernst E.: Die Anfechtung der Schuldübernahme, JR 1960, S. 291–296

Bei Zeitschriften kann die Angabe „in:" entfallen. Bei Festschriften kann anstelle des Titels gleich die Angabe „FS" (z. B. FS Ule, 1987) erfolgen, da die Bibliothekskataloge Festschriften innerhalb des Verfasserverzeichnisses unter dem Stichwort Festschrift nach dem Namen des Geehrten einordnen.

Nicht im Literaturverzeichnis selbständig aufgeführt werden hingegen die Fundstellen selbst wie Festschriften, Jahrbücher usw. Keine Fundstelle in diesem Sinne ist das Erscheinen einer Monographie in einer Schriftenreihe, daher *nicht*

Marc Spescha: Rechtsbruch und sozialer Wandel, *in:* Schriftenreihe zur Rechtssoziologie und Rechtstatsachenforschung Bd. 67, 1988

Allenfalls erfolgt die Angabe der Reihe nach dem Titel der Arbeit und einem Punkt. Die Angabe der Reihe kann aber völlig entfallen; denn die Bände von Schriftenreihen werden in den Bibliotheken einzeln katalogisiert. Statt der Aufführung von Bandzahl und Abteilung des Bandes mit der Angabe Bd. oder Abteilg. können auch römische und arabische Ziffern erscheinen, z. B.

BGB-RGRK V 2, 12. A. 1975

Loseblattausgaben werden mit dem Erscheinungsjahr der ersten Lieferung einer Auflage zitiert, z. B.

Maunz/Dürig: Grundgesetz, 7. A. 1993 ff.

Abgeschlossene Werke hingegen mit den jeweiligen Jahreszahlen des ersten und des letzten Erscheinens, z. B.

Wieland, Karl: Handelsrecht I und II, 1921/1931.

Nachdrucke alter Auflagen werden mit der alten Jahreszahl zitiert, doch kann der Nachdruck hinzugefügt werden, z. B.

Heck, Philipp: Grundriß des Schuldrechts, 1929 (Nachdruck 1958).

Bei Dissertationen besteht die Besonderheit, daß sie als solche zu kennzeichnen sind, sofern sie nicht im Buchhandel, sondern lediglich als Dissertationsdruck erschienen sind. In letzterem Falle ist dem Dissertationsvermerk nicht der Druckort, sondern die betreffende Universität hinzuzufügen, z. B.

Pfingsten, Michael: Der Einfluß der Rechtsschutzversicherung auf die Rechtsverwirklichung, Diss. Freiburg (Br.) 1975

Für diese Dissertationsdrucke, die nicht im Buchhandel erschienen sind, führen die Universitätsbibliotheken oft eigene Kataloge. Auch pflegen sie in den Bibliotheken gesondert aufgestellt zu werden.

Ist der Verfasser eines Beitrages zu einem Sammelwerk nicht genannt, pflegt man dafür „Anonymus" anzugeben, den Herausgeber des Sammelbandes als Herausgeber (Hg.) zu zitieren oder den Beitrag unter ein dem Titel entnommenes Stichwort einzureihen.

5. Sollten in erheblichem Maße entlegene Rechtsquellen oder Rechtstatsachenmaterial benutzt werden wie wenig gebräuchliche oder ausländische Gesetze, Materialien zu Gesetzen oder Geschäftsberichte, Satzungen von Verbänden, Statistiken, Privataufzeichnungen u. ä., so kann es sich empfehlen, nach dem Literaturverzeichnis und vor dem Abkürzungsverzeichnis ein *Quellenverzeichnis* anzufertigen, um die Anmerkungen im Text zu entlasten. Bei ausländischen Quellen ist das Land durch Klammerzusatz und in der Abkürzung zu vermerken, wenn Zweifel auftauchen können, z. B. CH-URG = (Schweizerisches) Bundesgesetz über das Urheberrecht und verwandte Schutzrechte vom 9. Okt. 1992. Die linke Spalte des Verzeichnisses enthält dann die in den Anmerkungen verwendete Abkürzung, z. B.

ProtDGB   Protokolle des 7. Ordentlichen Bundeskongresses des Deutschen Gewerkschaftsbundes vom 9. bis 14. 5. 1966 in Berlin

SozBer.   Sozialbericht 1970, hg. vom Bundesministerium für Arbeit und Sozialordnung, 1970

6. Werden Abkürzungen verwendet, die nicht als bekannt vorausgesetzt werden können, so ist ein *Abkürzungsverzeichnis* erforderlich. Jedoch ist es unnötig, dort alle verwendeten Abkürzungen, d. h. auch Selbstverständlichkeiten aufzuführen wie a. A., a. a. O., Art., Bd., d. h., H., Jg., S., Sp., u. a., usw., Verf., vgl., z. B., Zs., ferner übliche Gesetzesabkürzungen wie BGB, ZPO. Das ist nur erforderlich, wenn sich die Publikation an Laien wendet, was für rechtswissenschaftliche Monographien nur selten zutrifft.

7. Sind die eben behandelten Verzeichnisse einzeln zu wenig umfangreich, empfiehlt es sich, sie zu einem kombinierten „Abkürzungs- und Schrifttumsverzeichnis" zusammenzufassen. In diesem Falle erscheinen in der linken Spalte neben den Abkürzungen auch die Namen der Verfasser (sowie eventuelle Kurztitel), in der rechten Spalte wird dann der Name wiederholt (unter Voranstellung des Vornamens) und der vollständige Titel sowie die übrigen Angaben gebracht, z. B.

Larenz, AT   Karl Larenz: Allgemeiner Teil des deutschen bürgerlichen Rechts, 7. A. 1989

SchweizStatJb. Statistisches Jahrbuch der Schweiz, 1994, hg. vom Eidgenössischen Statistischen Amt, 1995

8. Der Textteil der Ausführungen beginnt häufig mit einer *Einleitung*. Diese führt gegebenenfalls in die Problemstellung der Arbeit ein mit ihrem Ensemble von Forschungsfragen, grenzt das Problem unter dem Gesichtspunkt des Gesamtthemas von anderen Fragen ab, berichtet kurz über den bisherigen Stand der Forschung sowie über Methode und Aufbau dieser Arbeit und legt für die Gesamtarbeit grundlegende Definitionen fest.

9. Der Hauptteil, der jedoch nicht als solcher bezeichnet wird, behandelt alle im Inhaltsverzeichnis aufgeführten Gliederungspunkte. Die Überschriften zu den einzelnen Gliederungspunkten sind möglichst knapp und aussagekräftig zu wählen. Sie dürfen keine eigenständigen Sätze bilden und sind kein Bestandteil des Textes. Das bedeutet, daß der Text vom letzten Satz des vorigen Gliederungspunktes zum ersten Satz des folgenden Gliederungspunktes stilistisch ineinander übergehen muß. Man muß also fortlaufend den Text lesen können, ohne daß man den Text der Überschrift zur Hilfe nimmt. Die Überschriften schließen nie mit

einem Punkt ab. Bei der Ausarbeitung des Textes ist stets daran zu denken, daß der Wert einer rechtswissenschaftlichen Arbeit nicht in ihrem „richtigen" Ergebnis liegt, sondern in der Art und Weise, wie der Verfasser seine Ansicht zu begründen verstanden hat. Das bloße Zitat von Autoritäten kann eine eigene Begründung nicht ersetzen. Auch darf die Erörterung von Streitfragen nicht durch Aneinanderreihung der verschiedenen Ansichten erfolgen, denen die eigene Meinung lediglich angefügt wird. Vielmehr sind sachlich verwandte Meinungen zu Gruppierungen zusammenzufassen. Begründungen lassen sich auch nicht durch stilistische Übertreibungen bei der Darstellung der eigenen Ansicht ersetzen, etwa durch „natürlich", „selbstverständlich", „in keiner Weise".

Die sprachliche Gestaltung juristischer Texte strebt nach Einfachheit und Klarheit unter Beschränkung auf das Notwendige und unter strenger Beachtung einer von der Umgangssprache möglicherweise verschiedenen Fachterminologie (näher Fritz Schönherr: Sprache und Recht, Wien 1985). Die „Ich"-Form ist allenfalls in den mehr persönlich gefärbten Vorbemerkungen oder Vorworten gestattet, nicht jedoch in wissenschaftlichen Erörterungen, die die Sache selbst sprechen lassen müssen. Ebenso unerwünscht ist die „Wir"-Form im Sinne eines pluralis maiestatis. Das „Wir" darf allenfalls verwendet werden, wenn es den Sinn hat, daß der Verfasser den Leser anspricht und ihn auf seinen Gedankengang mitnimmt. Es ist aber besonders vom Anfänger, wenn schon eine persönliche Darstellung nicht zu umgehen ist, besser durch die „Verfasser"-Form zu ersetzen. Die Ansicht des Verfassers mit m. E. (meines Erachtens) zu kennzeichnen, ist in aller Regel überflüssig; denn daß eine wissenschaftliche Arbeit mangels Zitaten die eigene Meinung wiedergibt, dürfte jedem Leser klar sein. Ferner sind im Text Ausrufezeichen zu vermeiden; denn die Arbeit soll durch ihre Argumente und nicht durch ihre Exklamationen überzeugen. Auch sind direkte Fragen zu unterlassen. Wie dem Großen Duden zu entnehmen ist, ist das vielgeliebte „beinhalten" ein Papierdeutsch, das besser durch „enthalten" oder „bedeuten" ersetzt wird. Für einen sprachbewußten Autor ist „Beinhaltung" allenfalls ein Begriff der Tanzkunst.

Um Wiederholungen in der Darstellung zu vermeiden, sind in begrenztem Umfange *Verweisungen* auf früher oder später Ausgeführtes möglich. Muß allzu oft auf Späteres verwiesen werden, liegt allerdings ein Aufbaufehler nahe. Die Verweisung erfolgt auf die betreffende Gliederungsziffer oder Seitenzahl mit dem Zusatz „vgl. o." oder „vgl. u.". Zwar werden Schriften heute nicht mehr auf Rollen geschrieben, so daß es „vorn" bzw. „hinten" heißen müßte. Doch lassen sich die traditionellen Angaben „oben" und „unten" besser abkürzen.

Die meisten Zweifelsfragen bei der äußeren Gestaltung des Textteils betreffen die Zitate. Jede wissenschaftliche Erörterung ist die Teilnahme an einem Fachgespräch. Man kann nicht einfach seine eigene Stellungnahme abgeben, ohne mitzuteilen, ob über dieses Problem schon anderwärts nachgedacht wurde und welche Ansichten dazu bisher vertreten worden sind. Je weniger man sich auf eine einhellige Ansicht stützen kann, desto sorgfältiger muß zudem die eigene Begründung ausfallen. Ferner ist es ein Gebot der intellektuellen Redlichkeit, seine Quellen anzugeben. („Man darf sich nicht mit fremden Federn schmücken"!) Wörtliche Übernahmen fremder Texte ohne Quellenangabe (Plagiate) können nach unserem Urheberrecht strafrechtliche und zivilrechtliche Konsequenzen haben. Bei akademischen Prüfungsarbeiten haben sie disziplinarrechtliche Konsequenzen. Letzteres trifft auch für die bloß sinngemäße Entlehnung zu, die nicht durch Zitat kenntlich gemacht wurde. Selbst wenn man erst nach Formulierung eigener Gedanken auf entsprechende Veröffentlichungen stößt, muß dies durch Zitat des „Konkurrenten" angegeben werden, um den Verdacht unerlaubter Entlehnungen auszuräumen. Keines Zitates hingegen bedürfen Selbstverständlichkeiten, die zum juristischen Allgemeingut gehören, sowie Bemerkungen, die für den betreffenden Gedankengang nicht entscheidend sind.

Wörtliche Zitate kommen nur in den seltensten Fällen in Betracht, wo es gerade auf diese wörtliche Formulierung des Gedankens ankommt, z. B. auf eine bestimmte Definition, mit der man sich im folgenden Text auseinandersetzen will. In diesem Fall ist der übernommene Passus in Anführungszeichen und Ausführungszeichen wiederzugeben. Enthält er selbst ein Zitat, so ist dies durch halbe Anführungszeichen (Apostroph-Zeichen) kenntlich zu machen. Der betreffende Passus ist ohne Veränderungen wiederzugeben, also auch mit Fehlern oder veralteter Schreibweise. Auslassungen sind durch Punkte, Hinzufügungen durch Klammerzusätze kenntlich zu machen, optische Hervorhebungen durch den Verfasser durch den Zusatz („Hervorhebung vom Verf."). Zitate aus fremden Sprachen sind erst im Original wiederzugeben. Nachher mag der Verfasser seine Übersetzung beifügen.

In der Regel wird die entlehnte Stelle sprachlich umgeformt, z. B. durch indirekte Rede, und in die eigene Darstellung eingepaßt. Während die Quellenangabe bei wörtlicher Entlehnung nach dem Ausführungszeichen erfolgt, muß bei sinngemäßer Entlehnung dafür die sachlich zutreffende und sprachlich angemessene Stelle der Ausführung gesucht werden. Das wird meist das Ende eines Haupt- oder Nebensatzes sein. Im Entwurf der Arbeit wird die Fundstellenangabe gleich als Klammerzusatz in den Text geschrieben. Bei der Reinschrift kann dies aber nur so stehen bleiben, wenn nur sehr wenige Zitate erfolgen. In aller Regel erscheint die Fundstellenangabe daher als Fußnote (Anmerkung). Im Text erscheint an der betreffenden Stelle nur eine hochgestellte arabische Zahl, in maschinengeschriebenen Manuskripten zur Verdeutlichung häufig mit einer Klammer geschrieben, z. B.

Nach *Herschel* ist die Gerechtigkeit ein zusammengesetzter Wert[1].

In aller Regel sind nur Originalzitate erlaubt, d. h. Zitate der ursprünglichen Quelle der betreffenden Aussage. Der Verfasser muß sie selbstverständlich nachgeprüft haben (keine „Blindzitate"!). Sekundärzitate, d. h. Entlehnungen aus anderen Büchern, die ihrerseits das Original zitieren, sind nur zulässig, wenn aus ganz besonderen Gründen (nicht den allgemeinen Schwierigkeiten bei der Beschaffung von Büchern in überfüllten Universitätsbibliotheken!) ein bestimmtes Buch für den Verfasser nicht greifbar ist oder wenn das zitierte Buch keine Fundstelle des Originals angibt. Dann ist dies jedoch kenntlich zu machen, z. B.

So die Bezeichnung von *Andreas Heusler,* zitiert nach *M. Rehbinder:* Einführung in die Rechtswissenschaft, 8. A. 1995, S. 34.

Neben wörtlichen und sinngemäßen Entlehnungen kann das Zitat auch dem bloßen Beleg für eine bestimmte Ansicht dienen. Solche Belege sind sorgfältig auszuwählen. Nur die Leitentscheidungen der Gerichte zu dieser Frage und die wesentliche Literatur sind zu zitieren, und nicht nur die zustimmenden, sondern auch die abweichenden Ansichten, damit der Leser ein zutreffendes Bild vom gegenwärtigen Meinungsstand erhält. Gründliches Zitieren von Belegen heißt aber nicht Anhäufung bloßen Materials („Stoffhuberei"). Vielmehr verrät die geschickte Auswahl der eigentlichen Autoritäten unter vielen gleichlautenden Publikationen das geistige „standing" des Verfassers.

10. In der Regel erscheinen die Fundstellen als Anmerkungen oder Fußnoten, und zwar auf derselben Seite wie der dazugehörige Text. Sonst wird dem Leser ein lästiges Hin- und Herblättern zugemutet. Nur wenn das betreffende Manuskript nicht gelesen werden, sondern nur als Druckvorlage dienen soll, kann man sich die Reinschrift vereinfachen und die Fußnoten gesammelt am Ende der Arbeit aufführen. Denn bei der Drucklegung werden die Fußnoten ohnehin gesondert gesetzt. Bei wörtlichen oder sinngemäßen Entlehnungen gibt die Fußnote lediglich die Fundstelle wieder und enthält sich jeden Zusatzes. Insbesondere das häufig anzutreffende „vgl." ist in diesen Fällen völlig unzutreffend. „Vgl." oder „vgl. auch" bedeutet vielmehr den Hinweis auf *ähnliche* Stellen, die man nicht, auch nicht sinngemäß entnommen hat, oder auf nähere Ausführungen, die man nicht behandelt, oder auf eine bloße Übersicht über Meinungen, die keine Stellungnahme enthält. „Vgl." bedeutet auch nicht unbedingt den Hinweis auf gleiche Ansichten. Dies wird vielmehr mit dem Zusatz „ebenso" oder „gl. A.", „gl. M." ausgedrückt. Abweichende Meinungen werden mit dem Zusatz „a. A." oder „a. M." kenntlich gemacht. Soll hervorgehoben werden, daß die Belegstelle weitere Informationen enthält, heißt es „Näheres bei" oder „siehe auch".

Die Fußnoten sind je nach Seite neu zu numerieren. Nur wenn das Manuskript im Druck erscheinen soll, empfiehlt sich eine fortlaufende Numerierung, weil hier die Seitenzahl des Manuskripts nicht der Seitenzahl der Drucklegung entspricht. Bei größeren Arbeiten kann dann je Abschnitt neu gezählt werden.

Die Fußnote beginnt mit ihrer Ziffer und stets mit einem großen Buchstaben. Sie wird immer durch einen Punkt abgeschlossen. Enthält sie eine Aufzählung mehrerer Fundstellen, werden diese geordnet (chronologisch oder nach Wichtigkeit) und durch Semikolon abgetrennt. Enthält die Arbeit ein Literaturverzeichnis, braucht bei Literaturangaben nur der Autor (eventuell Kurztitel) und die Seitenzahl der Fundstelle angegeben zu werden, z. B. Jescheck, S. 55. Kommentare werden *nie* nach Seitenzahlen, sondern nur nach kommentiertem Paragraphen oder Artikel sowie (ohne Abtrennung durch Komma) der dortigen Anmerkung (Anm.) oder Note (N.) oder Randnummer (Nr.) zitiert, z. B. Palandt-Putzo, § 433 Anm. 5. Auch geben Kommentare meist auf der Titelrückseite als „Zitiervorschlag" an, wie man sie abkürzen soll, z. B. Münchener Kommentar zum Bürgerlichen Gesetzbuch = MünchKomm.

Bei Handbüchern und Lehrbüchern, von denen mehrere Auflagen zu erwarten sind, wird zuweilen vor der stets erforderlichen Seitenzahl noch die Gliederungsziffer der Ausführungen angegeben, um so bei einer Neuauflage, die – wie man hofft – die alte Gliederung beibehalten wird, ein schnelles Auffinden der neubearbeiteten Stelle zu ermöglichen, z. B. Larenz AT, § 12 II d, S. 179 f. Bei Abhandlungen in Periodika wird anstelle der bloßen Seitenzahl noch einmal neben dem Namen ohne Titelangabe die Fundstelle wiederholt, z. B. Hirsch, JR 1963, S. 261.

In Fällen, wo auf die Anfertigung eines Literaturverzeichnisses verzichtet wurde oder in denen im Literaturverzeichnis nur die mehrfach zitierte Literatur im Sinne eines Abkürzungsverzeichnisses aufgenommen wurde, muß das Zitat die volle Fundstelle enthalten. Bei unselbständigen Schriften muß in diesem Falle außer der Anfangs- und Endseite noch in Klammern die genaue Fundseite aufgeführt werden, z. B. Ernst E. Hirsch: Die Anfechtung der Schuldübernahme, JR 1960, S. 291–296 (295). Die Vornamen stehen in Fußnoten immer vor den Nachnamen. Rechtsprechungszitate müssen außer dem Beginn der Entscheidung noch die genaue Seite aufführen, also BGHZ 20, 88 (93) oder BGHZ 20/88, 93.

Fehlt ein Literaturverzeichnis, so kann gleichwohl eine Abkürzung der Fußnoten dadurch erreicht werden, daß das erste Zitat vollständig ist und alle weiteren Zitate auf die betreffende Fußnote verweisen, z. B. Hirsch (FN. 11), S. 295. Statt FN. kann bei solchen Verweisen auch Anm. oder N. abgekürzt werden. Auf keinen Fall sollte weiterhin der Mißbrauch geduldet werden, eine Verweisung auf frühere Fußnoten lediglich mit der Angabe „a. a. O." vorzunehmen. Dies bedeutet für den Leser ein unzumutbares Herumblättern. Als Verweisung auf die gerade vorhergehende Note dient der Ausdruck ebenda (ebd.), und als Verweisung auf das Literaturverzeichnis ist a. a. O. überflüssig.

Bei den Verweisen auf bestimmte Seiten kann die Abkürzung S., soweit es sich nicht um römische Seiten handelt, die mit Bänden verwechselt werden können, wegfallen, also: Jescheck 312. Umfaßt ein Zitat noch die nächste Seite, setzt man der Seitenzahl „f.", und bei mehreren Seiten „ff." hinzu, z. B. Jescheck 312 ff. Auf diese Weise muß jedoch der Leser selbst herausfinden, wann das Zitat aufhört. Daher besser: Jescheck 312–315.

Bei Zeitschriften im Großformat besteht die Fundstelle nur aus der Jahreszahl des betreffenden Jahrgangs und den Seitenzahlen, z. B. JR 1960, 291–296, bei Zeitschriften im Kleinformat, die den Charakter von Archiven haben, wie AcP oder UFITA, besteht die Fundstelle aus der Bandzahl (die wie bei der UFITA nicht mit einem Jahrgang gleichzusetzen ist, da mehrere Bände in einem Jahr erscheinen), der in Klammern hinzugefügten Jahreszahl und den Seitenangaben, also AcP 163 (1963), 23–115. Nur durch Hinzufügung der Jahreszahl hinter der Bandzahl kann der Leser ohne weiteres entnehmen, wie alt die betreffenden Ausführungen sind. Dadurch wird auch verhindert, daß die Bandzahl irrtümlich als Jahreszahl gelesen wird.

Erscheinen in einem Werk mehr als zwei Autoren als Verfasser oder Herausgeber, so ist erwünscht, wenn schon nicht im Literaturverzeichnis, so doch in den Anmerkungen das Zitat mit den ersten beiden dort aufgeführten Namen und dem Zusatz u. a. abzukürzen, z. B. Heinz Hübner, Manfred Rehbinder u. a.: Freie Mitarbeiter in den Rundfunkanstalten, 1973. Für Festschriften ist die Abkürzung FS mit dem Namen des Geehrten üblich, z. B. FS C. H. Ule. Werden mehrere Werke desselben Autors in einer Anmerkung aufgeführt, kürzt man statt einer Wiederholung des Namens mit „ders." ab.

11. Der Hauptteil wird nach Möglichkeit mit einer *zusammen-fassenden Schlußbetrachtung* abgeschlossen. Sie ermöglicht es dem eiligen Leser, vor gründlicher Lektüre zu erfahren, ob er die Ausführungen für seine Zwecke gebrauchen kann. Ferner dienen sie dem Autor zur Selbstkontrolle. Die Zusammenfassung soll auf die Hauptpunkte der jeweiligen Erörterung verweisen und darf nicht den Charakter eines Auszugs annehmen.

Aus besonderen Gründen enthalten einige Schriften einen *Anhang*. Meist dient er zum Abdruck schwer zugänglichen Materials wie wenig bekannter ausländischer Gesetze oder Rechtstatsachen-materials wie Allgemeiner Geschäftsbedingungen, Satzungen u. a. oder Fragebögen.

12. Selbständige Veröffentlichungen, die sich eingehender mit bestimmten Autoren auseinandersetzen, enthalten oft ein *Autorenverzeichnis,* das die Namen der betreffenden Autoren und die Seiten aufführt, auf denen sie behandelt sind. Lehr- und Handbü-cher enthalten ein Fundstellenverzeichnis für die behandelten ge-setzlichen Vorschriften *(Gesetzesverzeichnis).* Schließlich enthal-ten größere systematische Arbeiten, die selbständig erscheinen, ein *Stichwortverzeichnis* oder Sachregister. Die Auswahl der Stich-worte, die Verweisungen auf Synonyma, die Untergliederung innerhalb der Stichworte bietet im einzelnen manche Schwierig-keiten, braucht hier aber nicht näher behandelt zu werden. Für eine ausführlichere Darstellung der ganzen in diesem Anhang behandelten Fragen sei besonders auf Peter Forstmoser / Regina Ogorek: Juristisches Arbeiten, Zürich 1994, verwiesen. Noch mehr ins einzelne gehen die Ausführungen von Peter J. Tettinger: Einführung in die juristische Arbeitstechnik, 2. A. 1992.

Namensregister

Sachregister

Walter de Gruyter
Berlin • New York

Neuauflage

Manfred Rehbinder

Rechtssoziologie

3., neubearbeitete Auflage
de Gruyter Lehrbuch
20,5 x 13,5 cm. VIII, 280 Seiten. 1993. Kartoniert. DM 48,-
ISBN 3 11 013969 3

Dieses inzwischen in mehrere Sprachen übersetzte Werk wurde für die Neuauflage aktualisiert und vielfach ergänzt.

Inhalt:

§ 1 Forschungsbereich der Rechtssoziologie. - § 2 Aufgabe der Rechtssoziologie. - § 3 Themen der Rechtssoziologie und rechtssoziologische Studienlite-
ratur. - § 4 Die Arbeitsinstrumente der Rechtssoziologie. - § 5 Rechtsstruktur
und Gesellschaftsstruktur. - § 6 Die gesellschaftlichen Funktionen des Rechts.
- § 7 Zur Effektivität des Rechts. - § 8 Soziologie der Justiz. - § 9 Soziologie der
Verwaltung. - § 10 Soziologie der Gesetzgebung.

Aus Besprechungen der Vorauflagen:

Didaktisch hervorragende Darstellung in klarer, verständlicher Sprache. Her-
vorzuheben ist die den Praktiker besonders interessierende Schilderung der
Methoden der Rechtstatsachenforschung.

C. H. Ule
In: Deutsches Verwaltungs-Blatt

Thematisch läßt das Büchlein keine Wünsche offen, die man realistischerweise
an eine Einführung in die Rechtssoziologie auf solch knappem Raum stellen
kann. Auch in der Durchführung erweist der Verf. sich als versierter Kenner
seines Faches mit einem sicheren und bei allem Engagement wohltuend
"ideologieneutralen" Blick für die wesentlichen Zusammenhänge und die
grundsätzlichen Fragen.

Günter H. Roth
In: Neue Juristische Wochenschrift

Rehbinder stützt sich insbesondere auf die ältere Rechtssoziologie sowie auf
zahlreiche Arbeiten seiner Schüler. Das Werk eignet sich zum Kennenlernen
der rechtssoziologischen Tradition und eines sich darauf gründenden Denkens, das gegen Moden resistent ist. Wir haben es hier mit einem eigenständigen rechtssoziologischen Denkstil zu tun. Mehrfach wird das Buch zum
Essay, was dem Fluß und Vergnügen des Lesens nur entgegenkommt.

Rüdiger Lautmann
In: Kritische Justiz

Preisänderung vorbehalten

www.ingramcontent.com/pod-product-compliance
Lightning Source LLC
Chambersburg PA
CBHW050656190326
41458CB00008B/2592